넝마주이 수녀,
엠마뉘엘

Chiffonnière avec les chiffonniers
by Sœur Emmanuelle

Copyright ⓒ 2002, Les Éditions de l'Atelier/Les Éditions Ouvrières S.A.
Korean Translation ⓒ 2006, Dourei Publication Co.

This Korean edition is published by arrangement with Les Éditions de l'Atelier/Les Éditions Ouvrières S.A. through Bookmaru Korea Literary Agency.
All rights reserved.

이 책의 한국어판 저작권은 북마루코리아를 통해 Les Éditions de l'Atelier/Les Éditions Ouvrières S.A.와 독점 계약한 도서출판 두레가 갖고 있습니다. 저작권법에 의해 한국 내에서 보호를 받는 저작물이므로 무단 전재와 복제를 할 수 없습니다.

넝마주이 수녀,
엠마뉘엘

엠마뉘엘 수녀 지음 / 이정순 옮김

두레

서문

저는 여러분이 손에 들고 있는 엠마뉘엘 수녀님이 쓰신 첫 번째 책을 1990년에 읽었습니다. 제가 〈세기의 장정〉이라는 TV 프로그램에 수녀님을 처음으로 초대했을 때였습니다. 이 방송이 끝난 후 저는 수녀님께 "우리는 또 만날 겁니다.…… 저는 수녀님을 놓치지 않을 거예요."라고 말씀드렸는데, 이런 일은 사건 하나하나를, 그리고 한 사람이 다른 사람의 뒤를 쫓는 기자라는 직업 세계에서는 극히 드문 일이었습니다.

결국 우리는 다시 만났습니다. 하지만 수녀님께서 카이로의 넝마주이들과 지낸 이야기는 저에겐 찬탄을 불러일으킬 만큼 도무지 이해할 수 없는 일이었습니다. 저는 이 넝마주이들이 어떠한 삶을 살고 있는지 상상할 수 없을 뿐더러 그들의 삶의 조건을 개선시키기 위해서 끌어 모아야 하는 에너지의 규모는 더더욱 상상할 수가 없습니다. 저는 단지 한 여인이 그들 곁에서, 그들을 위해 바친 삶을 목격한 증인에 불과할 뿐입니다.

독자 여러분, 부디 속지 마십시오. 엠마뉘엘 수녀님의 태도는 순진하지 않습니다. 카이로의 이 빈민촌들은 천복(天福)과는 거리가 먼 곳입니다. 이곳 사람들을 서로 묶어 주는 가장 훌륭한 연결고리가 되는 행동들은 도둑질, 여자들에 대한 심한 차별대우, 범죄와 어깨를 나란히 하고 있습니다. 그러나 엠마뉘엘 수녀님은 이 모든 것을 아우르십니다. 수녀님은 좋지 않은 현실 속에서 좋은 것을 만들어 내십니다. 그렇다고 해서 그분은 고전적인 의미의 자선사업을 하는 부인네나 또는 '착하기만한 수녀'는 절대 아닙니다. 수녀님은 가난한 사람들에게 정의롭지 못한 이 가혹한 세계의 질서를 잊지 않으십니다. 그분의 내부에서 솟구치는 분노는 추상적인 구호들 안에 갇혀 있는 분노가 아니며 원한을 불러일으키는 분노도 아닙니다. 이분의 분노는 마음의 해방감을 불러일으킵니다. 그분은 앞을 보며 나아갑니다. 수녀님은 존재를 끌어안고, 마주치는 것을 손아귀에 넣고 그것을 이겨 반죽해 빵을 만들어 그녀가 있는 곳에서 함께 나누십니다.

엠마뉘엘 수녀님과 저의 만남은 한 대중매체 종사자가, 세계를 뛰어다니며 가난한 이들에게 신뢰감을 되찾아 주는, 93세의 지칠줄 모르는 한 여인에 대해 품는 경탄을 뛰어넘는 것입니다. 10년 전부터 우리는 마이크와 카메라를 떠나서 정기적으로 대화를 나누고 있습니다. 저는 수녀님이 우리를 서구의 죄의식에서 벗어나게 해 줄 인도주의적이거나 정신적인 해결사가 아니라는 것을 이 만남들 속에서 더 잘 알 수 있었습니다. 나와 어깨를 나란히 하고 대화하고 있는 이 여인은 이루 형언할 수 없는 빛으로 각각의 존재를 환하게 비춰 줍니다. 저는 이 우주의 한 사람 한 사람이 세상의 모든 빛을 받고 있다고 믿습니다. 우리 각자는 자신 안에 우주를 품고 있고, 엠마뉘엘 수녀님은 자신의 눈길에서 발하는 빛을 통해서 당신에게 이 진실을 되돌려 주는 사람들 중의 한 분입니다. 당신은 세상에서 유일한 사람이며, 당신 안에 세계를 지니고 있는 사람입니다. 당신은 전 우주를 품고 있습니다. 자, 이것이 93세의 이 여인이 저에게 드러내 보여준 것입니다. 말하자면 수녀님은 늘 접하는 세계 속에서는 보기 드문 예사롭지 않은 신선함을 저에게 가져다 줍니다. 수녀님은 제가 하는 일을 웃음거리로 만들고 자신의 목적지로 곧장 달려갑니다. "장-마리, 요즈음 중요하게 한 일이 뭐야?" 달아난다는 건 불가능합니다. 수녀님 또한 저를 놓치지 않습니다. 어느 날 저녁, 수녀님께 몸이 피로하고 연로하시니 9시 반이나 늦어도 10시 경에는 저와 헤어져 돌아가셔야 할 거라고 알렸습니다. 그러나 자정이 될 때까지 수녀님은 제 말을 듣거나 이야기를 계속했습니다. 제가 먼저 수녀님에게 시간이 늦었으니 이제 그만 헤어져야만 한다고 말해야 했습니다. 나는 아들과 함께 그분이 사시는 공동체로 모셔다 드렸습니다. 그곳에서 수녀님은 부모님의 집에 귀가하는 시간을 어긴 말괄량이 소녀처럼 다른 수녀들을 깨우지 않기 위해 더듬더듬 조심스럽게 복도를 지나는 것이었습니다.

우리 두 사람이 지나온 삶에는 이러한 만남이 이루어져야 할 만한 특별한 것이 아무것도 없습니다. 수녀님은 유복한 부르주아 집안의 아름답고 매력적인 젊은 처녀였는데, 실망스러운 연애를 경험한 뒤 종교생활 쪽으로 갑자기 운명을 바꾸신 분입니다. 저는 어린 시절 시골에서 저를 받아주는 여러 가정을 이리저리 전전하면서 보잘것없이 살았습니다. 이런 혼돈 속에서 저는 아주 일찍이 제 안에는 어떤 비극도 극복할 힘이 없다는 확신을 갖게 된 사람입니다.

이처럼 상반된 삶을 살아온 두 사람이 어떻게 해서 만나게 되었을까요. 결국 이런 것이 아닐까요? 젊은 엠마뉘엘 셍껭(Emwanuelle Cinquin)은 종교에 귀의하기 전에 자신이 사랑하는 사람의 전체를 사랑하지 못하는 절대를 체험하고 있었습니다. 엠마뉘엘에게 감정이란 영원한 것이고, 그녀는 자신이 그런 감정을 갖게 될 것이라고 확신했습니다. 제가 생각하기에 수녀님의 소명의 근원은 실망스런 연애사건—진부하고 상투적인—이 아닙니다. 그 근원은 타인과의 관계에 부여하는 영원성의 무게입니다. 그것이 우리가 책의 맨 처음 장면에서 읽게 될 이 이상한 분기점을 만들어 낸 것입니다. 분명 매우 아름다운 젊은 여인이 뱃전에서 담배를 피우고 있고, 한 젊은 남자의 끈질긴

구애를 밀어 내고 있습니다. 그러나 이 일화의 코믹한 측면 너머엔 이미 엠마뉘엘의 확신에 찬 삶이 있었습니다. 하느님을 만나는 유일한 길은 타인들과의 풍요로운 만남에 있으며, 그 길은 메마르고 꼬불꼬불한 종교생활의 오솔길을 따라가는 것이라는 확신이었습니다. 그녀의 삶의 궤도는 이미 정해졌습니다. 그녀는 자신이 어디로 가는지 모르지만, 자신 있게 형제들과 하느님을 만나러 나아갑니다. 끝내 그녀가 살아가게 될 영원한 빛을 찾아서 말입니다.

제 삶의 이야기는 엠마뉘엘 수녀님의 삶과 신앙적으로 일치하지 않습니다. 수녀님이 고백하신 신앙적 삶은 저에게는 수수께끼로 남아 있습니다. 그 대신 저는 어린 시절부터 제가 유일하다는 느낌과, 출생 이후 계속 저를 괴롭혀 온 적대적 감정이 저를 패배시키지 못할 것이라는 이상한 느낌을 갖고 있습니다. 저는 가장 견디기 어려운 상황도 헤쳐나갈 수 있는 어떤 힘 때문에 살고 있다는 확신을 아주 일찍이 체험했습니다. 그 힘은 아직도 제 안에 있습니다. 그 힘은 저를 약간 거칠게, 때로는 고독하게 만들지만 타인들과의 만남을 몹시 갈망하게 만듭니다. 엠마뉘엘 수녀님은 불모지와도 같은, 그러나 동시에 기막히게 멋진 이 길 위에서 저와 다시 만났습니다. 수녀님은 저에게 자신의 삶을 이야기해 주셨고, 저는 제 삶을 이야기해 드렸습니다. 그분은 가장 강력한 의미의 자매님이 되셨습니다. 그분의 눈길은 제 시선을 신선하게 해줍니다. 그분은 저의 의식을 깨워 주십니다. 저처럼 수십 년 동안 공적인 일에 몸담고 있으면 반드시 자기도취와 자족, 냉소주의에 빠져 버리기 쉽습니다. 물론 저는 여러 면에서 제가 시도했던 것들에 자부심을 느끼고 있습니다. 그러나 저는 엠마뉘엘 수녀님 덕분에 저의 '무한한 가치'를 관 속에 넣어 갖고 갈 것이 아니라는 것을 알게 되었습니다.

자신에게 던져진 단 한 번의 시선으로 이러한 자명함을 일깨워 주는 누군가를 만난다는 것은 극히 드문 일입니다. 엠마뉘엘 수녀님은 그런 능력을 갖추신 분입니다. 그분은 사람들 가운데서 진리를 찾으려 합니다. 카이로의 교외에서나, 수없이 많은 군중 속에서도 그녀가 만난 넝마주이 한 사람 한 사람은 자신의 이름을 갖고 있었으며, 자기만의 특별한 얼굴 모습을 갖고 있었습니다. 수녀님이 힘없는 사람들에게 드러낸 이 빛은 제가 이분을 초대해 세상의 권력자들과 함께한 자리에서도 더 크거나 작지 않고 한결같았습니다. 저는 수녀님을 시몬 페레스, 부트로스 갈리,…… 등과 같은 사람들에게 소개했습니다. 가장 격렬한 정치판에서 몹시 지친 권력자들은 그녀 앞에서 어린아이가 됩니다. 수녀님은 넝마주이 한 사람 한 사람을 대할 때보다 더하지도 덜하지도 않은 경외심을 가지고 그들을 대했을 뿐입니다. 이분의 시선은 당신으로 하여금 당신 자신이 될 수 있도록 용기를 줍니다. 그리고 이런 놀라운 교훈은 당신으로 하여금 권력과 지식이라는 누더기 옷을 벗어 버리게 해 줍니다. 엠마뉘엘 수녀님은 이러한 만남을 자신이 살아가는 자양분으로 삼고 있습니다. 그녀는 낟알을 찧어 가루를 만들고, 반죽을 해서 나누어 줄 빵을 만들기 위해 시냇물을 필요로 하는 물방앗간의 바퀴와도 같습니다. 그녀는 '엠마뉘엘'이기 위해서 사람들을 필요로 합니다. 수녀님은 사람들을 그저 순박하게만 사랑하는 것이 아닙니다. 그분은 결코 사람들의 천한 행동을 마음에 두지 않고 그들로부터 최상의 것을 끌어내기 위해 사랑합니다.

93세이신 엠마뉘엘 수녀님은 육체가 노쇠(老衰)한 것을 단 한 번도 불평하지 않고, 과거 그렇게 많은 것을 주었던 가벼운 발걸음으로 계속 전진하고 계십니다. 그분은 빛을 향해 우리의 마음을 열게 해 주는 깊이 있는 모험가 여인들 가운데 한 분이십니다.

제가 제 자신일 수 있도록 힘을 실어 주는 이 여인은 저로 하여금 한 가지 진실을 이해하도록 해 주었습니다. 세상은 수없이 많은 신비로운 실로 엮여져 있다는 것이며, 우리는 야수를 길들이기 위해 그 실들을 직조할 필요가 있다는 것입니다.

장-마리 카바다

차례

서문 · 5
Ⅰ. 나는 살아 봤다 · 15
Ⅱ. 빛과 그림자 · 61
Ⅲ. 장애물을 넘어서 · 99
Ⅳ. 나누기 · 121
Ⅴ. 캠프 생활 · 145

Ⅵ. 하루하루 · 179

Ⅶ. 헌사 · 253

Ⅷ. 삶의 승리 · 259

후기 · 283

불공평 위에 세워진 세상을 변화시키기:
공동체의 발전 · 293

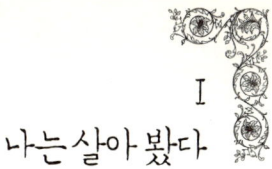

I
나는 살아 봤다

    스무 살, 꿈 많은 나이이자 삶이 시작되는 나이이다. 나는 "영어를 배우기 위해(to speak English)" 떠났던 영국으로부터 돌아오는 배 위에 있었다.

    런던타워와 대영박물관을 방문하고 템즈 강가를 산책하며, 영어수업을 받는 바쁜 나날들 속에서도 나는 짬을 내어 3일간 하느님 앞에서 묵상하는 시간을 가졌다.…… 이제 됐어요. 결정했어요. 예수님과 제 형제들에게 제 삶을 바치겠습니다. 그리고 가난, 순결, 복종 이 세 가지 서원(誓願)을 지키기 위해 앞으로 나아가겠습니다!…… 내 딸아, 너는 네 자신을 구속하게 될 것이다.…… 그러나 제 마음은 사랑하기 위해서 자유로울 거예요. 밤이면 저는 꿈속에서 가난한 사람들, 고아들, 나병환자들, 사랑받지 못하는 사람들이 저를 부르는 소리를 듣는답니다.

9월이었고, 도버해협의 날씨는 찌푸린 데다 배의 갑판 위를 파도가 미친 듯이 덮쳐 대고 있었다. 나는 배의 난간에 팔을 괴고서 담배를 피우며 자유를 만끽하고 있었다. 한 금발의 젊은이가 내게 다가와 말을 걸었다.
"담배를 피우시나요, 아가씨?"
"보시는 바와 같이, 신사양반."
담배를 피우는 사람이 드물었고, 게다가 담배를 피우는 것은 '불량한' 짓으로 취급되던 시절이었다. 우리 어머니는 내가 담배 피우는 것을 금하셨지만, 나는 그것을 매우 즐기고 있었다.
"그렇게 하고 어디로 가시는 건가요, 아가씨?"
"수녀원이요."
"그런 눈을 하고서요?"
"내 두 눈을 뽑아 문고리에 걸어 놓고 갈 겁니다."
"아가씨는 모험을 좋아하지 않습니까?"
"그렇기 때문에 수녀원에 들어가는 거예요, 일종의 모험이지요."
"저는 베를린으로 갑니다."
"잘됐군요."
"저와 함께 가시지 않을래요?"
"아니요. 저와 함께 수녀원에 들어가지 않으실래요?
"에…… 또, 아니요. 그러고 싶지 않습니다."
"유감이네요. 그러면 우리는 더 이상 만날 일이 없겠네요."
나는 흐린 하늘을 향해 담배연기를 조금 내뿜었다.…… 이 성가신 작자를 어떻게 떨쳐내지? 묘안이 하나 떠올랐다. 그로부터 45년이 흘렀다. 45년은 꿈같은 모험의 시간이었다. 그래, 꿈만 같았어. 나는 여자란 사랑으로서만 만개할 수 있고, 행복할 수 있다고 믿었다. 이 사명에서 저 사명으로, 프랑스에서 터키로, 터키에서 이집트로, 로마에서 제네바, 브뤼셀로, 주님은 내가 가는 이 모든 길 위에 사랑해야만 할 어린이들과 사람들을 놓아 주셨다. 주님께서는 내 가슴을 무수히 많은 친구들로 가득 채워 주셨고, 나는 그들의 기쁨과 고통, 절망과 사랑을 함께 나눴다. 나는 이 글을 조용한 곳에서 쓰기 위해 알렉산드리아의 바닷가로 피신해 왔다. 이곳은 알렉산더 대왕과 폼페이, 카이사르와 안토니우스 그리고 그들을 매혹시킨 클레오파트라가 찾았던 곳이다. 나에겐 나의 삶이 그들의 삶보다 더 열정적인 것처럼 보인다. 그들은 그들의 발 밑으로 무너져 내린 여러 제국을 다나이데스의 통(충족되지 않는 것, 끝없는 노고, 물 쓰듯 하는 낭비벽 등을 비유할 때 쓰는 말. 『그리스 신화』 속의 아르고스 왕 다나오스Danaos의 50명의 딸들은 남편들을 죽인 죄로 지옥에서 밑이 없는 통에 물을 붓는 형에 처해짐-옮긴이) 속으로 던져 넣었을 뿐이다.

어린아이들이 인생을 살아가도록 격려해 주고 그들의 지친 가슴에서 무거운 짐을 내려주며, 그들을 도와주었던 일, 그렇게 사는 것은 뛸 듯이 기쁜 일이었다. 자! 나는 내가 생각하는 그대로를 말한다. 비록 내 무덤 위에 민들레만이 자라나고, 내 영혼이 내 고양이의 영혼과 함께 사라져 버린다 할지라도, 좋다! 그래, 잘생겼던 그 독일남자…… 그밖의 몇몇 남자들을 그냥 떠나보낼 만한 가치가 있었다. 아! 산다는 것은 얼마나 아름다운 일인가?…… 아 참! 좋은 생각이 있다. 내 무덤 위에 금박의 글씨로 이렇게 써넣게 해야겠다.

"그녀는 인생을 살아 보았다."

(주의 : 나는 고양이의 영혼을 갖고 있지 않다. 나는 죽은 사람들의 부활과 영생을 굳게 믿고 있다. 아멘)

내 자매, 포지야

내 자매, 포지야야! 네게 이 메모들을 바친다. 왜냐하면 너는 내게 현재 실현되고 있는 복음서이기 때문이다. 오! 포지야야, 너는 신학자는 아니지. 너는 글을 쓸 줄도 읽을 줄도 모르고 고상한 말을 할 줄도 모르지. 그러나 우리는 빈민촌에서 함께 살고 있기 때문에 나는 너를 잘 안단다. 너는 흔들거리는 침대 하나와 입을 옷이 몇 벌 들어 있지 않은, 뚜껑도 제대로 닫히지 않는 궤짝, 그리고 서너 개의 식기만을 갖고 있지. 발작을 일으키면 너를 때리는 남편과 누더기 옷을 입은 네 명의 아이들(너는 또 다른 네 아이를 잃었지), 네 소유가 아닌 돼지 50여 마리를 돌봐야만 하지. 너는 카이로의 부유한 아파트 쓰레기통을 뒤진 찌꺼기로 이 짐승들을 먹여 살리지. 그리고 쥐가 들끓는 누추한 판잣집과 맨발이 오물구덩이에 빠지는 돼지우리 사이를 수없이 오고가야만 하고. 나는 네가 나뭇조각 하나를 갖고 두 손으로 바닥을 긁어내 청소를 하고, 그 쓰레기들을 너의 집 문 앞의 좁은 골목에 버리기 위해, 머리 위에 이는 낡고 큰 광주리 안에 담는 모습을 보고 있단다. 그러고 나서 너는 땀에 젖은 얼굴을 식히고 더러워진 손과 발을 씻기 위해 오래된 펌프를 삐걱거리며 펌프질을 하지.

　포지야야, 너는 대체 어떻게 나에게 복음을 전하고 있지? 투명한 너의 평온함, 미소짓는 너의 두 눈, 네 존재 자체가 발산시키는 즐거움으로 너는 나에게 복음을 전하고 있지. 사람들은 해방신학에 관한 여러 가지 아름다운 것들을 쓰고 있다. 하지만 너, 너는 그것을 온몸으로 살고 있어. 너는 해방된 사람이야. 너는 내게 하나의 수수께끼란다. 왜냐하면 네가 어려서는 이렇게 힘들고 가여운 삶을 살지 않았다는 것을 내가 알고 있기 때문이야. 너는 수에즈 운하의 연안 이스마일리아에서 아무것도 부족한 게 없이 살았었지. 지금의 네 목표는? 너의 아이들을 이 어려움에서 구해내고, 학교에 보내 그들에게 더 나은 내일을 준비해 주는 것이야. 너는, 네 자신은 돌보지 않은 채 그 일을 해내고 있지. 그 비결이 뭐지, 포지야? 너의 그 평온함, 아무것도 가진 것 없는 너의 두 손의 차분함, 지친 네 몸의 유연함은 어디에서 오는 것일까? 어느 날 저녁 나는 우리 사이를 가로막고 있는 판자를 통해서 들려오는 너의 중얼거림에 귀를 기울였어. 네 목소리는 남편의 목소리에 응답하면서 단조로운 노랫가락의 후렴처럼 간헐적으로 내게 들려왔지. 그것으로 나는 비로소 알아냈지. 작은 석유램프 불빛 아래서 남편이 읽어 주는 복음서를 네가 따라 읽고 있다는 것을. 나는 너에게 가까이 다가갔지. 너는 습기찬 바닥에 앉아서 막내딸에게 젖을 물리고 있었고, 너의 두 입술은 그리스도의 말씀을 천천히 읊조리고 있었지. 너의 얼굴은 램프 불꽃 아래에서 빛나고 있었어. 네 앞에서 장남인 기르기스는 숙제를 하고 있었지. 평화가 네 안에 깃들어 있었고, 너의 집은 '너를 위해 빛나는 것이 되었어'. 하느님이 너와 함께 계신 것을 나는 보았다. 언젠가 너의 집과 아이들은 구원받게 될 거야.

넝마를 입은 나병환자들

1971년이었다. 나는 내 마지막 생애를 나병환자들을 돌보는 일에 바치겠다는 스무 살 때의 내 꿈을 실현시키고자 했다. 그러기 위해서 나는 카이로의 친구들 집에 오게 되었다. 사람들이 자동차로 도시에서 얼마쯤 떨어져 있는 나병환자 수용소에 나를 데려다 주었다. 우리는 끝이 없어 보이는 종려나무 숲을 가로질러서 갔다. 한 경찰관이 우리가 탄 차를 불러 세웠다.
"군 지역입니다. 허가서가 있습니까?"
우리는 경찰서로 갔다.
"어디에 가십니까?"
"나병환자 수용소에요."
남자는 의심의 눈초리로 나를 바라보았다.
"신분증을 보여주세요."
나는 여권을 갖고 있지 않았다. 그는 나를 점점 더 의심했다. 다행히 나와 동행했던 매력적인 부인이 변호사의 재능을 드러내 보였다. 그녀가 나를 위해 어찌나 정성껏 잘 변호해 주었던지 경찰은 나를 보내 주었다. 그러나 한 경찰관으로 하여금 내가 다시 돌아올 때까지 감시하게 했다.
보건부 장관에게 부탁했어야만 했던 것 같다. 나는 아름다운 글로 쓴 청원서를 보건부 장관에게 보냈다. 정식 서류를 갖춘 나는 이번에는 무사히 통과했다. 한 친절한 의사가 여자 나병환자 두 명이 한 방을 쓰고 있는 티끌 하나 없이 깨끗이 청소된 방들을 내게 보여 주었다. 내가 자기들의 친구로서 왔다는 것, 그것으로 환자들의 기쁨은 하늘을 찌를 듯했다. 그러나 의사는 군사 지역에 한 외국여자를 살게 하기 위해 거주허가를 얻어내기는 어려울 것이라고 설명해 주었다. 그 일은 직접 보건부 장관이 다뤄야 할 일이고, 보건부 장관은 외무부 장관에게 문의해야만 하며, 외무부 장관은 틀림없이 십중팔구 전쟁부 장관에게 소임을 넘겨야만 한다.…… 웬 장관들이 그렇게 많은 건지! 그는 내게 교황청 대사관저에 부탁하라고 조언해 주었다.

나는 그곳으로 갔고, 내 계획에 즉각 관심을 보였던 젊은 비서, B 신부님이 먼저 나를 맞아주었다. 그 후 교황대사가 도착했다.

"수녀님, 제가 그 일을 도와드리려고 합니다만, 우리가 한창 전쟁 중에 있으므로 성사될 가능성이 거의 없습니다. 그보다는 초라한 빈민촌에 살고 있는 카이로의 넝마주이들에게 관심을 가져 보시는 것이 어떻겠습니까?"

심사숙고한 후, 나는 매우 분주할 것이 틀림없을 세 명의 장관을 혼란에 빠뜨리지 않기로 결정했다. 나는 차라리 넝마주이들과 함께 살아가는 길을 선택하기로 했다.

빈민촌의 한복판에서

파리나 런던, 아니면 뉴욕이나 리우데자네이루의 근교에 가 보시라. 그러면 여러분은 카이로에 있는 내 빈민촌이 어떤 모습을 하고 있을지 그려 볼 수 있을 것이다. 3,000명의 영혼이 살아가고 또한 죽어가는, 암담한 비애의 중압감이 느껴지는, 나무 잎사귀 하나, 꽃 한 송이, 새 한 마리 없이 축축한 땅바닥에 메마른 종려나무잎으로 지붕을 대신한, 창문도 없이 구멍이 숭숭 뚫린 낡은 함석으로 벽을 만든 집들을 보게 될 것이다.

더러운 누더기를 걸친 이 불쌍한 사람들은 어떻게 해서 사회의 가장 낮은 곳으로 떨어져 버렸는가? 대부분의 사람들은 유산으로 받은 토지로는 살기가 충분치 않았으므로 이집트 남쪽에서부터 이곳으로 온 사람들이다. 문맹에다 기술도 없고, 때로는 신분증조차 없이 그들은 이 빈민촌으로 흘러 들어왔다. 그들은 대체 무얼 먹고 사는가? 그들은 쓰레기를 거둬들여 (거리의 청소는 시가 관장한다.) 먹고 산다. 그들은 일찍 카이로에 도착하기 위해 다리를 건너 마차에 쓰레기를 싣고, 정오의 교통 체증이 있기 전에 돌아오려고 새벽부터 집을 나선다. 그들은 가엽도록 여윈 말을 도난당하지 않기 위해 아버지가 계단을 오르는 동안 아이 하나를 쓰레기더미 한가운데 앉혀 놓는다!

일상적인 모습은 이러하다. 흔들거리는 작은 마차 한 대를 끌고 가는 옹색한 당나귀 한 마리가 당신의 아름다운 아파트 앞에 선다. 더러워진 갈라베이야(아랍남자들이 입는 긴 원피스)를 입은 한 불쌍한 녀석이 당신 집의 초인종을 누른다. 당신이 쓰레기통을 건네주면서 내 친구 넝마주이에게 던지는 시선은 다정한가?…… 아니면 경멸의 시선인가? 그는 쓰레기통 속의 쓰레기를 자신의 큰 광주리에다 쏟아 넣고 맞은편 집 문을 두드리러 간다.

돌아와서는 쓰레기를 분류한다. 당신의 깨진 접시는 한편에, 어제의 신문은 다른 편에 놓일 것이다. 모든 것은 몇 푼의 돈을 받고 팔려질 것이고, 당신의 요리사가 버린 가지 찌꺼기는 돼지먹이가 될 것이다. 그리고 우리 아이들은? 그 아이들은 당신들의 아이들처럼 손에 공이나 인형을 들고서 메릴랜드에 놀러가는 것은 꿈도 꿀 수 없다. 그애들은 당신들이 버리는 오물 찌꺼기 위에서 뒹굴거나 서로 치고박고 싸울 것이다.

이 불쌍한 넝마주이들을 맨 처음 방문했을 때의 기억은 어떤 것일까.

"에쎄이 엑(안녕하세요)?"

사람들은 때가 낀 손을 내게 내밀었다. 우리는 오렌지 껍질(돼지들도 먹질 않는다.)이 여기저기 버려져 있는 골목길 한가운데를 걸어갔다. 여기저기 당나귀, 돼지, 개나 쥐 등이 죽어 넘어져 있다. 그리고 이 모든 쓰레기더미 한복판에 볕에 그을린 몸에, 짧고 곱슬곱슬한 머리를 한 아이들이 모여 있다. 마음이 아팠다. 한 꼬마가 4분의 3은 썩은 토마토를 주워 들었다.

"안 돼, 안 돼, 먹지 마라."

아이 엄마가 웃는다.

"아! 습관이 돼서 괜찮아요."

그녀는 파리로 뒤덮인 갓난아이를 안고 있었다.

이 모든 가난이 바닷물의 소용돌이처럼 나를 빨아들였다. 이들의 아이들을 이렇게 버려진 상태로 내버려 둘 수는 없었다. 나는 라비브의 집으로 갔다.

"굴(집) 하나를 찾고 있어요."

"마음에 드는지 한번 보세요."

그는 내게 염소우리를 열어 보여주었다.

"염소들은 돼지우리에 함께 집어넣을 겁니다."

"좋아요."

침대 하나와 기도용 조그만 탁자 하나를 놓을 자리가 있었다. 부족한 것은 아무것도 없었다. 친절한 라비브가 다른 문 하나를 가리켰다.

"원하신다면 저기도 비워 드릴게요."

안으로 들어가 보았다. 깨진 바퀴들과 오래된 나뭇조각들이 어지럽게 흐트러져 있었다.

"여기는 교실로 쓸 수 있겠네."

이곳으로 정하고, 나는 일을 시작했다.

당나귀 한 마리가 끄는 낡은 짐수레에 몇 개의 낡고 긴 의자와 작은 책상들, 침대 하나, 탁자 하나를 싣고, 그것들 한가운데 나는 당당히 자리잡고 앉았다.

우리는 출발했다. 꼬마 녀석들이 손뼉을 치고 구호를 외치며 우리 뒤를 따라왔다.

"엘 아루싸, 엘 아루싸(새색시, 새색시)."

사람들은 기분좋게 웃었다.

이곳에서는 살림을 차릴 때 사람들이 노래를 불러 주는데, 그 노랫소리를 들으며 자신의 가재도구들을 옮긴다고 한다.

나는 62살에 혼수를 장만한 셈이 되었다. 나는 그리스도께서 이 빈민촌 안에 살아 계시다는 생각이 들었다. "우비 투 카이이아, 에고 카우르Ubi tu Caiia, ego Caür(네가 카이우스인 곳에서 나는 카이아가 될 것이다.)"라고 젊은 로마인 신부(新婦)가 말했었다. 아참, 내 결혼식에 흰 옷을 입고서, 그 잘생긴 독일 신사와 내 젊은 날의 그 유쾌했던 사람들을 초대할 걸!

함께 살기……

자, 나는 이제 막 결혼한 새색시였다. 초가집 한 칸과 사랑하는 마음, 젊은 날에 내가 꿈꾸는 데에는 그것만으로도 충분했다.

우리 아이들을 모아 들이자. 나는 집집마다 문을 두드렸다. 꼬마 기르기스(조르주)가 내게 미소 지었다.

"아침에 놀러오겠니?"

그 아이의 누나는 마리암이었다.

"그리고 너는 오후에 책을 읽고 바느질하는 걸 배우러 오지 않겠니?"

사람들은 종종 내게 차 한 잔을 내놓았다. 우리는 바닥에 자리잡고 앉아 이야기를 나눴다. 친절하고 순박한 사람들이었다. 친한 친구들이 내게 일러 준 적이 있었다.

"여태까지 도둑에다 살인자들인 그곳 사람들 집을 방문하는 모험을 한 사람은 아무도 없었어요."

"휴! 두고 보죠, 뭐. 당신들, 내 무덤에 와서 눈물이나 흘리도록 해요."

내 생각에 나는 순교하지는 못할 거라고 믿었다. 할 수 없지! 성처녀와 순교, 그 또한 젊은 시절 내가 꿈꾸었던 것들이다.

꼬마 하나가 눈을 반짝이며 내 뒤를 쫓아다녔다.

"에스막(애야! 네 이름이 뭐냐)?"

"모하메드."

"브라보, 모하메드, 너도 놀러 올래?"

그 애 엄마가 놀라서 나를 쳐다보았다.

"에호나 무슬림(우리는 회교도들이에요)."

"그래서요! 우리는 모두 같은 하느님의 자손들이 아니던가요?"

"오! 그래요. 라베나 우아체드(신은 한 분이십니다)!"

내 수첩에는 이름들이 가득 채워졌다. 그 좁은 공간에 이 많은 사람들을 어떻게 다 집어넣지? 그러나 그들 모두가 한 번도 같은 날 온 적이 없고 완전히 들쭉날쭉이었다.

"모하메드, 너 어제 오지 않았지?"

"어제 아빠하고 쓰레기 걷으러 갔었어요."

"그럼 논나, 넌?"

"엄마가 마차를 끄는 데 제가 있어야 했어요."

여섯 살짜리 다우드는 쓰레기더미 가운데서 싸우는 걸 좋아했다. 이마가 깨진 채로 오기도 왔다. 나는 그애를 보살펴 주었다.

"너 또 무슨 짓 했지?"

그애는 잔뜩 화가 나 있었다.

"두다가 그랬어요. 하지만 내가 개 얼굴을 깨부술 거예요."

"그래, 잘한다, 자기 친구 얼굴을 깨부수겠다니!"

얼굴이 깨진 다우드가 다시 오기를 기다렸으나…… 그 아이는 오지 않았다.

나를 가장 놀라게 만든 것은 깨진 유리 때문에 살이 벌어진 두 발이었다. 그들은 때가 껴서 새까매진 두 발을 내 코 밑에 들이밀었다.

"우선 펌프물에 씻고 와. 상처마저 보이지 않잖아."

그들이 발을 씻고 다시 왔다. 발바닥 한가운데 V자 모양의 넓은 홈이 파여 있었다.

"파상풍에 걸릴 위험이 있으니 빨리 가서 주사를 맞도록 해. 오늘 당장. 내일은 안 돼!"

얼마 지나지 않아 나는 그들의 가족이 되었다. 나는 이곳 사람들이 성급하게 칼을 꺼내든다는 것을 알게 되었다.

믿음직한 예수회 신부

오래지 않아 나는 월요일부터 토요일까지 빈민촌 한가운데서 홀로 자리잡고 일해야 할 것이다. 나는 경험이 부족함을 느꼈다. 내게 조언을 해 줄 수 있는 믿음직한 사람으로 신부님 한 분이 필요했다. 자, 그런 사람은 이 나라에도 많아. 도미니크회 수도사들, 프란치스코회, 예수회 등등. 예수회로 찾아가 보자. 최고참 사제를 알고 있으니까. 면회실에서 나는 '좋은 신부님 한 분'을 기다리면서 파스칼을 생각했다.

나는 내가 하는 일을 설명했다. 예수회 학교의 교장 선생님은 내게 친절하게 말했다.

"선택하는 데 곤란을 겪고 계시군요. 제가 여러 신부님들을 길게 말씀드리게 해서 죄송합니다."

"X 신부님이요? 안 돼요. 저에게는 너무 지적입니다.…… 전 이제 더 이상 인문학 교수가 아니라 넝마주이랍니다. 직업을 바꿨어요. Y 신부님이요? 아주 훌륭해요. 그러나 너무 젊어요. Z 신부님이요? 이제 막 도착했잖아요. 아직 이 나라를 모르잖습니까? 어쨌든 무엇보다 제게 필요한 사람은 자기 비서와 결혼하기 위해서 내년에 떠나 버리지 않을 심지가 굳은 신부님 한 분이에요!"

교장 선생님이 질문을 했다.

"그런 사람을 많이 아시나요?"

"아니요. 그러나 때때로 그런 일이 있었지요."

"그렇습니다." 그는 즉시 그것을 수긍했다.

"그러나 그 원인들을 알아야만 합니다. 현재 우리는 오랫동안 젊은 사람들을 시험해 오고 있습니다. 우리는 그들이 우선 자기 자신들을 시험해 보도록 조언하고 있습니다. 그러면 M 신부님은 어떻습니까?"

"잘 모르겠는데요. 심지가 굳은가요?"

"네. 자신이 무엇을 원하는지, 어디로 가고 있는지를 아는 사람이지요. 수녀님께서 직접 그를 만나 보십시오."

나는 과연 정신이 투철해 보이는 사람과 마주하게 되었다! 우리는 대화를 나눴고 곧 의기투합했다. 그는 중학교에서 사회활동을 담당하고 있었기 때문에 금방 이 넝마주이들 이야기에 특별한 관심을 갖는 것 같았다. 우리는 넝마주이들을 만나 보러 가자고 약속했다. 낡아빠진 양철로 만들어진 빈민촌에 쌓여 있는 쓰레기더미 앞에서 그의 얼굴은 침통해졌다.

"내 학생들을 이곳으로 데려오겠어요. 그들은 부자들이 사는 카이로의 멋진 동네뿐만 아니라 다른 곳도 알 필요가 있습니다."

그는 그렇게 말했고, 말한 대로 행동에 옮겼다. 신부님은 한 떼의 소년들과 함께 도착했고, 처음에 그들은 꽤 머뭇거렸다. 그러나 자신들의 선생님이 스스럼없이 땅바닥에 주저앉아 사람들과 이야기를 나누자 어색함은 사라졌고, 그들은 친한 친구들처럼 수다를 떨고 함께 웃었다. 다시 만나자는 다짐을 했고, 소년들이 방학을 하게 되면 처음 며칠간 이곳에서 캠프를 갖기로 했다. 그때 모든 아이들이 열광하는 운동인 축구를 넝마주이들에게 가르쳐 주기로 했다.

그리하여 방학이 되자 이곳에 캠프가 열렸다. 나는 사람들에게 부족한 것은 없는지 보러 갔다. 신부님은 땅바닥에 주저앉아 큼지막한 솥에 담긴 토마토 소스를 넣은 마카로니를 열심히 휘젓고 있었다.

"수녀님, 제가 밥짓는 사람이 됐어요. 멍청한 직업이란 없는 법이지요. 자, 얘들아! 수녀님과 같이 가겠니? 아침에는 학생들이 꼬마들을 맡고, 오후에는 어른들과 축구를 하기로 했어요. 저는 위(胃)를 맡기로 했지요."

나는 그때까지 소위 말하는 '좋은' 계층 사람들 가운데 어느 누구도 감히 이곳에 초대할 수가 없었다. 왜냐하면 M 신부님과 내가 시도하는 이 일은 처음 경험하게 되는 것이었기 때문이다. 이곳에서 어떤 훈련도 이루어진 적이 없어서 한밤중에 대단히 무질서한 일이 일어나면 어쩌나 단단히 각오해야만 했기 때문이다. 그런데 놀랍게도 넝마주이들과 예수회 학교의 소년들은 모든 것을 함께 훌륭하게 준비했다. 등불 여러 개를 종려나무에 매달아 놓았고, 말뚝 몇 개를 박아 어른 남자들과 소년들이 각각 땅바닥에 앉을 자리를 줄로 표시해 놓았다. 나를 제외하고 여자는 당연히 한 명도 없었다. 우리는 아직 그 정도(여자 아이들의 캠프 참여)의 단계까지 이르지 못했다. 인내심을 갖자. 나중엔 그렇게 될 것이다. 두 소년이 방망이를 들고 어린아이들을 감시하고 있었고, 아이들이 움직이면 방망이를 휘둘러 댔다. 이 방법은 놀랍게도 효과가 좋았다. 그 때문에 아이들은 흠잡을 데 없이 얌전했으니까.

노래와 촌극 그리고 재치 있는 이야기들이 사방에서 터져 나오는 웃음소리 속에서 계속 이어졌다. 쓰레기더미 속의 아이들과 멋진 동네 아이들은 모두 함께 선하신 하느님이 계시는 넓은 하늘 아래 한마음으로, 살을 맞대고, 나란히 앉아, 같은 즐거움 속에 잠겨 있었다.

넝마주이들의 삶 속에 이런 기념비적인 사건이 있은 후, M 신부님은 자신의 학생들과 그들의 새로운 친구들이 함께 어울려 놀 축구장을 만들기 위해 부지를 빌리기로 결정했다. 그 후 나는 축구장 근처를 지날 때마다 그들이 끝없는 행복 속에서 껑충껑충 뛰고, 달리고, 공중에 뛰어오르는 것을 볼 수 있었다.

불행하게도 언젠가는 소유주가 땅을 환수할 테지만 그것은 그때 가서 생각할 일이고, "정말이지, 예수회 사람들한테 의지한다는 것은 듬직한 일이야!" 하고 나는 혼자 중얼거렸다.

〰️ 우리 수녀님

내가 넝마주이들과 삶을 함께한 지 몇 달이 지났다. 사람들이 나에게 물었다.

"수녀님께서는 그곳에서 어떤 성과를 거두시고 있나요? 우리에게 말씀해 주세요. 무언가 변화시킨 게 있으신가요?"

솔직해지자고 다짐했다.

"아니요. 저는 거의 아무것도 이룬 것이 없어요."

"실망스럽지 않으세요?"

"때로는 그래요. 그러나 끝내는 실망하게 되지 않을 거예요."

사람들이 놀라서 나를 바라본다.……

나 자신도 나를 이해해 보려고 애썼다.

"아시다시피 저는 함께 나누고, 사랑하기 위해 이곳에 왔어요. 제가 귀감(龜鑑)으로 삼는 인물이 있지요. 예수님이에요. 생전에 그가 무슨 다른 일을 하셨나요?"

"사람들이 수녀님께 고마워하나요?"

"그럼요. 그러나 그건 중요하지 않아요. (나는 웃었다.) 그리고 보다시피 아직 사람들이 나를 죽이지는 않았잖아요!"

그런 다음 나는 사람들과 나눈 이런 대화에 대해 다시 생각해 보았다. 그리고 사랑이야말로 문제의 핵심이라고 스스로 다짐했다. 즉 무엇보다도 사람은 사랑받을 권리가 있다는 것이다. 잘났거나 못났거나, 부자거나 가난하거나, 선하거나 악하거나, 성실한 사람이거나 노상강도이거나 생긴 그대로 사랑받을 권리가 있다는 것이다. 나는 그들을 사랑할 수 있고, 결국 그들이 나에게 기대하는 것은 그것이다. 얼마 지나지 않아, 나는 그에 대한 증거를 체험하게 되었다.

체누다는 18살이었다. 새벽에 그는 말 잘 듣는 당나귀가 끄는 흔들리는 마차로 쓰레기를 거두려고 집을 나섰다. 그날 그는 몸을 꼿꼿이 세우고 단호한 걸음걸이로 매일 아침 지나는 한 수도원의 정원을 걸어가고 있었다. 그가 매일 아침 지나는 것을 보고 있던 한 수녀님이 그에게 말했다.

"체누다, 안녕. 어떻게 지내니? 오늘 네 모습이 어른스럽고 만족스러워 보이는구나. 그런 너를 보니까 얼마나 좋은지 모르겠다. 전엔 머리를 숙이고 걷거나 부끄러워하는 모습이더니, 오늘은 그렇지 않아서 정말 좋구나!"

그러자 체누다가 대답했다.

"아! 우리한테 뭔가 달라진 일이 있는 것 아시죠?"

그가 표정을 바꾸며 덧붙여 말했다.

"우리도 우리에게 속한 우리 수녀님이 계시다고요. 네, 그 수녀님은 우리와 함께 계세요. 우리 수녀님이시죠."

그의 목소리는 마지막 두 단어에 힘을 주었고, 그는 휘파람을 불며 떠나갔다.

이 단순한 사실을 내가 듣게 되었을 때, 여러분에게는 어리석게 보일지 모르나 나는 눈물이 솟구쳐 올랐다. 아니, 이제 아이들이 머리를 높이 쳐들고 휘파람을 분다면, 내가 시간 낭비를 한 것만은 아니지 않은가?

알레프, 베, 테, 세(Aleph, bë, thé, sé)

내가 가장 슬프게 생각하는 것은 나의 3천 명의 넝마주이 친구들 중 읽고 쓸 줄 아는 사람이 거의 없다는 것이었다. 그들은 정부가 시도한 모든 노력, 즉 무상 교육, 수료증, 표창…… 등을 모두 회피했다.

나는 6년 동안 공부해야 하는, 집에서 가장 가까운 학교에 아이들을 등록시키기 위해 부모들과 입씨름을 해야 했다. 그리고 골목길을 누비며 사람들을 불러세웠다.

"야, 모리스!"

"예?"

"글 읽는 거 배우고 싶지 않니?"

"뭣에 쓰게요?"

"진짜 남자가 되는 거야."

모리스가 웃었다. 나는 진짜 남자는 자랑스런 남자라고 고집스럽게 말했다. 그는 약간 관심을 보이는 듯했다.

"수녀님이 직접 가르쳐 주시는 건가요?"

"그래, 저녁에 오스타즈 알리와 함께 오지 않겠니?"

"글쎄요."

마침내 40명을 학교에 등록시킬 수 있었다. 그러나 공부를 시작한 아이들은 30명이었는데, 지금은 10명만이 계속하고 있을 뿐이다. 여러분은 내게 "게으른 아이들이군요"라고 말할 것이다.

하지만 내 친구들을 공격하지 마시라. 나는 칼을 뺄 줄은 모르지만 그들을 보호할 줄은 알고 있다. 말씀해 보세요, 아침 몇 시에 일어나시나요? 나는 여기서 새벽 4시부터 마차 끄는 소리를 듣고 있습니다. 햇볕 아래 대체로 몇 시간이나 마차를 끄실 수 있겠어요? 내 말은 프랑스나 나바르에서 볼 수 있는 희뿌연 해가 아니라 우리 아프리카 사람들의 해, 진짜 해를 말하는 것입니다. 그 해는 사람 하나를 죽일 수 있을 정도지요. 특히 무모하게 덤벼드는 유럽인들을 말입니다. 그 해가 때로는 그들을 한 시간 이내에 때려 눕히기도 한답니다.

아시겠어요? 그래서 저녁에 알레프, 베, 테, 세를 힘들게 익히려는 우리 넝마주이들이 장하다는 말이지요. 자! 현대 프랑스어로 말한다면 초인들이지요. 왜냐하면 그들은 햇볕 속에서 오후 3~4시까지 마차를 끌고 난 후에 수업을 하니까요.

따라서 나는 그들이 긴 낡은 의자에 앉아 하품을 하면서 글자를 배우는 데 열중하는 것을 볼 때, 박사학위 논문을 쓰고 있는 아들을 보는 어머니처럼 애정과 감탄의 마음으로 바라봅니다. 이따금씩 한두 명이 한숨을 쉬며 머리를 들 때, 우리의 눈이 서로 마주치지요. 그러면 그는 미소를 한 번 짓고는 다시 글자를 쓰기 시작합니다. 알레프, 베, 테, 세……

How are you?

문자교육 수업을 받는 10명의 학생이 하루는 내게 부탁했다.

"우리에게 영어도 가르쳐 주세요."

"좋아요. 여러분이 우선 아랍어를 잘 쓰고 잘 읽게 되면은요."

그들은 고집을 부렸다.

"싫어요. 아랍어 공부 후에 적어도 반 시간만 가르쳐 주세요."

나는 아랍어로 번역된 것과 발음기호가 들어 있는 작은 영어책 한 권을 찾아냈다. 그리고 우리는 영어 공부를 시작했다. 영어수업은 꽤 힘들었지만 하고자 하는 의지가 대단했다. one, two, three, four, five, six, 우리는 끈질기게 반복했고, 마침내 수업이 제대로 이루어지기 시작했다. 이제 몇 개의 문장을 구사할 정도의 단계가 되었다.

"How are you?

- Very well, thank you."

그들은 매우 기뻐했다.

선량한 넝마주이들은 자신들의 친구를 감탄하며 바라보았다. "비엣칼렘 이륵질리찌(저 사람 영어를 다 하네)!"

문제의 그 사람은 이를 훤히 다 드러내고 미소를 지었다. 자신이 외국어 하나쯤을 알고 있다는 자부심이었다!

나는 우연히 카이로의 어느 거리에서 그들의 작은 마차를 만날 때면 무척이나 행복했다. 그들은 큰 소리로 나에게 흥겨운 인사말을 외쳤고, 나는 다정하게 인사에 답했다. 때로 그들은 마차에서 내려 나와 악수를 하기 위해 당나귀를 세우기까지 했다. 그때마다 그들은 자랑스럽게 좌우로 번갈아 시선을 돌렸다. 모든 사람이 그들을 멸시하는 것은 아니었다.

한 사람이 자신의 존엄성을 되찾도록 도와주는 일은 아주 작은 것, 한 번의 악수와 세 마디의 영어 단어로 족했다.

"How are you?"

그리고 아주 진부하고 평범한 대답을 한다.

"Very well, thank you." 그러면 그것은 구체화되고 현실이 되었다. 즉 그 사람은 돌연 "아주 좋아요…… 감사합니다!"라고 느끼는 것이었다.

집짓기? 문제없어

우리가 살던 곳은 콩나물시루 같아서 정말 숨쉬기조차 어려웠으므로 넓혀야만 했다. 그러나 우리들 옆에서 키우는 돼지들도 움직일 수 있는 공간이 필요했기 때문에 난관에 부딪쳤다.

길고 지루한 토론도 하고, 다른 장소도 찾아보았으나 성과가 없자 사람들이 나에게 "길가 쪽으로 넓혀 보세요"라고 말해 주었다.

좋다. 그러나 그렇게 할 경우, 길 한가운데 쌓여 있는 쓰레기더미 때문에 조그만 마차들은 어디로 지나간단 말인가? "조심스럽게 지나다니지요. 그렇게 할 수 있어요." 이웃 사람들은 양보해 주고 이것을 동의해 주었다. 우리에게 집짓기를 시작하는 일만 남아 있었다. 그것은 어렵지 않았다. 사실 우리에게 자재 문제는 간단했다. 땅에 구덩이를 파고 거기다 물을 부어 짚을 섞은 뒤, 열 손가락으로 벽을 만들어 올리면 되는 것이다! 그렇다면 왜 곳곳에 삭아빠진 함석집들이 있는가? 그것은 우리 넝마주이들이 자신들의 집을 당나귀 등에 싣고 옮겨다닐 수 있기를 원하는, 빈틈없고 사려 깊은 사람들이었기 때문이다. 어느 날 넝마주이들이 돼지 기르는 것에 불만을 품고 근처에 사는 농부들이 갑작스럽게 들이닥쳐, 그들을 좀더 먼 곳으로 쫓아버릴지 누가 알겠는가?······(코란의 법에 돼지고기를 먹는 것은 금지되어 있다.) 그래서 사람들은 서둘러 못을 뽑아 벽을 해체하여, 왔을 때처럼 그것들을 싣고 다시 떠난다. 유럽에서는 그것을 조립식이라고 부르고 있다. 그들은 그것을 이미 오래 전부터 실행해 오고 있었던 것이다.

지붕으로 말하자면 그 또한 복잡하지 않다. 갈대 줄기에다 오래된 종려나무 잎사귀를 덮어씌우는 것이다. 그러나 겨울이 닥치면 어떻게 하는가? 아! 그 또한 간단하다. 그위에 일종의 방수포를 덮고 돌맹이로 고정시키면 된다.

알라 마합바(신은 사랑이시다)

우리의 새 궁전(?)에 없는 것은 이제 문과 창문뿐이었다. 목수가 왔고 우리와 의견이 일치했다. 벽을 엷은 분홍색으로 칠해 거의 우아할 정도가 되었다.

벽에다가는 빨래집게와 함께 줄을 매어 놓았다. 뭣에 쓰려고? 우리 아이들의 걸작품들을 매달아 놓기 위해서. 아이들은 스케치를 하고, 그림을 그리고, 재봉틀로 바느질을 해서 아주 자랑스럽게 각자 자신의 작품들을 걸어 놓았다. 진흙으로 빚어 만든 당나귀들과 돼지들은 들꽃이 꽂혀 있는 화병 밑, 나무 판자 위에서 마음씨 좋은 사람 표정을 하고서 편안히 쉬고 있었다.

문이 완성되는 데는 다소 시간이 걸렸다. 드디어 문이 완성되었는데 '(시멘트로 만든) 블럭'으로 만들어졌다. 이유는 이곳에선 목재 값이 비싸기 때문이다. 자카레이야가 나에게 자신의 작품을 보여 주었다. 그는 십자가와 초생달을 오려내어 초생달 속에 십자가를 박아 넣었고, 나무로 글자를 만들어 그 위에 정성스럽게 올려놓았다. "알라 마합바(신은 사랑이시다)." 자카레이야는 곁눈질로 나를 살피고 있었다. 나는 너무나 만족했기 때문에 그의 목에 뽀뽀

해 주고 싶었다. 하지만 흥분을 가라앉히고 여러 사람의 눈살을 찌푸리게 하는 짓은 말기로 했다.

　이 선량하고 순박한 이슬람교도들은 내가 왜 여기에 와 있는지를 스스로 이해하고 있었다. 기독교도나 이슬람교도인 우리 넝마주이들에게 '신은 사랑이시다' 라는 사실을 일깨워 주기 위해서 내가 여기에 왔다는 것을. 그렇다. 신은 그들을 사랑하신다. 그들의 삶을 변화시키기 위해, 그들이 만들어진 것과 똑같은 흙으로 만들어진 한 가련한 존재에 불과한 나로 하여금 사랑을 위해 내 삶을 기꺼이 바치게 할 '사랑의 숨결' 이 나의 내부에서 타오르고 있다. 나는 지상에 이 불을 가져오신 분이 누구인지를 알고 있으며, 그 타오르는 원천에다가 내가 갖고 있는 작은 불씨를 매일 다시 지피려 하고 있었다.

　그들을 향상시키기 위한 나의 노력이 종종 실패로 돌아갔다. 하지만 만일 그들 가운데 내가 머무는 것이 "신은 사랑이시다"라는 이 고귀한 진리를 그들의 마음속에 심어 주게 된다면, 나는 그들에게 무용지물이 되지는 않을 것이다. 이 진리가 신성한 씨앗으로 쓰레기 오물더미 한복판에 심겨지게 된다면, 삶은 죽음을 통해 다시 꽃피우게 될 것이다.

성탄절의 편지 한 통

나는 2년 전에 씌어진 이 몇 줄의 글을 다시 찾아냈다.

1972년 12월 10일, 카이로시 파심 엘 반삼-마타리아흐 2번지.

친애하는 나의 친구들,

성탄절을 맞아 우리 넝마주이 친구들의 기원을 제가 대신 여러분에게 전하고자 합니다. 그들은 여러분에게 예쁜 성탄절 카드를 보낼 수 없습니다. 단지 그들은 자신들에게 관심을 가져주는 먼 곳에 있는 친구들인 여러분에 대해서 제가 그들에게 이야기해 줄 때, 여러분을 기억하면서 두 눈 속에 빛나는 기쁨만을 여러분에게 보낼 수 있을 따름입니다.

타인들에게 기쁨을 주는 것, 그것은 우리 각자가 특별히 이 성탄절에 실현시키고자 노력하는 목적이 아니던가요? 저는 기쁨을 전파하기 위해 제 두 손이 가득 차오르는 것을 보면서 경이로운 감정에 차 있습니다. 그것은 우선 크고 작은 아이들이 콩나물시루처럼 가득찬 작은 공간이 넓고 밝은 실내로 변신 중이라는 것입니다. 아침에는 어린아이들이 그곳으로 뛰어놀러 올 것입니다. 크기가 다양한 인형들, 교육적인 놀이기구, 아라비아 숫자와 문자가 쐬어진 여러 색깔의 입방체, 꿰어야 할 구슬들, 여러 가지 모양을 만들 찰흙, 색연필, 물감통 그리고 곰인형까지도 그들을 기다리고 있지요. 한 훌륭한 유치원 보모 교육과정 덕분에 저는 보모교육을 받을 수 있었습니다. 그리고 필요한 물품들을 구할 수 있었습니다. 그것들이 지적으로 개발되지 않은 이 어린아이들을 쓰레기통과 돼지들만 있는 세계와는 다른 세계로 들어갈 수 있도록 도와줄 것입니다. 그리고 그들이 정규 학교에 갈 수 있도록 준비시킬 것입니다.

오후에는 이 공간이 여자 아이들 차지가 되어, 더 나은 문자교육과 바느질을 배우게 될 것입니다. 큰 인형들의 모형이 준비되어 있지요. 여자 아이들은 각자 자신이나 어린 동생들을 위해 인형 한 개와 인형의 옷가지들을 만들게 되는데, 그러려면 재봉틀 사용하는 법과 재단법을 배울 것입니다. 그것은 여자 아이들의 꿈이지요. 남은 것은 그애들에게 육아법과 응급법을 교육하는 것만 남게 됩니다. "비크베이슈, 비크베이슈(조금씩 조금씩)······." 내가 그 모든 것을 조직하는 것을 '카리타스-이집트의 작은 실현' 기관이 도와주었습니다.

그러나 올해에 이룩한 가장 근사한 볼거리는 천으로 만든 작은 가방에 책과 공책을 넣어 팔 밑에 끼고서 기쁘게 학교로 향하는 30여 명의 꼬마들을 보는 것입니다. 넝마주이들 동네에서 그런 일을 단 한 번도 본 적이 없었으니까요. 이제 부모님들은 자녀들을 무척 자랑스러워 합니다. "저기요, 소라야가 벌써 자기 이름을 쓸 줄 알아요"라면서 무척 감동을 받은 그 애 엄마가 저에게 말합니다. 그 애를 등록시키기 위해 얼마나 싸웠는지 몰라요. 그녀가 마침내 필요한 서류들을 손에 들고 학교에 왔을 때, 그녀 뒤에서 환한 얼굴로 종종걸음치는 소라야를 보는 것은 꿈처럼 아름다운 장면이었지요. 그 애의 작은 가슴은 자신이 새로운 삶을 향해 첫 발을 내디뎠다는 자부심으로 뿌듯함을 느끼는 듯했어요.

이 꼬마들은 저녁나절에 한 남자 선생님의 지도 아래 그들이 배운 것을 복습하러 올 것입니다. 커다란 석유 램프, 작은 책상과 긴 의자들이 그들의 빈민굴에 있는 작은 촛불과 습기찬 바닥을 대신할 것입니다. 수업이 끝나면 아이들은 엘 아라즈흐르 이슬람 대학교의 학생인 오스타즈 알리가 가르치는 수업을 통해 읽고 쓰는 것을 배우기를 간절히 원하는 어른들에게 자리를 내어 줄 것입니다.

저녁시간은 여러 가정을 방문하기에 좋은 때입니다. 우리는 촛불을 중심으로 바닥에 둘러 앉지요. 이 순박한 사람들은 저에게 그들의 고통을 이야기해 주기도 하고 딸 아이를 잃어버린 큰 슬픔과 그들의 힘든 삶을 이야기합니다.

"아! 우리가 수녀님 말씀을 듣고 마리암을 공부하러 보냈더라면 그 애가 마차에서 떨어져 차에 치여 죽지 않았을 텐데……."

침묵이 흐릅니다. 엄마는 내 어깨에 기대어 소리없이 울었어요.

우리는 뤼이즈네 집에서 이야기를 나눕니다.

"하루에 담배를 몇 개비나 피우나요, 뤼이즈?"

"두 갑이요."

그의 젊은 아내가 그의 말을 막습니다.

"아니요, 세 갑이에요."

"너무 많지 않나요?"

"맞아요. 그렇지만 아침부터 저녁까지 더러운 쓰레기 속에서 너무나 고되게 일하기 때문에 기분전환을 위해 담배를 피우지 않을 수 없어요."

방문하는 가정이 기독교인들이면 우리는 함께 복음에 대해서 이야기합니다. 나는 종종 그들에게서 배웁니다. 그들이 때로 그리스도의 메시지에 대해 대단히 깊이 있게 이야기하는 것을 들으면서 '그분'(하느님)을 다시 생각합니다. "아버지 하느님, 당신께서는 지혜로운 자와 학자들에게는 숨기시고 아주 보잘것없는 사람들에게 드러내신 것에 대해 당신을 찬양합니다."

그들은 '하느님의 지혜'와 같은 보물을 갖고 있었다. 조제프 부쇼의 계시적인 제목 『가난한 이들이 나에게 복음을 전파했다』(Ouvri res/Edition de l' Atelier 출판사, '삶을 가득히' 총서, 1968년.)를 나는 실제로 체험했다. 어느 날 옴 막디는 한 고아를 보러 갔는데, 그 아이는 가진 돈이 10피아스트르(1프랑)밖에 없었다. 옴 막디는 "그 애는 나보다 훨씬 가난해"라고 말하더니, 자기가 갖고 있던 돈을 모두 그 애에게 주는 것이었다. 그 날 그 아이는 종일 굶을 수밖에 없었다. 글자 그대로 복음을 몸소 실천했던 것이다.

　병원에서 퇴원하는 여자들과 아이들을 위해 일주일에 한 번, 오후에만 오는 젊은 여의사가 내게 준 용기는 또한 얼마나 아름다웠는지 모른다. 더위로 인해 숨이 턱턱 막히는 캄신(온도가 40에서 50도를 오르내리는 날씨가 50일간 계속됨)의 어느 날, 나는 그녀가 오리라고는 기대하지 않았는데 그 무더위를 무릅쓰고 그녀가 나타났다.

　"아니 미미, 이렇게 뜨거운데 어떻게 왔어?"

　"저는 항상 저를 길러 주신 수녀님들께서 저에게 베푸셨던 모든 선행을 수녀님들에게 다시 돌려드리고 싶었어요. 수녀님들이 저에게 가르쳐 주신 것을 실천에 옮기는 가장 훌륭한 방법이 거기에 있지 않은가요?"

　예수회 재단 학생들은 방학 동안 어린 넝마주이들에게 운동을 가르쳐 주었는데, 그 우정이 매주일 계속되고 있었다.

　이번 주에는 특별히 그들과 함께 하는 행사 하나를 준비했다. 우리가 빌린 바로 그 들판에서 축구시합을 할 예정이었다. 내 생각에 이처럼 운동을 할 수 있는 장소가 있다는 것은 대단히 중요하고 혁신적인 일이다. 즉 이 젊은이들은 이집트에서 가장 평가받는 운동을 익힐 수 있는 기회를 소위 '상류' 층이라 불리는 젊은이들과 함께했다. 그러나 재정적인 문제가 끈질기게 그들을 괴롭혔는데, 왜냐하면 매달 축구연습장의 임대료를 마련해야 했기 때문이다.

이러한 생활은 나에게 겪어 본 후에나 믿을 수 있는 경험을 하는 기회를 주었다. 이처럼 가장 헐벗은 사람들과 모든 것을 나누며 낮과 밤을 함께한다는 것은, 아시시의 성 프란치스코만이 느꼈을 한 줄기 충만한 기쁨을 가져다 주었다. 펌프물조차 없고, 돼지들 가까이에 있는 손바닥만한 방 안에서 쥐들과 함께 생활해야만 했던 그 무더운 여름밤에 뭔가 기이한 일이 일어나고 있었다. 늘 채워지지 않던 가슴이 끊임없이 욕망을 되만들어 내는 그 중압감에서 돌연 해방된 듯했고, 이루 형용할 수 없고, 알 수 없는 기쁨이 갑자기 흘러넘쳤다. 그리스도에 의해 약속된 생명의 샘이 넘쳐흐르게 솟아나왔다.

우리 각자는 자기 방식대로 해방의 길을 찾는다. 한 가정의 어머니는 어려움을 사랑으로 극복해 냄으로써 그것을 발견했다고 나에게 고백했다. 그리고 한 사업가는 자신의 노동자들 중 어느새 그와 형제처럼 되어 버린 두 노동자에게서 그것을 발견했다고 한다. 하느님 안에 그 근원을 갖고 있는 지울 수 없는 기쁨을 우리에게 주는 성탄절 별이 이러한 멋진 만남으로 우리를 언제나 더 많이 인도할 수 있기를 빈다. 우리의 형제인 사람들과 나누는 기쁨을 말이다.

그들은 단 한 번도 꽃 한 송이를 꺾어 본 적이 없었다

"얘들아, 우리 오늘은 산책도 하고 꽃도 꺾으러 가 볼까."

떠나갈 듯 환호성을 질렀다. 아이들은 일제히 앞다투어 흔들거리는 문 쪽으로 내달았고, 모두 동시에 문 밖으로 나가려고 했기 때문에 마른 진흙 벽이 무너져 내리려 했다. 지도교사인 에삭이 비난의 시선으로 내게 달려 왔다. 그리고 자신의 말이 들릴 수 있도록 소리쳤다.

"로마니, 그만해. 호다, 계속 그러면 우리랑 함께 못 갈 줄 알아. 다우두와 기르기스, 싸우지 마라. 모두 제 자리에 앉지 못해!"

아이들은 부끄러워하면서 다시 그들의 작고 긴 걸상에 앉았다.

에삭이 옳았다. 나는 우선 얌전한 애들만 산책에 데려갈 거라고 말했어야 했다. 그리하여 옆에 앉은 아이에게 주먹질을 못 하게 팔짱을 끼도록 했고, 걸상에 앉은 순서대로 한 줄 한 줄씩 일어나 나가게 했다. 그렇게 해서 문은 무사하게 되었다.

아이들은 오솔길을 달려갔다. 조금 떨어져서 뛰게 했다. 안 그러면 그들은 같은 꽃을 꺾겠다고 다퉜다. 모두들 기뻐 어쩔 줄 몰라하며 가슴에 꽃을 하나 가득 끌어안고 있었다. 꽃을 손에 쥐고서 땅바닥에 둥글게 둘러 앉았다.

"얘들아, 꽃 예쁘지?"

"나암, 야 아블레티(아! 그럼요, 큰수녀님)." 하고 자신 있게 외쳤다.

"이 예쁜 꽃들은 누가 만드셨지?"

I. 나는 살아 봤다

"랍비나(하느님)요." 그들은 목청껏 외쳤다.

나는 그들을 조금 진정시키려고 애썼다. 우리는 하늘, 나무, 들판, 작은 수로에 흐르는 물을 차례차례 바라보았다. 그들의 눈은 아름다움으로 가득 찼다. 우리는 그렇게 많은 좋은 것들을 주신 하느님께 감사했다. "나흐코락, 야 랍(감사합니다, 주님!)."

우리는 실내를 밝게 하기 위해 깡통에 꽃을 꽂아 어두운 오두막집에 그것을 놓아 두자고 했다. 우리는 다시 꽃을 꺾으러 갔다. 아이들의 작은 손가락 사이로 꽃잎이 뭉개졌다. 비단같이 부드러운 꽃잎을 만져보는 것이 이 아이들에게 얼마나 황홀한 일이었던지!…… 이 가엾은 아이들은 한 번도 빈민굴 밖으로 나가 보지 못한 채 꽃 한 송이 꺾어 본 적 없고, 자연을 바라본 적도 없다.

탈라싸! 탈라싸! (바다! 바다!)

비가 내리기 시작했다. 복숭아뼈까지 빠지는 진흙탕 골목길을 지나 공부하러 오려면 여자 아이들은 용기가 필요했다. 결국 8명만이 진흙탕 속을 뚫고 공부하러 왔다. 나는 그 애들에게 상으로 나일 강을 보여 주기로 했다!

우리는 뜨거운 태양 아래 바싹 말라 버린 들판을 가로질러 노래를 부르며 출발했고, 기차에 올라탄 뒤 다시 전차로 갈아탔다. 그와 같은 외출에 감격한 여자 아이들은 흔들리는 둥지 안의 새끼새들처럼 서로서로 팔을 잡고 내 주위를 맴돌았다. 마침내 우리는 나일 강에 도착했다. 강둑에 이르자 아이들은 더 이상 참지 못하고 "엘 바흐르, 엘 바흐르(바다다, 바다)!"라고 소리치면서 두 팔을 벌리고 뛰어가기 시작했다.

나는 돌연 크세노폰의 1만 명의 그리스인들이 떠올랐다. 2천 년 이상의 시간차에도 불구하고 이 거대한 나일 강의 수면은 마찬가지의 억제할 수 없는 기쁨의 황홀경을 자아냈다. 엘 바흐르! 엘 바흐르!는 탈라싸! 탈라싸!의 메아리를 되받았다.……

쓰레기통과 돼지들밖에 모르는 가엾은 아이들이었다. 여자 아이들은 조만간 초경의 나이인 열 두서너 살이 되고, 그러면 더 이상 외출허가를 받지 못하게 될 것이다. 그리고 내 집에 공부하러 오는 것조차 못 하게 될 것이고, 부모들은 그애들을 결혼시킬 것이다. 내가 그애들에게 가르치게 될 몇 가지의 것들만이 그애들이 갖게 되는 살아가는 지혜의 전부가 될 것이다.

사랑스런 꼬마 사미아 모하메드는 팔짝팔짝 뛰어 내 곁으로 와서 기쁨에 넘치는 새카맣고 커다란 두 눈을 들어 내 팔을 잡고 열렬한 키스를 퍼부었다. 다른 일곱 명의 아이들 모두 동시에 내 목에 매달리는 바람에 내 베일이 나일 강으로 날아갈 뻔했다. 아이들은 손에 손을 잡고서 가벼운 마음으로 집으로 돌아가기 위해 그곳을 떠났다. 돼지들과 쓰레기통은 상관이 없다. 지금은 그애들도 나일 강을 알았으니까!

아이다와 그 아이의 귀고리

그 아이의 이름은 오페라의 제목이기도 한 아이다였다. 나이는 14살이었고, 웃음을 머금은 크고 까만 눈이 얼굴을 밝게 비춰 주는 아이였다. 그 애는 마치 사막의 영양(羚羊) 같았고, 길을 걸을 때는 깡충깡충 뛰어 와서는 노래를 부르며 번개같이 다시 가버리곤 했다.

"아이다야, 읽는 것과 바느질을 배우러 오지 않겠니."

그 애는 어깨를 으쓱이며 웃고 있었다. 뭣에 쓰게요? 우선 그 애는 약혼한 상태였고, 그 애와 조만간 결혼할 사람은 벌써 그 애가 더 이상 오두막집 밖으로 나다니지 않기를 바라고 있었다.

한 여자가 머리 위에 귤 바구니를 이고서 지나갔다. 아이다가 불러 세웠다.

"베 캄(얼마예요)?"

"1킬로에 5피아스트르(50쌍띰)."

"세상에 5피아스트르라니! 너무 비싸네요. 자, 여기 3피아스트르하고 반이요."

끈질긴 흥정이 이어졌고, 아이다는 끝까지 고집을 부려 3피아스트르 반을 던지고서 귤을 덮치려 했다. 목소리가 높아졌고, 두 사람은 싸우려 했다.

"이거 봐, 아이다. 그 여자는 팔고 싶은 값으로 파는 거야. 사든지 말든지 맘대로 해. 그리고 그 여자를 좀 조용히 내버려 둬."

아이다는 화가 잔뜩 나서 한달음에 가 버렸다. 이 길들여지지 않은 암말, 이 통제되지 않는 작은 영혼에게 어떤 삶이 기다리고 있었을까?

"있지, 아이다가 말야.……"

"뭔데?"

"그 애가 자기 머리에다 석유를 붓고 불을 질렀어!"

사람들이 나에게 슬픈 소식을 전해 주었다. 그 애는 귀고리를 망가뜨렸다고 했다. 어떻게 할까? 그 애는 그것을 지나가는 사람에게 수선을 맡겨 고쳤다. 그 애의 귀는 다시 기쁨으로 딸랑거렸다. 그러나 그가 수선비를 요구하자 아이다는 어머니에게 달려갔다.

"뭐라고 수선비가 50피아스트르(5프랑)라고, 너 미친 거 아니니?"

늙은 엄마는 크게 화를 내며 자기 딸에게 욕설을 퍼부었다. 제 정신이 아닌 아이다는 오두막으로 돌아와 석유통을 들어 자기 머리에 들어부었다. 그리곤 곧장 성냥으로 불을 붙였다. 즉시 불이 붙었고, 몸도 옷도 완전히 불타올랐다. 3일 후, 그 애는 끔찍스런 고통 속에서 죽어 갔다.

아무도 그 애에게 자신의 충동을 억제하는 법을 가르쳐 주지 않았던 것이다. 그 얼마 후 그 애의 아버지도 돌아가시고 말았다. 불행의 망령 같은 늙은 엄마만이 손에 한 쌍의 귀고리를 쥔 채 홀로 남겨졌다. 이곳 사람들은 하찮은 이유로 살기도 하고 또 죽기도 한다.

휴가가 얼마나 돼?

매주에 하루씩 일 년에 52일의 휴가에다 크리스마스와 부활절 휴가, 그리고 '여름 대휴가'를 합하면 1년에 며칠간의 휴가가 되지? 아마 100여 일 정도이거나 토요일까지 하면 그보다 더 되지 않을까?

작년에 나는 저녁나절에 글을 깨우치려고 오는 남자들에게 하루 휴일을 주려고 했다. 예수회에서 나에게 버스 한 대를 내어 주기로 약속했고, 그 버스로 우리는 이곳 저곳 들러서 피라미드까지 갈 수 있게 되었다. 학생들이 모였고, 미래의 설교사인 나의 젊은 친구, 오스타즈 알리가 칠판에 덧셈과 뺄셈을 적었다.

"자, 여러분 내주에 피라미드를 보러 가려고 하는 데 동의합니까? 아침 일찍 출발해서 동물원을 구경하고 또 여러분이 원하는 곳에 들를 수도 있을 겁니다."

"그렇습니다. 우리는 슈브라의 성테레사 교회에도 들를 수 있을 거예요." 라고 오스타즈 알리는 말했다.(이곳에서 이슬람교도나 기독교도들 모두에게 무척 사랑받는 이 작은 성녀의 불가사의를 볼 수 있다.)

"당신이 다니는 대학과 엘 알라즈흐르 이슬람사원도 방문하게 해 주세요."라고 나도 내 차례가 되어 말했다.

처음에는 모두 들뜬 기분이더니 일종의 의기소침 상태가 이어졌다. 그들은 "무흐 몸켄(불가능해요)."이라고 말했다.

"왜요? 버스는 무료인데요."

"우리는 하루도 쉬는 날이 없어요."

"뭐라고요. 일요일이나 금요일 중에 하루도 안 되나요?"

"단 하루도 안 돼요. 사람은 하루를 안 먹어도 살 수 있지만, 돼지들은 단 하루만 안 먹어도 죽거든요. 그리고 우리가 쓰레기통을 거둬들이지 않으면 돼지들에게 무얼 먹이겠어요?"

"아니, 당신들은 1년 내내 단 하루의 휴가도 없단 말인가요?"

"있긴 있어요. 마르 기르기스(성 조르쥬) 날 이틀 간의 휴일이 있는데, 그때는 짐승들을 위해 먹이를 사지요. 그게 전부예요."

침묵이 흘렀다.…… 나는 속에서 화가 부글부글 끓어올랐다. 돼지새끼들한테 정말 노예처럼 묶여 있군! 마차를 끄는 사람들은 그들의 주인인 돼지를 기르는 사람들에게 종속되어 있고, 짐승을 소유한 사람들은 이와 같은 강제 노역에 복종하고 있었다.

결국 나는 다시 얘기를 꺼냈다.

"여름이니까 저녁 10시에는 돌아올 수 있어요. 오후에 떠나는 것으로 하죠. 몇 시로 할까요?"

"서너 시 전에는 일이 안 끝나요."

"그 전엔 안 되나요? 2시에 떠나는 건 어때요?"

"크웨이예스(좋아요, 그렇게 하도록 하죠)."

버스가 와서 길가에 대기하고 있었다. 나는 우리 남자들을 데리러 갔다.

2시, 오스타즈 알리와 샤아반이 와 있었다. 2시 30분, 이브라임이 도착했다. 3시, 더 이상 아무도 나타나지 않았다. 피라미드까지는 멀기 때문에 지금 떠나야만 한다. 여기저기 어슬렁거리는 꼬마 녀석들을 끌어 모으니, 녀석들은 '웬 떡이냐' 하며 기뻐했고 드디어 출발했다. 가는 도중 우리는 집에 돌아가려면 아직 한참이나 먼 우리 친구들과 마주쳤다. 그들은 슬픈 시선으로 오랫동안 우리를 바라보았다. 나는 마음이 무거웠고, 만약 소리치고 노래하는 어린 꼬마들이 없었다면 이 소풍은 침통하기 이를 데 없었을 것이다. 드디어 우리는 피라미드군(群) 앞에 도착했다. 그 어두운 돌더미들은 우리 넝마주이들의 운명의 쓰레기더미와 마찬가지로 들어올릴 수 없을 것처럼 보였다. 나는 그들과 함께 이 거대한 돌무더기 밑에 깔려 으깨져 버릴 것만 같았다.

그런데 함디와 파흐르니는 어디를 갔단 말인가? 내 주위의 사람들이 전부 피라미드의 위쪽을 보고 있었다. 나 역시 피라미드 위쪽을 올려다 보고 외마디 소리를 지를 뻔했다. 두 아이는 돌무더기를 기어오르고 있었다. 이제 그 아이들은 피라미드 꼭데기에 올라가 있었다. 내겐 아이들이 내려오는 데 1세기는 걸릴 것처럼 보였다. 늙은 케오프스, 138미터나 되는 높이의 무덤을 원하다니! 마침내 함디와 파흐르니는 승리에 찬 마지막 도약을 해 우리 앞에 뛰어내렸다.

주여, 우리 넝마주이들이 그들의 운명을 박차고 뛰어오를 수 있도록 어떻게 도와줄까요?

우리 젊은이들

예수회 학교의 학생들이 친구로서 우리 넝마주이들 집에 찾아왔다. 라미는 공을 가지러 우리 집에 왔다가 앞장 서서 운동장으로 갔다. 어느 일요일, 다행스럽게도 카이로에서는 보기 드물게 억수같은 비가 도시를 덮쳤다. 며칠 동안 폭포수 같은 비가 쏟아졌다. 길들은 발목까지 빠지는 질척거리는 진흙탕으로 변해 버렸다. 나는 내 빈민촌으로 돌아가기 위해 모든 것이 마르기를 기다리고 있었다. 라미에게 전화를 걸었다.

"수녀님, 어제 안 오셨지요."

"그럼요, 물론이지요. 길이 엉망이라 걸어갈 수가 있어야지요."

"걷지 못할 정도는 아니었어요, 수녀님. 제가 들렀었거든요."

"그럼 진흙탕은요?"

"그 정도는 별것 아니에요! 아이들이 저를 기다리고 있었어요."

어쨌거나 이 젊은이들에게는 담대함이 있었다. 그들은 길에서 당신을 앞질러 가 버리지요.

레다 역시 가장 성실한 젊은이 중 하나였다. 아이들은 특히 그의 아주 진실하고 솔직한 우정으로 인해 또한 그는 그들에게 형제애로 손을 내밀기 때문에 그를 좋아했다. 그들은 그와 긴 시간 이야기하는 것을 좋아했고, 서로 이해하고 있다고 느꼈다, 남자 대 남자로서 토론을 했다.

방학이 다가오고 있었다. 레다가 왔다.

"저, 수녀님. 한두 달 프랑스에 오라는 초청을 받았어요."

"좋겠네요! 언제 떠나나요?"

"안 갈 거예요."

나는 어안이 벙벙했다.

"안 갈 거예요. 저는 제 넝마주이 친구들을 위해 남아 있는 게 더 좋아요."

얼마나 많은 젊은이들이 외국여행을 꿈꾸는가! 그러나 어떤 젊은이들은 넝마주이들을 위한 길을 택한다.

불행하게도 레다의 신부님은 병이 위독했다. 레바논 사람인 그는 자기 나라에 가서 치료 받고 싶어 했다. 레다가 신부님과 함께 가야만 했다. 신부님의 병세는 호전됐고, 카이로로 다시 돌아왔다. 그러나 얼마 되지 않아 하느님이 신부님을 부르셨다. 우리 넝마주이들은 그 소식으로 슬픔에 휩싸였다. 몇몇이 신부님의 친구들에게 자신들이 얼마나 그들의 비탄을 함께 하고 있는지를 말해 주려고 찾아갔다. 그의 아파트 여러 거실들 중 한 곳에 마음을 훈훈하게 하는, 즉 '기품 있는' 주인들 한가운데 그들이 우애 있게 앉아 있는 드문 장면을 나는 목격할 수 있었다.

에짜트는 꼬마들이 그들의 방학을 잘 보낼 수 있도록 하는 이곳 저곳의 캠프에서 보냈다. 에짜트 역시 내게는 가장 훌륭한 지도자 중의 한 사람이었다. 나는 2~3년 전부터 개학하기 전 며칠간을, 학교에 다니지만 글을 읽을 줄 모르는 아이들에게 글을 가르치고 싶었다. 이해력이 너무도 느린 우리 꼬마들과 함께, 때로는 한 학급이 50에서 60명에 이르는 학생들에게 선생님들이 무엇을 할 수 있겠는가?

"에짜트, 남은 3주 동안 나를 좀 도와주겠어요?"

"기꺼이 그렇게 하지요."

대학교에서 알렉산드리아로의 여행을 준비하고 있었다. 타인을 위한 봉사로 방학을 보낸 에짜트에게 바다와 그 시원함, 친구들과의 소풍, 그것은 매우 매혹적인 일이 아닐 수 없다. 나는 에짜트가 그 여행을 포기해 버렸다는 것을 너무 늦게야 알았다.

"아니 당신도 긴장을 푸는 것이 필요해요!"

"수녀님 아시겠지만, 저는 수녀님과 우리 넝마주이들에게 너무도 많은 애정을 갖고 있어요."

나도 그 말에 대한 증거를 갖고 있었다! 그가 매일 아침 출근해 꼬마 하나하나에게 무한한 인내심으로 복습시키는 것을 보았다. 우리는 전체적인 복습을 했다. 그리하여 우리 아이들은 읽을 줄 알게 되었던 것이다. 에짜트는 알렉산드리아의 바닷물에 자신의 아름다운 몸을 담그지는 못했으나 특별한 기쁨이 그의 영혼을 감싸고 있었다. 그는 넝마주이 아이들을 무지로부터 구해낸 것이다.

사메흐는 모든 일요일 오후를 우리 집에서 보냈다. 그 역시 우리 아이들의 친한 친구가 되었다. 그는 아이들에게 공놀이 연습을 시켰고, 아이들을 데리고 스카우트를 만들고자 했다. "조금씩 조금씩 아이들은 변하고 있어요. 팀에 대한 감각이 살아나기 시작해요."라고 사메흐는 내게 털어놓았다. 이 얼마나 기막히게 놀랍고 훌륭한 젊은이들인가!

사제직

우리 넝마주이 동네에 정기적으로 의사 선생님 한 분이 방문하도록 하는 것을 절대적으로 성사시켜야만 했다. 왜냐하면 나는 초보적인 치료만을 할 수 있을 뿐이기 때문이었다. 그러나 누가 자동차로도 올 수 없는 이 가난한 장소까지 오려고 하겠는가? 나는 놀라울 만큼 헌신적이고 사리사욕이 없는 한 '의사'에 관한 이야기를 들었다. 나는 헬리오폴리스의 '멋진' 거리에 있는 그의 개인병원으로 그를 찾아갔다. 그에게 상황을 설명하자마자 그는 승낙을 했다. "알겠습니다, 수녀님. 제가 매주일 가겠습니다. 무슨 요일이 좋겠습니까? 저는 가난한 사람들을 위해 봉사하고 있습니다." 그러면서 내게 속내를 털어놓았다. "젊었을 때 저는 신부직과 의학공부 사이에서 망설였습니다. 저의 교수님 중의 한 분이 저에게 '앙뚜완, 너는 훌륭한 의사가 되어 적지 않은 사람들을 구하게 될 자질을 갖추고 있다'라고 말씀하셨지요. 그래서 저는 의학을 사제직처럼 하기로 결심했습니다. 저의 환자들 중의 일부는 가난한 사람들이랍니다. 그리고 부자들로 말하자면 제가 때로는 얼마나 많은 문제들을 해결해 주려 애쓰고 있는지 수녀님께서 아신다면 놀라실 겁니다."

그가 이제 이곳 골목길의 오물더미 한가운데를 드나들고 있다. 그는 몸서리쳤다.

"아니, 수녀님. 이곳에서는 온갖 병에 다 걸릴 겁니다."

"저런! 선생님. 우린 모두 다소 면역이 돼 있는 걸요!"

고양이만큼 큰 쥐들이 우리 종아리 사이를 뛰어다니고, 파리들이 귓전에서 윙윙거렸다. 그는 근심에 차서 나를 바라보았다. 나는 웃었다. "네, 선생님, 저는 당신이 무엇을 생각하는지 알아요. 제가 조만간 임파선 페스트와 발진티푸스, 그리고 무덤까지 따라간다는 콜레라에 걸릴 거라는 거죠? 그때엔 선생님이 저를 구해 주실 거 아닌가요?"

그는 내가 정성스럽게 석회를 발라 하얗게 만든 손바닥만한 방안으로 들어갔다. 그가 갑자기 숨을 들이마셨다.

"여긴 깨끗하군요."

"그럼요, 선생님. 벼룩이 번창하길래 보다시피 타일을 깔게 했고, 우리는 매일 물로 닦아내지요."

조금 안심한 듯한 그는 환자들을 청진하기 시작했다. 나는 그가 존중하는 마음을 갖고 각각의 환자를 대하는 것에 감탄했다. 그는 더 심각한 몇몇 환자의 경우 충분한 시간을 갖고 진찰하곤 했다. 그는 "그들을 좀더 지켜 봐야 해요"라고 말했다. 한 여자가 몸을 일으키질 못했다. 그는 오두막들을 거쳐서 그녀의 빈민굴까지 찾아갔다. "그녀에게 특별한 약을 보내겠습니다."

그는 쨍쨍 내리쬐는 땡볕 아래 차를 타기 위해 자기 차가 있는 곳으로 갔다. 그는 땀을 흘리며 행복하고 가벼운 발걸음으로 걸어갔다. 그는 방금 많은 사람들의 병의 고통을 덜어 주었던 것이다. 그렇습니다, 닥터 K. 당신에게 의학은 사제직입니다.

그가…… 임신으로 인해 고통스러워 했다

우리 넝마주이들 중 많은 사람들이 이집트 남부에서 왔다. 그들은 남부의 엄격한 관습, 특히 여자들과 관련된 관습을 지키고 있었다. 그 관습 중 하나가 남편들은 아내들에게 의사를 보러가는 것조차 허락하지 않는 것이었다. 이제 그들은 그녀들이 진찰받을 때에 내가 곁에 있다는 것을 알고 안심했다. 그러나 모두가 그렇지는 않았다.

옴 아으와르는 현기증으로 고통받고 있었고, 자기 진료 차례를 기다리고 있었다. 그녀는 안절부절 못하는 듯했다.

"나 좀 빨리 봐 주세요."

그녀가 들어왔다.…… 나는 갑자기 그녀의 얼굴이 창백해지는 것을 보았다. 그녀의 남편이 창을 통해 그녀를 보고 있었던 것이다. 그는 화가 잔뜩 난 굳은 얼굴이었다.

"남편은 내가 의사 선생님을 뵙는 것을 원치 않아요."라고 그녀는 내게 말했다.

"잠깐, 내가 그에게 말해 보도록 하지. 압델 와하브, 왜 화가 났나?"

"내 마누라는 아무렇지 않아요. 내가 외출하지 말라고 했는데 여기 왔어요."

"자, 압델 와하브. 나는 자네가 안와르에게 아주 조그만 일이 생겨도 걱정하는 아주 좋은 아빠라는 걸 알고 있어. 그러니 자네 부인을 위해서도 그저럼 좋은 남편이 될 수 없겠나? 그녀를 때리지 않겠다고 나와 약속하게!"

그의 아내는 별로 안심하지 못한 채 밖으로 나갔다. 그는 그녀의 팔을 잡고 골목길을 통해 함께 가 버렸다.…… 과연 그가 그녀를 때리지 않았는지 나는 감히 그것을 확신할 수가 없었다.

착한 파티가 진료를 받을 차례였다. 그는 한 달 전부터 현기증과 구토로 고통받고 있다고 했다. 의사 선생님은 횡설수설하는 그의 설명을 주의깊게 듣고 나서는 느닷없이 웃으며 그에게 말했다.

"당신…… 임신으로 고통스러워 하는군요.…… 부인이 임신하셨나요?"

거북해 하면서 그가 대답했다.

"네."

"그럼 부인을 데려오도록 하세요. 그리고 그때까지 부인의 소화를 돕기 위해 이 약을 드리도록 하세요."

파티는 만족해서, 그리고 틀림없이 자기 아내는 의사에게 보이지 않겠다고 작정한 채 가 버렸다. 의사와 나는 웃음을 터뜨렸고, 그는 나에게 이렇게 말했다. "이집트 남부에서는 흔한 일이에요. 남자들이 병세를 이야기하면서 진찰을 받으러 오지요.…… 자신들의 아내의 병세를요. 경험이 없는 젊은 의사들도 순식간에 이해하지요.…… 그들 부인들이 임신에 의한 입덧으로 고통을 당하고 있다는 것을요!"

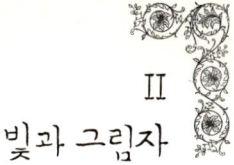

II
빛과 그림자

그림자 놀이

중세시대에 큰 장이 서는 것처럼 사람들이 모여 즐거워하는 때는 장날이었다. 우리 여자 아이들은 내게 내일은 못 온다고 했다. 그 이유는 내일 '성모 마리아의 장'에 가야 하기 때문이었다.

"아블레티, 가야 돼요. 모든 기독교인들은 물론이고 이슬람교도들도 거기에 가거든요."

나도 한 그룹과 함께 가기로 했다. 사람들은 30여 명이 다리를 포개거나 수레 가장자리에 다리를 늘어뜨린, 콩나물시루처럼 빽빽한 짐수레에 올라탔다. 나도 그런 자세로 앉았고, 그런 자세가 그렇게 불편한 것만은 아니었다.

우리는 노래하고, 웃고, 손뼉을 쳤으며 목적지에서 짐수레를 세웠다. 그것은 하느님의 선한 백성들의 넘쳐흐르는 기쁨이었다. 우리는 수레에서 뛰어내렸고, 여인들은 그들의 손수건을 풀어 2피아스트르를 꺼내 수레꾼에게 주었으며, 아이들은 무등을 타거나 치마에 매달려 걷기 시작했다. 우리는 이내 혼잡스러움 속에서 서로를 잃어버렸다.

관례에 따라 성모 마리아의 성소인 엘 아드라(El' Adra)를 방문하는 것부터 시작해야 했다. 사람들은 종종걸음으로 앞으로 나아갔고, 잠시 제자리걸음을 하다가는 다시 앞으로 걸어 나갔다. 모든 사람들이 큰소리로 외치고 노래했다. 마침내 우리는 교회 안으로 들어갔다. 방망이로 무장한 남자들이 앞으로 걸어 나가려 하지 않는 사람들을 때려서 이 혼잡함 속에서 약간의 질서를 세웠다. 그러나 맞는 사람들…… 그리고 때리는 사람들 모두 함께 웃었다. 그렇지만 몇몇의 사람들은 구타당하면서도 용기 있게 참아 내며 제자리에서 꼼짝도 하지 않았다. 그들은 나뭇가지 사이로 한 줄기의 햇빛이 담장 위에 일종의 희미한 윤곽을 그려 내는 것을 기다리고 있었다. 그러면 모든 사람들이 기쁨의 소리를 외쳤다. "엘 아드라, 엘 아드라(성모 마리아, 성모 마리아)." 할 수 있는 사람들은 한층 더 확실한 '바라카(은총)'를 위해 벽을 쓰다듬었다.

가엾은 사람들, 그것은 단지 그림자 장난에 불과하다는 것을 그들은 알고나 있는지? 그러나 이 그림자는 그들의 신앙심을 만족시키기에 충분한 것이었다. 나는 그 이유를 알지 못했다. 나는 플라톤의 동굴 안에서 사슬에 묶인 사람들 역시 그들 뒤로 지나가는 사람들의 그림자만을 볼 뿐이라는 것을 생각했다. 우리는 타인들에 대해서 무엇을 알고 있는가?…… 종종 우리를 충족시켜 주는 듯해 보이는 희미한 그림자 외에는?

　이 선한 사람들의 신앙은 그들의 모든 것을 변화시켰다. 나는 그들의 얼굴을 바라보았다. 그들은 적어도 하늘의 그림자를 본 것처럼 기쁨에 겨워하고 있었다. 나의 계산적인 두뇌와 차가운 심장으로는 이 모든 것이 우스꽝스런 가장행렬처럼 보였다.

　그렇지만 이 순박한 영혼들은 아직도 하느님이 손가락으로 담벼락에 글을 쓰시는 것으로 믿고 있다. 더욱 더 사실인 것 같은 다른 상징들이 매일 비춰지고 있지 않은가? 그들에게 그것들 또한 기쁨으로 받아들일 수 있도록 어떻게 가르칠 것인가?

살리브(십자가)

때려잡기 위한 털투성이 두상(頭狀)들, 하늘로 오르기 위한 그네, 모자를 대신한 원뿔, 설탕으로 만든 인형, 한 편에는 위험을 무릅써야 잡을 수 있는 행운, 다른 한 편에는 마실 수 있는 코카콜라. 이와 같이 장터에서는 겨우 두 푼으로 사람들 각자에게 즐거움을 선사했다.

　한 남자가 불에 달궈진 끝이 뾰족한 단검을 들고 있었다. 그는 그것을 거무스름한 액체에 담갔다가 피부에 갖다 대어 지글거리며 타게 했다. "문신하는 사람이에요. 나도 내 아이들 팔에 십자가를 새기게 할 거예요." 말라카가 나에게 설명해 주었다.

내 귓가에 찬송가의 구절이 울렸다. "나를 네 팔 위에 도장처럼 찍어 넣어라."

내가 손목을 내밀었다. 남자가 나에게 미소 지었다. 외국여자가 문신을 하다니! 불에 달군 칼끝이 살을 파고 들었다. 찌르는 고통, 살이 타는 냄새, 십자가가 내 살갗에 새겨졌다. 이제 내 손목에 새긴 십자가는 영원히 지워지지 않게 되었다. 그러나 나는 내 가슴 속에 세상의 고통인 십자가를 새길 줄 알게 될 것인지?

말라카가 그녀의 장남과 이야기하고 있다. 그 애는 여덟 살이고 문신의 의미를 이해할 나이이다. 그 애는 이제 잠깐 동안 고통스러울 것이나 이는 죽을 때까지 십자가 표시를 지니기 위해 겪어야만 한다.

"파흐미, 기독교도인 것이 자랑스럽니?"

아이는 자기 엄마를 작은 사나이 같은 시선으로 보고 나서 단호하게 손목을 내밀었다. 그 애는 이를 악물었고 꼼짝도 하지 않았다. 아이 엄마가 그 애를 포옹해 주었다. 그러나 다섯 살짜리 파흐미는 그와 같은 기품에는 도달하지 못했다. 그 애는 소리치고 발버둥쳤고, 그의 형이 손목을 꽉 잡고 있었다. 그 일이 끝나자 그 애는 자신의 분홍빛 어린 손목에 새겨진 검은색 십자가를 보았다. 눈물은 말라 버렸고, 그 애는 자랑스럽게 자기 손목을 높이 들어 흔들어 보였다.

살리브Salib(십자가)는 이곳에서 많은 기독교인들이 자랑스럽게 지니는 이름이었다. 살리브란 이름이 내가 아홉 명 아이들의 아버지인 선량한 전차 차장인 살리브의 이야기를 하도록 이끌었다. 삶이란 쉬운 일이 아니다. 나는 프랑스의 부유한 친구들로부터 편지 한 통을 받았다. "우리는 두 명의 불쌍한 아이를 입양하고자 간절히 원합니다." 긍정적인 대답을 받으리라 확신하면서 나는 살리브의 집으로 갔다. 그는 자기 아내를 불렀고 웃기 시작했다.

"자네 아이 두 명을 내게 주지 않겠나."

"절대로 안 돼요!"

그가 다섯 살배기 셀마에게 몸을 숙였다.

"셀마야, 너 좋은 나라에 가서 살고 싶지 않니? 예쁜 옷도 입고 사탕도 먹을 수 있단다."

셀마는 자기 아빠에게 뛰어올라 그의 두 팔에 숨어들었다.

"레! 레!(싫어! 싫어!)."

살리브는 나에게 말했다. "각자 자신의 십자가를 지고 가야 해요. 나는 결코 우리 아이들의 짐을 벗어 버리지 않을 겁니다. 게다가 이 애들은 나의 기쁨이지요." 나는 새끼새들로 가득찬 이 둥지만큼 웃음이 많고 노랫소리가 끊이지 않는 가족을 결코 본 적이 없다. 아버지의 무릎에는 언제나 아이 하나가 앉아 있었다. 그들은 원하는 만큼 빵과 양파를 먹고 살았다.…… 살리브가 집에 돌아오면 그의 목에 자신의 아이가 매달리지 않은 적이 단 한 번도 없었다. 진정 우리 아이들이 굶주리는 게 무엇보다도 유복한 삶이라 하겠는가?

살리브로 말하자면 그 역시 훨씬 오래 전에 십자가 문신을 새겨 넣었다.

옥수수밭에서 사람을 죽이다

이번 여름에는 글을 읽고 바느질을 배우러 오는 아이들의 숫자가 늘어났고, 장소도 넓히기는 했지만 북적거리는 어린 몸들이 뿜어내는 열기는 늘 견딜 수 없는 공기를 만들어 냈다. 나는 이웃 마을의 교회에 붙어 있는 큰 방 하나를 찾아냈다. 그곳에는 작은 울타리가 있어서 아이들이 뛰어놀 수도 있을 것이다. 사람들은 휴가기간 몇 개월을 내가 그곳을 쓸 수 있도록 허락해 주었다.

기뻐서 어쩔줄 모르는 여자 아이들이 매일 새로운 친구들을 데리고 왔다. 전에는 지금처럼 아이들이 50여 명에 이른 적이 단 한 번도 없었다. 책읽기, 쓰기, 산수, 바느질, 기독교인 어린이들을 위한 교리문답, 이슬람교도 아이들을 위한 윤리교육이 중간중간 공놀이와 함께 이어졌다.

그러다가 갑자기 여자 아이들의 숫자가 줄어들기 시작했고, 어느 날 오후에는 아이들의 수가 더 이상 한 줌밖에 되지 않았다. 무슨 일이 일어난 것일까?

나는 그애들에게 물었다. 왜 다른 아이들은 안 오는 거지? 아이들은 서로 바라보며 이구동성으로 "도라! 도라!(옥수요! 옥수수!)"라고 말했다. 그리고는 갑자기 한 애가 겁에 질려 외쳤다.

"저는 이제 안 올 거예요."

"저도요." 다른 애가 덧붙였다.

나는 이해할 수가 없었다.

"옥수수요, 아블레티(큰수녀님). 옥수수밭에서 사람을 죽여요. 우리 동네에서 두 명의 아이를 훔쳐 갔어요."

나는 자초지종을 알아보았다. 어떤 아이도 사라지지 않았으나 농부들은 아이들이 지나가면서 옥수수 서리를 하지 못하게 하기 위해 이런 소문을 퍼뜨렸던 것이다.

"옥수수밭에서 사람을 죽인다고?"

"그 말이 맞아요. 특히 나일 강 상류지방에서는 명예를 위해서 피로 복수를 해야만 하지요. 남자에게 지나치게 가까이서 희롱을 당한 여자아이는 욕설을 듣고 강간을 당해야 하는 등등. 사람들은 옥수수가 2~3미터 높이까지 자라도록 기다리지요. 5리브르에서 10리브르를 주고 사람을 사요. 옥수수 줄기 사이에 매복하고 있다가 지나가는 사람을 때려잡고 아무 일 없었다는 듯 가 버리지요."

나는 직접 옥수수밭 사이를 헤치고 지나가 보았다. 갑자기 내 뒤에서 누군가 급하게 걸어오는 소리가 들렸다. 살인자가 아닐까? 내 키를 훨씬 넘는, 양편에 주욱 늘어 선 옥수수밭 사이로 나 있는 이 좁은 오솔길에서 나는 그야말로 혼자였다. 그러나 나는 어찌됐건 넝마주이들 가운데는 적이 없었고, 친구들뿐이었다. 그러나 그 친구들만이 아니고 다른 어느 누구라도 이곳을 지날 수 있는 것이니 정신을 똑바로 차리자. 나는 급히 뒤돌아 섰고, 내 심장은 뛰었다. 남자는 급하게 다가와 나에게 한 마디를 던졌다.

"보세요. 내게 줄 십자가 하나 있습니까?"

그는 내게 그의 손목에 새겨진 십자가 형태의 문신을 보여 주었다. 나도 그에게 내 것을 보여 주었다.

"내 여동생의 딸이 아파요."

"그러나 난 갖고 있는 게 하나도 없네. 그렇지만 다음번에 그것을 줄게."

그가 이를 온통 다 드러내고 내게 미소지었다. 우리는 친구가 되어 키가 큰 옥수수 줄기 사이를 계속 걸었다.

옥수수 줄기는 베어졌고, 위험은 지나갔으며 우리 여자 아이들은 다시 배우기 위해 모였다.

그들이 문을 들이박았다

오직 성모 마리아 장날에만 교회에 나오는 우리 넝마주이 친구들의 잠든 신앙심을 어떻게 깨워야 할까? 성 주간이 다가오고 있었다. 그들에게 예수 수난과 부활에 관한 영화 한 편을 보여 주기로 하자. 교회에 붙어 있는 방은 넓었다. 나는 책임자를 만나러 갔고, 우리는 곧 의기투합했다. 그는 나에게 입장권 200장을 주었고, 나머지는 그의 교구 사람들에게 나누어 줄 것이다. "입장권의 매수는 별로 상관없어요. 결코 모든 사람이 다 온 적은 없어요."라고 그는 말했다.

내가 감히 기대했던 것보다는 훨씬 더 성공적이었다. 우리 여자 아이들이 표를 나누어 팔았고, 그애들은 나에게 성실하게 2피아스트르(20쌍띰)씩을 가지고 왔다. 나에게 남은 표는 10여 장에 불과했다. 나는 그곳에 6시까지 와야 한다고 다짐해 놓았다.

저녁이 되었다. 방 안에는 시간을 정확하게 지킬 줄 아는 성실한 교구인들로 채워졌다. 나는 불안했다. 내가 인도한 사람들은 이제 겨우 도착하기 시작하는데, 방 안에는 벌써 사람들로 꽉 들어차서 더 이상 좌석이 없었다. 책임자는 문을 닫게 했고 영화를 시작하라는 지시를 내렸다.

밖에서 문을 두드리는 소리가 났다.

"문 열어요, 문 열어. 우리는 표를 갖고 있어요."

안쪽에서 사람들이 그들에게 소리쳤다.

"너무 늦었어요. 더 이상 자리가 없어요. 6시까지 도착해야 하는데 지금 7시예요!"

뭐라고! 그들은 2피아스트르 주고 표를 샀고, 영화는 메시아에 관한 것이었는데 사람들이 그들을 들여보내려 하지 않았다. 어디 두고 보자!

그들은 문을 두 배나 더 세차게 두드렸고 문짝은 떨어지기 직전이었다. 오스타즈 G는 문짝이 떨어져나가지 않게 하기 위해서 젊은이들을 불렀고, 그들은 일제히 삐걱거리며 떨어지려는 문짝을 떠받쳤다. 마침내 문에다 어깨로 마지막 일격을 가하자, 옆에 서있던 남자들이 환호성을 지르며 밀려 들어왔다. 기가 질린 책임자는 채찍을 손에 쥐고 그들을 뒤로 물러서게 하려 했다. 그러나 불가항력이었다. 그들은 서로 꽉 잡고 줄을 지어 나란히 앞으로 나아갔고, 겁에 질린 교구인들은 점점 더 뒤로 밀려났다. 그러나 감격한 그들은 영화장면이 바뀔 때마다 탄성을 질렀고, 십자가를 짊어진 그리스도가 나타나자 주먹을 쥐었다. 예수 부활의 순간에는 신음과 박수가 터져나와 표현할 수 없는 소란상태가 되었다. 선량한 교구인들은 뒤늦게 온 사람들에게 점점 더 밀려서 이 노예선과 같은 곳에서 자신들이 과연 살아나갈 수 있을지 공포에 떨었다.

마침내 영화는 끝났다. 기쁨에 넘쳐서 우리 넝마주이들은 자리를 떴고, 열렬히 악수하기 위해 한 명 한 명 나에게로 왔다.

아드라 마리암

포지야가 피곤에 겨워서, 포대기에 싼 분홍빛 살결의 조그만 애기를 파리떼가 온통 뒤덮고 있는 침대 위, 그녀 곁에 내려 놓았다.

"내 갓난쟁이 딸에게 예쁜 이름 하나 지어 주세요."

"네가 골라야지, 포지야. 나로서는 가장 예쁜 이름이 성모 마리아의 이름이야, 엘 '아드라 마리암'."

창백했던 그녀의 얼굴이 환해졌다.

"좋아요, 좋아. 이 애를 마리암으로 부르지요." 그리고 그녀는 포대기에 싼 그 조그만 아기를 황홀한 듯 두 팔에 안고 조용히 흔들었다.

성모 마리아에 대한 경배는 동방에서 더 그 힘을 발휘하고 있었다. 이슬람교도들까지도 성모 마리아를 기리기 위해 금식했다. 그러나 때때로 개신교도들과 싸움이 일어났다. 이를테면 타키는 열렬한 정교회 신자였다. 그가 하루는 내 오두막 앞에 있는 작은 마당에서 의사를 기다리고 있었다. 그런데 느닷없이 마당 쪽에서 날카로운 비명소리가 들렸다. 나는 뛰어가 보았다. 얼굴이 수탉처럼 빨개져서 두 눈이 튀어나올 듯한 타키가 개신교도인 베히트에게 한방 먹이려던 중이었다. 둘은 당연히 상대방의 말은 들으려고 하지도 않고 상대방의 면상에다 자신의 주장만을 외쳐대고 있었다. 내가 가까이 다가가자 두 수탉(?)은 겨우 진정을 했고, 내가 자신의 말을 받아들일 것이라 확신한 타키가 나에게 큰소리로 외쳤다. "저놈 말 들으셨죠, 수녀님. 저놈이 말예요, 성모님이 제이툰에 나타나셨다는 걸 안 믿어요!"

나는 부드러운 말로 그를 진정시키려 애썼다. "타키, 베이트는 자기가 생각하고 싶은 것을 생각할 권리가 없다고 너는 생각하니?"

그러고 나서 나는 베이트 쪽으로 돌아서서 말했다. "베이트, 자네가 원한다면 지금 의사 선생님께 들어가 보게."

베이트는 일이 이렇게 돌아간 것을 행복해 하며 가 버렸다.

"그래, 수녀님은 그놈이 옳다는 거예요?"

"이것 봐, 타키. 그래 주먹으로 베이트를 설득하려는 건가? 자네가 그를 땅에 때려 눕히면 그가 '엘 아드라 마리암'에게 기도할 것 같은가?"

내 질문에는 대답하지 않고 그는 다시 내게 물었다.

"그럼 수녀님, 수녀님은 성모 마리아께 기도하러 제이툰에 가시지 않나요?"

"물론 가지. 그곳은 성스러운 장소라네."

"그럼, 수녀님은 성모님의 발현을 믿으시네요."

"타키, 많은 기독교도들 그리고 이스람교도들조차도 성모님을 보았다고 말하는 것을 알고 있어. 나는 때때로 그들이 부르는 노래를 따라 부르고 있지. 나는 그것으로 족하다네. '엘 아드라 마리암'은 사람들이 부르는 곳이면 어디에나 계신다네."

그는 돌연 몸이 아프다는 사실을 떠올리고 의사에게로 가 버렸다.

이 선량한 타키는 성모 마리아의 이름으로 한 사람의 목을 조일 준비를 하고 있었다. 그는 자신도 모르게 개종할 당시의 이그나시우스 드 로욜라의 제자가 되었던 것이다. 그에게 필히 암노새 이야기를 해 줄 필요가 있었다. 이그나시우스는 한 무어인과 함께 천천히 힘들게 걸어가고 있었다. 성모 마리아에 관한 심한 언쟁을 한 뒤, 무어인은 자기 암노새를 회초리로 때리며 멀어져 갔다. 그러자 아그나시우스의 심장이 갑옷 속에서 쿵쿵거리기 시작했다. "감히 성모 마리아님을 모욕하다니, 내 저놈을 제물로 바칠 것이다." 그는 칼에 손을 얹고서 자신의 노새를 앞으로 내달리게 했다. 타키, 너는 이 이야기를 듣고 기쁨으로 마음이 설레겠지만 그 다음 얘기를 들어 보렴. 교차로에 다다르자 무어인이 오른편으로 돌았다. 이그나시우스가 무어인의 머리를 칼로 쪼개 버려야겠다는 생각을 갖고 있었던 것은 절대 아니었다. "하느님의 심판에 맡기는 것이 더 낫다. 만약 내 노새가 오른편으로 달린다면 나는 그를 단칼에 죽여 버릴 것이다." 이그나시우스는 노새의 고삐를 늦췄다.…… 노새는 왼쪽으로 돌았다. 타키는 내게 이렇게 말하겠지. "그놈의 노새,…… 평화적인 짐승이로군!"

50프랑짜리 행복

프랑스 관광객들이 돌아가면서 더 이상 사용할 수 없게 된 이집트 돈 얼마를 내게 남겨 주었다. 5리브르였는데, 대략 50프랑 정도였다.

나는 우리 넝마주이 동네로 돌아왔다. 포지야는 침울해져 있었고 말도 별로 없었다. 나는 그녀가 왜 그러는지를 알 수가 없었다. 아이들은 울며 서로 다투고 있었다. 무슨 일이 있었는가? 그녀의 남편은 우울증 발작을 일으켰고, 더 이상 일하려고 하지 않았다. 그는 종일 카페에서 술을 마시며 보냈고, 그들이 갖고 있던 몇 피아스트르밖에 안 되는 돈으로 도박까지 했다.

"기르기스에게 아버지를 모시고 오라고 해."

꼬마는 달려갔고, 애들 아버지는 이내 도착했다.

"무슨 일이 있었나, 친구?"

그의 눈은 슬펐고 초점이 없이 희미했다.

"너무 피곤해서 일을 할 수가 없어요."

우리는 이야기를 나눴고, 그는 긴장을 조금 풀었다.

"이봐. 지난번에 보니까 기나피(의학에서 키니네의 원료-옮긴이)가 자네에게 아주 효과가 좋던데, 한 병 구해다 줄까?"

"아! 그러면 좋겠네요."

"좋아. 내일 토요일 저녁에 찾으러 오게. 내가 우리 수녀들과 함께 공동체에 있을 테니까. 그렇지만 우선 아침에는 일하러 가도록 애써 보게나. 안 그러면 일자리를 잃을 수도 있으니까 말야."

"알았어요."

다음 날 저녁 6시에 그는 녹초가 돼서 나에게 왔다.

"보다시피 공장에서 오는 길이에요. 직장에서 의사 선생님을 만나 보았어요. 그는 '당신은 작은 라디오를 하나 갖는 게 좋을 겁니다. 그래서 파김치가 되어 집에 돌아왔을 때, 긴장을 풀고 음악을 들으면 카페에 가는 것보다 훨씬 더 휴식을 취할 수 있고 돈도 들지 않아요!' 라고 저에게 말해 주었어요." 의사의 이야기는 좋은 얘기였으나 그는 라디오가 없었다.

"라디오 값이 얼만데?"

"3~4리브르 정도 해요."

"좋아, 운이 좋네! 어제 관광객들이 내게 돈을 조금 남겨 주었거든. 자, 라디오 사러 가세."

돈은 그가 능력껏 차후에 내게 갚을 것이다.

우리는 한 상점 앞에 이르렀다. 트랜지스터 하나에 3리브르 75였다. 우리는 들어가서 그것을 산 다음, 그가 기운을 차릴 수 있도록 기나피 한 병과 물만 마시며 굶고 있는 애들 엄마를 위해 카카오 한 상자, 그리고 아이들을 위해 포도와 복숭아를 샀다. 라디오에서는 유쾌한 멜로디가 흘러나왔다. 그의 주름살은 부드러워졌고 생기를 되찾은 두 눈은 기쁨으로 빛났으며, 마음이 편안해졌는지 웃음을 지어 보였다.

"이제 일을 할 수 있을 거예요! 라디오를 들으러 더 이상 카페에 갈 필요도 없구요!"

50프랑으로 구원을 받은 가족은 정상적인 생활을 되찾게 되었다.

그들이 노래를 부르다

나는 아직 우리 넝마주이 친구들에게서 배울 것이 많다.

월요일에 남편에게 두들겨 맞아 울부짖던 여자는 화요일이 되면 모든 것을 잊고서 구멍 뚫린 낡은 함석 오두막 안에서 노래를 했다. 이곳에서는 콤플렉스라곤 찾아볼 수 없고, 의사 선생님은 사람들이 내게 신경을 안정시키는 데 쓰라고 준 풍족한 약을 보고 웃었다. "그것을 모두 부자동네에 보내세요. 거기서는 무척 쓸모가 많은 것이지요!"

사미아는 우리가 하려고 하는 동물원 산책을 오래 전부터 꿈꿔 왔다. 출발하는 날 아침 그 애는 눈물이 가득 고인 눈으로 도착했다.

"엄마가 가지 말래요. 오셔서 엄마에게 이야기 좀 해 주세요."

나는 그녀에게 갔다.

"가게 할 수 없어요. 보세요. 이 애는 돼지들과 어린애를 돌봐야 해요. 난 오늘 몸이 좀 아프거든요."

나는 눈물로 축축해진 사미아의 뺨을 부드럽게 쓰다듬어 주었다.

"너 없으면 엄마가 어떻게 하겠니. 야 하베티야(사랑스러운 애야), 엄마를 돕기 위해 남지 않을래?" 사미아는 아직도 눈물이 가득한 두 눈을 들어 엄마를 바라보고 난 후 미소 지으며 말했다.

"엄마랑 있을게요. 다음번엔 나를 데려가 줄 거죠, 아블레티?"

그 애는 나에게 입맞춤을 하고서 돼지들을 돌보기 위해 가볍게 뛰어갔고 입으로는 노래를 흥얼거렸다. "야 마마, 야 헬와."

인간의 마음은 수수께끼다. 풍족한 사람은 더 많은 것을 갖고자 잠을 잃을 지경이지만, 반면 아무것도 가진 것 없는 빈털터리, 즉 구두수선공들과 넝마주이들은 자기 사는 곳에 만족해 하고 노래까지 부른다.

엘 필(코끼리)

우리가 동물원 구경을 떠나는 것은 일대 사건이다. 아이들은 운하의 물이 졸졸 흐르는 도랑을 굽어보고 있는 좁은 오솔길을 따라 가볍게 뛰어갔다. 우리를 기다리고 있던 버스는 예수회가 또다시 빌려준 것이다. 고마운 일이었다. (왜냐하면 사람들은 버스를 살 수 있는 형편이 못 되었고, 쉽게 숨이 차는 사람들에게는 다른 방도가 없었기 때문이었다!) 아이들이 버스를 향하여 들판을 가로질러 그처럼 뛰어가는 것은 얼마나 기쁜 일이던가.

도시에 도착하자 우리 꼬마들은 기뻐서 어쩔 줄 모르며 지나가는 우리 넝마주이 친구들에게 손을 흔들어 신호를 보냈다. 더 이상 늙은 당나귀가 간신히 끌고 다니는 수레가 아니라 전속력으로 달리는 진짜 버스였던 것이다. 자, 다 왔다. 모두는 버스에서 내렸다.

나는 아이들에게 단단히 주의를 주었고, 내 양떼(?)를 여러 조로 나누었다. "각자 자기 조와 다섯 마리 어린 양의 숫자를 매번 다시 세어야만 하는 책임자를 꼭 붙여 다니도록 했다. 말을 듣지 않아서 끊임없이 호명을 받는 사람은 다음번엔 같이 올 수 없다. 왜냐? 잃어버릴 염려가 있으니까. 지난번에 한 엄마는 딸을 잃어버리고 길을 헤매며 울면서 큰소리로 외쳤고, 딸 역시 자기 엄마를 찾기 위해 사방을 빙빙 돌면서 울며 소리쳐야만 했었다. 넝마주이들과 멀리 떨어져 이 엄청나게 큰 공원에서 잃어버리면 혼자서 어떻게 할 것인가?" 겁에 질린 우리 아이들은 얌전히 있겠다고 약속했고, 앞으로 걸어 나가 처음 멈춰선 곳은 타조 우리 앞이었다.

"저것은 이름이 뭐예요. 저건 무엇을 먹나요?" 계속 앞으로 나아가자, 가늘고 긴 다리를 한 홍학들이 침착하게 걷고 있는 홍학우리를 지나가게 되었다. 그때 맹수의 포효하는 소리가 들려왔다. 우리 꼬마들은 서로서로 꼭 껴안았다. 겁내지들 마라. 사자란다. 하지만 우리 안에 갇혀 있으니 걱정하지 말아라. 사자는 몸서리치게 만드는 거대한 입을 벌려…… 하품을 했다. 안도의 웃음소리. 다른 사자 한 마리는 두 다리 사이에 머리를 묻고서 꿈을 꾸고 있는지, 졸고 있는지…… 사자는 그다지 무섭지 않단다.

"그래요. 그러나 주의하세요. 작년에 경솔한 경비원 하나가 팔 하나를 물어 뜯겼어요. 물러납시다."

우리는 뱀 우리 앞에 다다랐다. 뱀들은 한 마리씩 유리창 너머에 있었다. 우리 아이들은 무서워하지 않고, 서로 밀치고 밀리면서 뱀이 기거나 똬리를 틀 때마다 서로의 이름을 불렀다. "근데 악어는 어디 있지? 필시 물 속에 있을 거야." 아이들은 끈질기게 악어를 불러 댔다. "야 팀사흐, 야 팀사흐." 그러나 어느 악어도 움직이지 않았다. 악어는 목욕 중이었다.

나는 여전히 불안한 마음에 내 어린 양들을 다섯 명씩 세고 또 세어 보는 일로 시간을 보냈다. 모두 무사했다. 원숭이를 보러 가자. 이번에는 오랫동안 멈춰서서 보도록 했다. 나는 한 아이가 다른 아이에게 이야기하는 것을 듣고 있다. "있잖아, 원숭이들은 사람들을 닮았어. 저 원숭이들은 전에 틀림없이 악한 사람들이었다가 나중에 원숭이가 된 거야." 자, 보셨죠. 우리 넝마주이 꼬마들 제 스스로가 윤회설을 고안해 내는 철학자가 되어 버린 것을!

앵무새들이 우리를 불렀다. 그 가운데 한 마리가 경비원이 귀에다 대고 말할 때마다 외쳤다. "야 하산, 야 하산!" 우리들은 끊임없이 이 말하는 괴이한 새를 뒤돌아보면서 떨어지지 않는 발길을 옮겼다.

그런데 저기 저 거대한 짐승은 도대체 무엇이지?

"엘 필, 엘 필!(코끼리다, 코끼리!)"

이번에는 아이들이 조(組)건 뭐건 상관하지 않고, 모두 한 걸음에 내달았다. 코끼리가 코를 위로 올렸다가 내려서는 덥석 오이 하나를 집어 단번에 입에 넣었다. 그러자 아이들 무리는 웃음바다가 되었다. 말 그대로 이 짓궂은 코끼리의 코에서 아이들을 떼어내야만 했고, 아이들은 이제 제자리에서 뱅뱅 돌고 있는 백곰에게 무심한 시선을 던지고 있었.…… "애개, 작은 곰이잖아. 하지만 하느님께서는 코끼리들을 만드셨어!"

아이들은 이 엄청난 광경을 눈에 가득 담은 채 의기양양해 하며 그곳을 떠났다. 우리는 넝마주이들에게 이야기해 줄 것이 많았다!

노예

한 여자가 치료받기 위해 안으로 들어왔다. 불독처럼 얼굴이 부어올라 두 눈이 보이질 않았다. 내가 그녀에게 물었다.

"여기 처음 오셨나요? 당신을 한 번도 본 적이 없는 것 같은데, 어디 살아요?"

그녀는 쉰 목소리로 대답했다.

"절 못 알아보시네. 저 하넴이에요!"

"하넴. 이럴 수가, 당신이……? 근데 무슨 일이 있었던 거야? 얼굴이 왜 그렇게 됐어?"

"남편이 때렸어요."

"왜, 무슨 일로?"

"일은 무슨, 아무 일도 없었어요. 남편은 늘 그 모양인 걸요."

그녀를 자리에 앉히고 나는 그녀의 부어오른 가엾은 얼굴과 아픈 몸을 살펴보았다. 남편이 그녀를 바닥에 내던지고 발길질을 했음에 틀림없었다.

"이것 봐, 병원에 가서 치료를 받아야만 돼. 완치되려면 그곳에서 며칠간 쉬는 게 필요하겠어."

"소용없어요. 남편이 결코 허락하지 않을 거예요."

"그가 몇 시에 마차를 끌고 돌아오지?"

"4시요."

"알았어. 내가 그를 만나러 갈게."

그녀는 몸서리를 쳤다.

"아녜요, 아녜요. 제가 수녀님께 이야기했다고 말하지 마세요. 그이가 절 또 때릴 거예요."

"두려워하지 마라!"

4시에 그를 보러 갔다. 그는 오두막집의 구멍 난 낡은 함석벽에 등을 기대고 앉아 있었다.

"미하일, 어떻게 지내?"

"나쁘지 않아요."

"이것 봐. 내가 자네 부인을 만났는데, 얼굴이 아주 흉하더구만."

"지붕에서 떨어졌어요."

"농담이겠지! 지붕에서 떨어지면 어딘가가 부러지지, 얼굴이 그렇게 되지 않아."

"좋아요. 사실은 내가 때렸어요."

"왜, 그녀가 뭘 어쨌는데?"

그가 자리에서 일어나더니 또다시 두 눈이 튀어나올 정도로 분노했고, 다시 때리기 위해 그녀를 찾아나섰다.

"앉아, 미하일. 진정해."

나는 그의 가까이 땅바닥에 주저 앉았다.

"자, 자네 부인이 뭘 어쨌는지 내게 찬찬히 말해 보게."

"들어보세요. 어제 제가 다른 날처럼 새벽 4시에 집을 나섰어요."

"알아. 때때로 자네 마차가 지나가는 소리를 듣지."

"마누라는 다시 자리에 누워 잠이 들었어요."

"그건 당연한 일이야. 모든 여자들이 다 그렇게 하는데, 뭘 그래. 그런 다음에?"

"그런 다음에요? 자물통에 열쇠를 꽂아 놓고 문을 열어둔 채로 있었어요. 그래서 도둑이 들었어요. 카네트 나이마, 도둑이 들어왔단 말입니다. 카네트 나이마, 마누라는 자고 있었고 도둑이 라디오를 훔쳐갔어요, 카네트 나이마, 마누라는 자고 있었단 말이에요. 그 놈이 내 갈라베야를 훔쳐 갔는데, 마누라는 자고 있었어요. 도둑이 자물통과 열쇠를 훔쳐 갔어요. 카네트 나이마, 나이마, 나이마."

나이마를 부르짖을 때마다 매번 목소리의 톤이 높아졌다. 그러다간 정말 그의 목청이 찢어질 것만 같았다.

눈을 부라리고 입술은 일그러뜨린 채 그는 쉰 목소리로 외쳤다.

"마누라 때문에 30리브르를 도둑맞았어요. 탈라틴 테스마이이크와이예스, 아시겠어요!"

나는 서글프게 그에게 말했다. "그렇네, 30리브르면 큰돈이네." 내가 그를 이해해 줬다는 것에 그는 행복해 하면서 내 말을 되받았다. "큰돈이지요." 그 말에 이어서 내가 부드럽게 말했다. "마누라를 때리고 난 지금, 그래 그 돈을 찾았는가?" 그가 약간 얼이 빠진 채 나를 바라보았고, 대답을 하지 못했다. 차분하게 내가 덧붙여 말했다.

"사람을 이 지경으로 만든 자네는 이제 또 이 사람을 병원에 보내야만 하

Ⅱ. 빛과 그림자 81

네. 그러려면 자네한테 또 돈이 들 걸세."

"병원에 보낼 필요 없어요."

"그러나 이 사람은 치료를 제대로 받지 못하면 다시는 일어나지 못하게 될 테고, 그렇게 되면 누가 자네 돼지들을 돌볼 건가?"

이 같은 논리는 그로서는 아주 중대한 문제였다. 나의 말에 그는 동요된 것처럼 보였다. 어찌됐든 그는 자기 아내를, 아니 그보다는 자기 노예를 병원에 보내야만 했다. 고대 로마시대처럼 그의 아내는 빵, 노동, 그리고 방망이 찜질을 받을 권리만을 갖고 있었던 것이다.

파리떼

내가 크게 골몰하는 일 가운데 하나는 여성들의 지위향상이었다. 그렇다고 해서 내가 이 분야에서 이루어 낸 것은 아무것도 없다. 나는 빈민촌의 골목길을 지날 때, 쓰레기더미 한가운데 누더기를 걸치고서 발육이 나쁘고 부스럼투성이인 아기에게 젖을 물리고 있는 더러운 여자들을 보게 된다. 그때마다 나는 그녀들을 그곳에서 벗어나게 하고 싶지만 그러지 못하는 내 무력감 앞에서 내 용기는 꺾여 버리고 만다.

파리떼가 새까맣게 뒤덮인 침대 위에 뉘여 있는 아기들의 두 눈 가장자리로 파리떼가 내려앉아 얼굴을 뒤덮어 버렸다. 나는 작고 하얀 베일들을 준비해서 그중 하나로 파티의 반쯤 벌거벗겨진 몸을 덮어 주었다. 파리떼로부터 안전하리라는 생각으로 행복해 하며 저녁 때 돌아와 보니, 시커멓고 지저분한 걸레 하나가 땅바닥에 굴러다니는 것이었다. 나는 그것이 오늘 아침에 한 점 티 없이 흰색이었던 그 작은 베일이었다는 것을 알 수 있었다.

이곳의 여자들은 계속 이어지는 지나치게 잦은 임신으로 얼이 빠져 있었다. 그녀들은 해산하고 난 후, 한두 달이면 또다시 임신을 했다. 내가 도움의 말을 부탁한 한 의사는 나에게 정부지원의 출생률 통제센터를 설치할 것을 제안했다. 그러나 그 일은 그리 간단한 문제가 아니었다. 즉 우선 내가 이런 종류의 센터를 후원하는 것을 보게 되면 이곳 여자들이 충격을 받을 것이고, 다른 한편 내가 언젠가는 피임수술처럼 내 자신이 인정하지 못할 방법에 정면으로 부딪히는 자가당착에 빠지게 될 것이었다.

나는 그에게 단지 그 분야의 전문 간호사 한 명을 보내달라고 요청했다. 간호사가 왔고, 그녀가 어디로 가야 할 지 모르고 있었기 때문에 내가 그녀를 데리고 여자들에게 가야만 했다. 하지만 나는 멀리 떨어져 있었고, 한 떼의 여자들이 그녀를 둘러싸고 웃거나 비웃는 소리가 들렸다. 아기들은 하느님이 보내는 것인데 그녀가 웬 간섭이냐는 것이었다. 그리고 자신들에게 그처럼 타락한 여자를 데려 온 사람이 수녀인 나였다니!

간호사는 다시는 오지 않으려 했는데, 그 이유는 목숨을 걸고 싶지 않다는 것이었다! 어떻게 해야 하나? 우선 간단한 주제들, 예를 들면 일반위생에 대한 것부터 시작하는 게 필요했다. 나는 영화 속에서 이런 종류의 일을 전문적으로 한다는 사무실을 찾았다. 감독이 나에게 파리떼에 관한 첫 필름을 보내 주겠다는 데 합의했다. 영화를 상영하기 위해서는 운동장이 쓸모 있겠으나 그곳에는 전기가 없었다. 하지만 그건 상관 없었다. 바테리를 갖춘 트럭이 기계를 운반할 것이라고 감독은 내게 말했다. 그러나 나는 무엇보다도 우리 아낙네들이 영화를 보러 오기를 원했다. 그는 나에게 "정부에서 이 영화를 그녀들을 위해 일부러 만든 것이라고 남편들에게 이야기 하세요"라고 말해 주었다.

나는 입장권의 값을 10피아스트르(10쌍띰)로 정했는데, 왜냐하면 나는 그들에게 항상 최소한의 분담금을 요구하는 것을 원칙으로 삼았기 때문이다. 남자들이 환호하며 나에게 돈을 내밀었다. "부인하고 함께 오지 않으면 안 된다는 것을 명심해요. 정부에서 부인들에게 보여 주라고 우리에게 이 영화를 보낸 거예요." 그러자 남자는 어리둥절해서 나를 바라보았다. 자신의 아내가 외출을 하다니, 게다가 저녁에! "걱정하지 말아요. 우리는 축구장에서 영화를 상영할 거예요. 여자들은 오른편에, 남자들은 왼편에. 내 자신이 직접 감시할 거예요." 남자는 주저했고 여자는 고집을 부렸다.

"거봐요. 정부의 명령이라잖아요."

"정부는 일 없어, 너는 못 가." 음! 일이 안 좋게 끝날 것 같군. "이봐, 파트마. 남편이 원치 않는다면 이번에는 그만둬. 그가 영화상영하는 곳에서 다른 여자들을 보게 되면 다음번엔 네게 허락할 테니까."

저녁이 되자 운동장 왼쪽에는 수백 명의 남자들이 모였고, 오른쪽에는 50여 명의 여자들이 모여 있었다. 우리는 모두 땅바닥에 주저앉아 있었는데, 팽팽하게 당겨진 밧줄 하나가 양쪽을 엄격하게 분리해 놓고 있었다. 화면에는 로봇 파리 한 마리가 한 장난꾸러기에게 쫓겨 이리저리 날아다니고 있었다. 그들은 배꼽을 잡고 웃었다. 파리가 고기덩어리 위에 앉으려고 하자, 장난꾸러기는 이 파리를 때려 잡았다! 그들은 얼마나 우스운 이야기인지 모르겠다며 박장대소했다.

그다음 장면은 아주 말끔한 한 주부가 뚜껑이 덮인 예쁜 쓰레기통에 오물을 던져 넣는 장면이었다. 다시 한 번 폭소가 터져나왔다!

나는 일본인 문화고문의 집에서 천연색 필름 하나를 빌려다가 그들에게 보여주었다. 그것은 분홍색 벚꽃 사이를 날아다니는 호랑나비들에 관한 요정극 필름이었다. 내 이웃들은 그것을 보면서 환희의 절정에 달했고, 나에게 열렬한 고마움을 표했다. 나는 그들을 몇 시간 동안이나마 기분전환할 수 있게 해준 데 대해 만족스러웠으나, 파리를 때려 잡는 것과 뚜껑이 잘 닫힌 쓰레기통 이야기는 그들에게 일본 요정극만큼이나 먼 이야기처럼 보였다.

영화를 보러온 사람들의 수는 수백 명이었지만, 수익은 그리 많지 않았다. 나는 어린아이들이 가짜 지폐로 장난을 쳤다는 것을 알았다.

이 첫 번째 영화상영의 결산은 그리 긍정적이지 못했다. 그러나 그들은 아주 재미있어 했고, 특히 여자들이 영화관람을 했다는 것은 거의 기적적인 일에 가까웠다!

어머니날

어머니날의 중요성을 깨닫게 하는 것이 문제해결의 열쇠였다. 즉 여자의 가치를 일깨워 주기 위해서는 어머니로부터 시작하는 것이 가장 쉬운 일이 아니겠는가?

한 달 전부터 어린아이들은 아침에, 여자 아이들은 오후에 노래연습을 했다. "야 마르나, 야 헬와!(오, 엄마, 오, 아름다워라!)"

유치원에서 아이들은 마분지로 만든 사탕그릇에 그림을 그리고 색칠을 했다. 오후에 여자 아이들 반에서는 손수건에 수를 놓았다.(우리끼리 얘기지만 그것은 섬세한 수는 아니었다.) 그 중 한 여자 아이가 내게 다가왔다. "여기 손수건 한가운데다 십자가를 그려 주세요, 살리브." 나는 그녀가 요구하는 대로 해 주었다. 그러자 다른 기독교도 아이들 모두가 자기들의 손수건을 내밀면서 숨이 막히게 나를 둘러쌌다.

"살리브, 살리브."

"기다려. 차례대로 한 명씩 해 줄게. 하느님은 내게 두 개의 손만을 주셨으나, 너희들을 위해 내게 넷이나 여섯 개의 손을 주시라고 부탁드리렴."

애들은 이미 나를 넷이나 여섯 개의 팔을 가진 힌두교 신으로 보는 듯 웃었다.

어린 회교도 아이들도 나에게 달려들었다. 마호멧의 창문을 그려 주세요. 흠! 그것에 대해서 나는 알지 못했다. 어쨌든 그려 보자. 나는 창살이 있는 직사각형을 그렸다. 애들은 경탄해 마지않았다. 애들의 엄마들은 뭐라고 할까?

어느 날 아침 유치원에서 나는 애들에게 조용히 하라고 말했다. "자, 주목하고 모두들 잘 들어. 어른들이 이따금씩 군것질을 하라고 돈을 주시지?"

아이들은 한 목소리로 대답했다.

"나암(네)."

"이번 주에는 각자 엄마께 사탕을 사 드리기 위해서 용돈을 쓰지 말고 갖고 있어야 한다."

애들은 대답 없이 잠잠했다. 나는 다시 말했다. "너희들 모두 엄마를 사랑하지?" 확신에 차서 아이들은 합창을 했다.

"나암(네)."

"엄마를 사탕보다 더 사랑하니?"

다시 목소리가 줄어들었다. 나는 용기를 잃지 않고 "사탕보다 엄마를 더 사랑하는 어린이는 정말 예쁜 사람들이야! 자, 나는 여기에 이런 착하고 귀여운 어린이가 많을 것이라 장담한다!"라고 말했다.

한 아이가 손을 들었다.

"아나, 아나!(저요, 저요!)"

"너희들 다 알아 들었지. 나는 로마니가 사탕보다 엄마를 더 좋아한다고 확신했어. 브라보. 파우지, 너도 그렇지. 그리고 사미아, 너도, 브라보!"

모두들 연달아서 작은 손들을 분주히 들어올렸다. "그래, 잘 알았다. 너희들 모두 용돈을 아껴서 엄마에게 사탕이 가득 담긴 예쁜 상자를 선물해 드리자꾸나." 1피아스트르는 사탕 두 개 값밖에 안 되지만, 세계 곳곳에 좋은 친구들이 계속 지원을 해 주고 있었기 때문에 이 정도의 재원은 충분했다. 그러므로 우리 아이들은 몹시 기뻐하며 사탕을 상자에 가득 넣었고, 꾀가 많은 녀석들은 자기들 몫도 어느 정도 있을 거라는 것을 알고 있었던 것이다!

Ⅱ. 빛과 그림자 87

여자 아이들과 나는 케이크를 하나 준비하기로 했다. 여자 아이들도 역시 각자 자기 용돈을 가져 왔는데, 이번에는 애들을 설득시키기가 그리 어렵지 않았다. 그러나 우리는 사순절의 단식 기간이었으므로 동물로부터 얻어지는 음식은 아무것도 먹을 수 없었다. 버터나 우유, 계란까지도. 젊은 지도교사가 사순절 케이크 만드는 법을 알고 있었으므로 우리는 열심히 그것을 만들었다. 여기 아마추어들을 위한 재료들을 소개하면,(우리는 당연히 양을 늘려서 만들었다.) 식용유 한 컵(225g), 설탕 두 컵(500g), 오렌지 주스 두 잔(오렌지 1kg), 밀가루 세 컵(500g), 베이킹 파우더 한 봉지 등이다.

여자 아이들은 각자 정성스럽게 씻은 두 손으로 오렌지 껍질을 벗기고 압축해서 즙을 내어 밀가루에 섞어서 반죽을 했다. 테레자가 빵을 구울 화덕에 불을 붙였다. 우리들은 줄을 서서 화덕에 케이크를 옮겨 넣었고, 완전히 익을 때까지 화덕을 둘러싸고 바닥에 앉아 수다를 떨었다. 케이크는 훌륭했다! 우리들은 그것을 탐내는 눈으로 바라보았다. 그러나 그것은 내일 어머니들을 위한 것이었고…… 또한 아이들을 위한 것이기도 했다!

드디어 날이 밝았다. 사내 아이들은 티없이 말끔한 가라베이야 옷을 입었고, 여자 아이들은 머리에 리본을 달았으며, 모두 하나같이 예뻤다. 엄마들은 교실로 들어와서는 감격했다. 누군가가 그녀들에게 파티를 열어 준 것은 그들 생애 처음 있는 일이었던 것이다. 우리는 노래를 하고, 시를 낭송했으며 칠판에 몇 마디를 적었다. 엄마들로서는 이 수수께끼의 기호들이 해독할 수 없는 상형문자였던 만큼 한층 더 강렬하게 감격했다.

선물을 증정하는 시간이 돌아왔고, 누구는 상자에, 누구는 손수건에 사탕을 가득 싸 가지고 왔다. 모두는 자신의 엄마를 포옹하며 "아이드 사이일!(축하드려요)."이라 말했고, 말 잘 듣는 얌전한 사람이 되겠다고 약속했다.

마침내 문제의 케이크가 위풍당당하게 등장했고, 정성스럽게 잘라서 모두들 한 쪽씩 맛을 보았다. 엄마들은 각각 한 손에는 사탕상자나 사탕을 싼 손수건을 들고, 다른 한 손으로는 자기 아이의 손을 잡고서 얼굴에 기쁨이 가득한 채 자리를 떴다. 서로 닮은 엄마와 아이의 두 눈은 같은 기쁨으로 반짝였다.

저녁에는 남자들이 글을 배우러 왔다.

"이 현수막들이 다 뭡니까?"

"아니, 오늘은 어머니날 아닌가요! 오늘 여러분은 어머니를 위해서 뭘 했나요?"

그들은 놀라서 나를 바라보았다.

"온 나라가 오늘 어머니들을 축하해 드리고 있어요! 넝마주이들은 왜 하면 안 되나요?"

그 틈을 이용해 나는 재빨리 그들에게 말했다. "내 가슴을 아프게 하는 게 뭔지 여러분은 아시나요? 여러분들 중 얼마나 많은 사람들이 부인을 때리고 있는가 하는 거예요!" 우리는 이 문제에 한해서는 더 이상 서로를 전혀 이해하지 못했다. 이브라힘이 다른 사람들을 대신해서 이야기를 했다.

"아니, 우리 여자들은 아무것도 이해하지 못해요! 마누라들 머리를 깨 버리는 수밖에 달리 뭘 할 수 있겠어요?"

"말로 이해시킬 수도 있고, 이치를 따져 설득할 수도 있지 않아요."

"여자들을 설득하다니요!"

그들은 웃었다.

"마 피흐 모크(골이 비었어요)."

"그럼, 나는. 내가 골이 비었나요?"

그들은 당황했다. 이브라힘이 다시 말했다.

"수녀님은 아니죠. 수녀님은 여자가 아니에요!"

그때 젊은 선생 오스타즈 알리가 수업을 하기 위해 들어왔다. 실내가 조용해졌다. 그럼 내가 무어란 말인가? 남자도 아니고 여자도 아니면,…… 나머지 내게 해당되는 것은 중성밖에 없지 않은가!

인형

친구들이 나에게 액수가 큰 수표 한 장을 주었다. 우리 넝마주이 아이들을 위해 그 돈을 어떻게 가장 최선의 방법으로 사용할 수 있을까? 그들에게 인형을 사서 주면 어떨까? 나는 종종 장래에 엄마가 될 어린아이가 인형을 안고 얼르는 밝은 표정을 보았다. 나는 또한 바느질 공부를 위해 인형의 옷을 만들게 하는 것도 좋은 방법일 것이라고 생각했다.

그리하여 나는 한 백화점에 들어가 노래하는 깜찍한 인형 앞에 멈춰섰다. 나는 이 기막힌 인형 선물을 두 팔에 꼭 껴안은 빅토르 위고의 『레미제라블』에 나오는 코제트를 생각했다. 한 번도 인형놀이를 해 본 적이 없는 나의 사랑스런 넝마주이 계집애들에게도 또한 얼마나 기쁜 일이겠는가! 그러나 인형이 공주옷을 입은 채로 두어서는 안 되었다. 나는 인형을 남부 이집트의 여자 아이들이 입는 식으로 밝은색 면으로 된, 긴 원피스를 입혀서 들고 골목길을 지나다녔다. 인형은 열정적인 관심을 불러일으켰고, 그 소식이 빈민촌에서 빈민촌으로 퍼졌으며 남녀노소 할 것 없이 모두 말하는 인형을 보기 위해 모여들었다. 우리는 인형을 사브린느라 이름 지었다. 나는 규칙적으로 오는 모든 어린이들이 인형을 갖고 놀 수 있을 거라고 엄숙하게 약속했다.

 사브린느는 살아 있는 사람처럼 모든 이들의 친구가 되었다. "사브린느가 얼마나 깨끗하고 머리를 잘 빗었는지 보렴. 너도 사브린느처럼 예쁘고 싶지 않니?" 그러면 사람들은 사브린느처럼 되려고 재빨리 작은 빗을 꺼내 머리를 빗었다. 일곱 살의 로마니는 사브린느의 양쪽 볼에다 야단스런 뽀뽀를 하고 외쳤다. "나는 사브린느와 결혼할 거다!" 그 다음엔 각각의 아이들이 황홀해 하며 인형을 두 팔에 안고 얼러 주었다. 가엾은 인형이 노래를 어찌나 많이 했던지 목소리가 쉬어 버렸다. 아이들은 "사브린느가 아파서 의사에게 보일 거야"라고 측은해 하며 말했다. 쉿, 잠자게 둬. 소리내지 마. 우리는 낮은 소리로 말했고, 발뒤꿈치를 들고 걸어 다녔다. 그것이 사브린느가 일으킨 첫 번째 기적이었다.

돈이 전부가 아니다

젊은 교사 에삭은 매력적인 청년이었다. 그는 아주 빨리 넝마주이들의 친구가 되었다. 기적과 같은 일이지만 유치원의 꼬마들도 그가 공부시간에 설명할 때는 움직이지 않고 들었다. 그렇지만 그에게는 심각한 문제가 있었다. 시간에 대한 관념이 전혀 없었던 것이다. 나는 그에게 "에삭, 우리는 9시에 수업을 시작해요."라고 되풀이해서 말했지만 소용이 없었고, 헛수고일 뿐이었다. 이 친구는 9시 30분, 10시, 10시 30분, 대중 없이 출근했다. 그는 유일하게 매주 월요일에만 정확했는데, 그 이유는 아주 간단했다. 미사를 끝마치고 내가 그의 집에 들러서 그를 깨워서 함께 넝마주이들 집으로 출근했기 때문이다.

아무튼 인내하도록 하자. 그는 정부가 발령낼 근무지를 기다리고 있었고, 자기 집에서는 가장이었다. 그의 아버지는 그가 네 살 되던 해에 돌아가셨고, 그때 그의 어머니는 임신 중이었다. 그러나 아기는 태어날 때는 튼튼했으나 열두 살에 느닷없이 원인을 알 수 없는 병에 걸렸다. 계단을 기어 올라가는 것을 본 어머니는 큰소리로 불만스럽게 외쳤다.

"나 참, 이브라힘, 제대로 걸어라."

"하지만 엄마, 두 다리로 서 있을 수가 없어요."

병원비를 지불하기 위해 작은 집의 반을 팔았지만 헛된 일이었다. 그는 결코 더 이상 걷지 못했다. 에삭은 동생을 애지중지했고, 자신의 조그만 차에 그를 태워 드라이브를 시켜 주었다. 이따금 그는 동생을 먼 곳에 있는 영화관에 데리고 갔는데, 한밤중에 기진맥진한 채 집으로 돌아오곤 했다. 그 다음날 그는 당연히 지각을 했으니, 어떻게 그를 원망할 수 있겠는가?

1월에 에삭의 어머니는 상속을 조금 받기 위해 남부 이집트로 떠났다. "여행비로 집에 있는 돈 전부를 가져가겠다. 이웃에게 몇 리브르 빌려 준 돈이 있으니 이달 말까지는 충분할 거야." 그렇게 말하고 그녀는 걱정 없이 떠났다. 그러나 정직했던 이웃은 갑자기 사라져 버렸다. 에삭과 이브라힘은 어려운 처지가 되었다. 나는 우리 젊은 교사가 넋이 나간 슬픈 표정인 것을 보고 계속해서 물어본 끝에 마침내 그는 나에게 진실을 털어놓았다.

"에삭, 내게 당신의 어려움을 이야기하지 않을 참인가요? 내가 여행 중인 당신의 어머니를 대신할 수 없나요? 당신이 필요로 하는 것을 빌려주겠어요. 나중에 갚으면 되잖아요." 자기 동생에게 맛있는 식사를 갖다 주는 것을 행복해 하며 에삭은 돌아갔다.

3월에 국제전시회가 열렸다. 에삭은 프랑스어를 아는 덕분에 1년 전 한 달간 취직을 했었고, 많은 월급을 받았다.

"전시회가 다가오고 있으니 당신 없이 내가 일을 꾸려가도록 할게요."

"맹세코 저는 수녀님 곁을 떠나지 않을 거예요."

"아니, 이봐요 에삭, 냉정해집시다. 당신은 10리브르 이상 벌게 될 것이고, 그건 많은 액수예요. 작년처럼 당신은 이브라힘에게 예쁜 선물들을 사 줄 수도 있을 거예요."

"그러나 수녀님, 이브라힘이 원치 않아요. 그는 나에게 '돈이 전부가 아니야. 형, 수녀님은 몇 달 전 우리를 도와주셨어. 형은 수녀님을 저버려선 안 돼.' 그렇게 말하는 거예요."

내가 극구 말렸으나 그는 고집스럽게 다시 내게 말했다. "돈이 전부가 아니에요. 수녀님, 돈이 전부가 아닙니다!" 그리고 믿기지 않겠지만, 그는 그 달엔 시간을 좀더 정확하게 지켰다!

제 어머니세요

에삭은 프랑스에 가길 꿈꿨다. 그가 어린이를 다루는 재주가 있었기 때문에 M 신부님이 그에게 여름학교 교사 자리를 구해 주었다. 그는 단지 비행기표 값을 지불하기만 하면 되었다. 우리는 함께 매달 그의 월급의 약간을 저축하자고 했다. 그가 그 돈을 담배값으로 써버리지 않게 하기 위해 내가 그 돈을 갖고 있기로 했다. 그는 하루하루를 그 꿈을 이루기 위해서 산다고 할 수 있었고, 흥분 속에서 서류를 준비했다.

그런데 그가 안색이 레몬처럼 노랗게 돼 가지고 나에게 왔다. 그는 내게 저승사자 같은 목소리로 말했다.

"나일 강에 몸을 던져 버리려고 했어요."

"······?"

"물에 뛰어들기 위해 몸을 구부렸는데 물이 너무 지저분해 보였어요. 그래서 포기했지요."

"잘했어요.…… 그런데 도대체 무슨 이유로 이러는 거예요?"

목이 잠긴 채 그가 내게 말했다. "모든 일이 잘 돼가고 있었어요. 여름학교 수속절차, 여권 등등. 저는 행복, 또 행복했지요! 그런데 제가 비행기표를 사려는 순간 갑자기 한 직원이 제게 말하기를 '우선 은행에 50리브르를 예치하세요. 예치 영수증이 없으면 표를 살 수 없습니다.' 그러는 거예요. 저는 폭탄을 맞은 듯했지요! 모든 것이 허물어졌어요! 그래서 최면술에 걸린 사람처럼 나일 강 쪽으로 향했답니다."

나는 그를 바라보았고 그가 어찌나 절망하던지 불쌍한 생각이 들었다.

"이봐요. 진정해요. 은행이 예치한 50리브르를 당신이 돌아왔을 때 돌려주나요?"

"네, 물론이지요. 그러나 나는 그 돈을 영원히 구할 수 없을 거예요."

"나일 강으로 뛰어드는 대신 이곳으로 달려오길 잘했어요." 그는 어두운 두 눈에 희망의 빛을 담고서 머리를 다시 들어올렸다.

"이제 우리 함께 당신을 도와줄 수 있는 사람을 찾아봅시다. 우리 몇 명이 당신에게 50리브르를 빌려 줄 수 있을 거예요." 그는 안도의 한숨을 쉬었고, 구름 위의 활처럼 미소가 빛나기 시작했다.

우리는 목표에 도달하려는 중이었다. 그런데 갑자기 에삭이 레몬껍질 얼굴에 헝클어진 머리로 나에게 왔다. 이 지나치게 민감한 젊은이에게 또 무슨 일이 일어난 것일까? 그는 침묵 속에서 담배를 피우다가 돌연 탁자를 내리쳤다.

"떠나겠어요."

"당신은 떠날 거예요. 에삭, 당신은 떠날 겁니다. 그러나 이 탁자는 약해요. 이 가엾은 탁자는 당신을 막을 의도가 없답니다."

"어머니가 저를 떠나 보내려 하지 않아요."

"어째서요?"

"저와 같은 학기에 학위를 받은 모든 사람들이 취직이 되어 이번 여름부터 일하기 시작할 거라는, 소위 정부의 명령이 내려졌기 때문이지요."

"그래서요. 당신이 만일 프랑스에 간다면 어떻게 되나요?"

"어머니는 제가 일자리를 잃게 될 거라고 말씀하세요."

"맞는 말씀일 거예요, 에삭."

"아닙니다. 그래도 상관없어요. 전 떠나고 싶어요. 모든 게 준비됐어요. 어머니의 허락은 없어도 됩니다!"

그가 하도 흥분해 있어서 그에게 아무 말도 하지 않는 것이 현명해 보였다. "네, 프랑스로 떠나든지, 아니면 리비아로 떠나든지, 아니면 기차에 몸을 던질 거예요." 그가 두 번째 담배에 불을 붙였다. "어쨌든 저는 여기에 남아 목 빠지게 기다리지는 않을 겁니다." 나는 그에게 부드럽게 물어보았다. "당신은 정부의 이 근무직을 그처럼 참을성 있게 기다려 왔어요. 왜 지금 그것을 놓치려 하는 거죠?" 그는 어깨를 으쓱 하더니 담배를 비벼 끈 뒤 밖으로 나가 버렸다.

잠시 후 그의 어머니가 들어오더니 매우 흥분해서 말했다.

"에삭을 보셨나요? 지난 밤에 집에 들어오지 않았어요!"

"네, 이곳에 있다가 방금 나갔어요."

그녀는 안심하는 듯 한숨을 내쉬었다. "미쳤어요! 걔가 제 일자리를 놓쳐 버리려고 해요! 우리는 어떻게 될까요. 그애는 우리의 유일한 기둥이에요, 이브라힘과 저의." 그녀는 눈물을 삼켰다. "기다려 보세요. 에삭은 용기 있는 사람이랍니다. 그는 끝내 도리를 따를 겁니다."

그 다음 날 그는 입에 담배를 물고서 들어왔다.

"결정했어요. 남아 있겠습니다."

"브라보, 내 친구."

"네, 저 자신에게 말했어요. '너의 어머니는 과부로 살아오셨고, 내 나이 네 살 때부터 나를 홀로 키우셨다'고요." 그는 담배꽁초를 재떨이에 비벼 껐다. "네, 제 어머니십니다. 저는 어머니를 고통스럽게 할 수 없어요."

한 달 후에 에삭은 대학교의 사무국에 취직이 되었다. 그는 저녁에 아르타반처럼 자랑스러워하며 나를 만나러 왔다.

"학생들을 등록시키는 사람이 저랍니다. 그리고 제 일 이외의 일도 할 수 있을 거라고 사람들이 벌써 저에게 말해 주었어요. 언젠가 저는 이브라힘에게 텔레비전을 사 줄 거예요."

"당신 어머니께서 좋아하시던가요?"

"아, 그럼요. 저는 어머니가 행복하시길 원해요. 제 어머니시잖아요!"

그리고 그는 담배로 노랗게 찌든 이를 훤히 드러내 보이며 웃었다.

Ⅱ. 빛과 그림자

III
장애물을 넘어서

🎵 서로 사랑하는 것을 어떻게 가르칠까?

넝마주이들이 사는 동네에서 생활하면서부터 나는 때때로 종교간의 치열한 분리 때문에 당혹스러웠다. 나는 처음 며칠간 내가 아이들을 위해 무슨 일을 하려고 하는지를 설명하기 위해 어린 소녀 한 명을 데리고 다녔다. 그런데 한 번은 그 애가 내 치마를 잡아 당기며 말했다.

"아니, 그곳엔 가지 마세요. 소용없어요. 거기에는 아무도 없어요."

"뭐라고. 너는 저기 있는 저 애들이 보이지 않니?"

그러면서 나는 앞으로 걸어 나갔다. 나는 마침내 이해가 되었다. 만약 나를 안내하던 아이가 기독교도이면 내가 이슬람교도들의 집에 들어가는 것을 막으려 애썼고, 반대로 이슬람교도 아이가 나와 동행하면 기독교도의 집에 들어가는 것을 막으려 했다.

그러므로 이 두 종교 사이를 화해시키는 일이 시급했다. 기회를 놓쳐서는 안 되었다.

나는 오직 기독교도 여자들만 데리고 종교 수업을 했고, 우리의 어린 이슬람교도 여자 아이들은 밖에 앉아 윤리 수준의 아름다운 이야기나 들어야 했다.

나는 특별히 광적으로 나에게 몇 번씩이나 오직 기독교도들만이 선하다고 장담하던 미리암을 불러 세웠다.

"파트마는 친절하니?"

"아, 그럼요."

"그 애가 욕을 하거나 다른 사람을 때리거나 하지는 않지?"

"네."

"파트마는 이슬람교도이지?"

"네."

"그러면, 너는 모든 이슬람교도들이 악하다고 생각하고 있니?"

그녀는 대답하지 않았다.

성(聖) 주간이 다가왔다. 나는 그들에게 예수님이 모든 사람을 사랑하셨고, 우리 모두를 구하기 위해 돌아가셨다고 설명했다. 그녀들은 모두 동의했다. 나는 삼단논법을 이어나갔다.

"이슬람교도들도 사람이라고 생각하나요?"

"물론이죠."

"예수님은 모든 인간을 사랑하셨지요?"

"네."

"그러면, 예수님은 이슬람교도들도 사랑하신다고 봐야죠."

이번에는 그녀들이 느낄 차례다.

"그러니까 예수님이 그들을 사랑하시므로 우리 역시 그들을 사랑해야 되잖아요?"

그녀들은 마침내 설득당했다. 다음 날, 나는 그들에게 주기 위해 작은 십자가를 준비했고, 혼란을 피하기 위해 그들을 한 명씩 부르기로 했다.

"누구를 사랑하는지 나에게 말해 주렴."

"사탕, 엄마, 마르 기르기스(성 조르쥬), 하느님 그리고 아빠를 사랑해요."

"그게 다야?"

"아니요. 나는 또 내 동생들과 사브린느(인형)를 사랑해요."

"그게 전부니?"

꼬마는 내가 자기에게 십자가를 주기 위해 답변을 기다린다는 것을 알았다. 그러고는 집중해서 깊이 생각하더니 갑자기 큰 소리로 말했다.

"이슬람교도들도 사랑해요."

"브라보!"

손에 보물(?)을 들고 그 애는 의기양양해서 나갔다.

우리의 꾀 많은 다른 여자 아이들이 문 밖에서 엿듣고 있었다. 첫 번째 들어온 아이가 연이어서 말했다. "나는 이슬람교도, 사탕, 엄마, 엘 아드라(성모 마리아), 하느님, 그리고 폴스(누에콩)를 좋아해요."

모든 여자아이들이 십자가를 받아들고 행복해 하며 돌아갔다. 나는 스스로 나의 원시적인 설득방법을 비웃었다. 그러나 무엇보다도 내가 그 아이들 모두를 아주 귀중한 사람으로 사랑한다는 것을 보여 주는 것이 그들을 화해시키는 방법의 시작이라고 나는 생각했다. 한 어머니의 한결같이 따뜻한 시선 속에서 형제들과 자매들은 서로 사랑하는 것을 배우는 것이 아니겠는가?

전도사들의 발

어느 날 저녁, 나는 미사를 드리기 위해 한 코프트(고대 이집트 사람의 자손-옮긴이)파 천주교 성당 안으로 들어갔다. 그리고 사제와 마주쳤다.

"아! 넝마주이들의 수녀님, 제가 오늘 저녁 설교사 한 분을 모셨답니다. 수녀님께서도 말씀해 주시지 않겠습니까? 성당이 가득 찰 것입니다."

"제 아랍어는 별로 고전적이지 못하답니다!"

"아니, 그게 무슨 상관입니까? 수녀님의 사람들에 관해 얘기해 주세요. 모든 사람들에게 좋은 이야기가 될 것입니다."

그래서 나는 12사도상을 등 뒤로 하고 성상(聖像) 벽 앞에 서 있게 되었는데 그것은 좋은 징조였다. 나는 때때로 횡설수설하면서 설명했다. 그러나 사람들은 하느님 앞에서 넝마주이 한 사람이 공화국의 대통령 한 사람(이따금 그보다 더 많기까지 하다고 나는 감히 말하지 못했는데, 그렇게 했다면 나는 국가를 전

복시키려는 사람처럼 보였을 것이다.)만큼 가치가 있다고 이해하는 것 같았다. 사람들은 때때로 넝마주이를 쳐다보지도 않고 그에게 쓰레기통을 던져 버린다. 불행하게도 자신들의 고향마을을 떠난 대부분의 사람들이 그런 것처럼 그들도 역시 모든 종교의례를 내던져 버렸다. 그리고 그들은 이제 마치 목자 없는 어린양들과 같다는 내용의 이야기를 했다.

　의식이 거행된 후에 몇 사람이 성당 앞 광장에서 나를 둘러쌌다. "수녀님, 우리는 그들을 만나러 갈 준비가 되어 있습니다. 그들에게 복음서를 읽어 주고 테라텔스(우리 기독교도들이 더할 수 없는 기쁨으로 목청을 다해 노래하는 찬송가)를 노래해 줄 겁니다."
　"좋아요. 그러나 그들은 정교회 사람들이에요. 바바 슈누다(Baba Chenouda)의 신자들이니 그들을 가톨릭교도로 만들려 하지 마십시오."
　"물론입니다."
　우리는 날짜와 시간을 정해서 진행하기로 했다! 비록 우리가 진흙 땅을 걷는다 할지라도 자신의 형제들에게로 걸어가는 것은 얼마나 아름다운 일인가!
　우리 넝마주이들은 새 전도사들을 맞이하느라 기쁨에 들떠 있었다. 사람들은 돼지들을 멀리 보내 놓았고, 못에 석유램프를 매달아 놓았으며, 더러운 바닥에 두 발을 딛고, 뒤집어 놓은 낡은 양철통 위에 앉은 전도사들 주위를 겹겹이 에워싸고 서로 가까이 가려고 밀쳐 댔다. 사람들은 침묵 속에서 전도사들의 말을 들었고, 노래하면서 고함을 질렀으며, 반복해 따라하면서 기도

했다. 분위기를 이끄는 사람은 빛이 났고, 그 주위에는 하느님의 숨결이 머물렀다. 나는 이 그룹 저 그룹 분주히 돌아다녔는데, 우리 넝마주이들의 얼굴이 활짝 피어나서 나에게 "아! 오늘 저녁 우리는 은총을 입었어요."라고 말하는 것을 들었다.

　사람들은 사랑과 기쁨을 안고 신발 밑창에 돼지우리의 악취를 묻혀 가지고 돌아갔다. 그래도 그들의 신발은 날개를 단 것처럼 보였다.…… 그래, 전도사들의 두 발은 정말 아름다웠어!

바바 슈누다(Baba Chenouda)

나는 아테나고라스를 숭배하는 것과 마찬가지로 코프트파 정교회의 총대주교를 숭배했다. 내가 이스탄불에 있을 때 아테나고라스는 무한한 애정을 갖고 예절 바르게 나를 맞아 주었고, 나는 그에게 내 학생들을 데리고 갔었다. 그는 하느님의 사람이었다. 대학에서 학문과 신학을 깊이 공부한 후에 탁월한 교수가 된 그는 수백 명의 젊은이들을 이끌었다. 그런데 그가 갑자기 사라져 버렸다. 그는 도대체 어디로 떠난 것일까? 유럽으로? 미국으로? 달러와 자신의 쾌락에 이끌린 다른 많은 지식인들과 마찬가지로? 아니, 그는 그럴 사람이 아니었다.

　그에 대한 소문이 나돌았다. 그가 사막에 위치한 최고로 엄격한 정교회 수도원에 칩거해서 단식과 기도와 명상을 하면서 수년간 머무르고 있다는 것이다. 그러나 어떻게 그와 같은 특출한 인물이 숨어 있도록 놔둘 수 있겠는가? 총대주교인 키리요스의 특사가 어느 날 사막을 횡단해 수도원의 문을 두드렸다. 명령이 단호했으므로 그는 그곳을 떠나야만 했고, 짓이긴 흙으로 지어진 독방, 길게 땋은 머리, 침묵의 생활을 떠나 도시의 소란 속으로 돌아와야만 했다. 자신의 의지와는 반대로 그는 주교가 되어 있었다. 그러나 기회가 있을 때마다 매번 침묵 속에서 '하느님의 얼굴', 그레그와르 드 나지앙즈가 부르듯이 '모든 것 너머'를 찾으려고 수도원으로 달아나곤 했다.

키리요스의 기력이 쇠하기 시작했다. 나는 알렉산드리아의 내 학생들을 이끌고 카이로로 왔다. 학생들은 무슨 일이 있어도 그들의 대주교를 만나고 싶어 했다.

우리는 그가 머무는 총대주교관으로 갔다. 한 주교가 미소 지으며 우리 쪽으로 다가왔다. 우리 여학생들은 그의 손에 입맞추기 위해 서둘러 앞으로 나갔다. 그 애들은 나에게 '암바 슈누다세요'라고 소근대며 말했다.

"우리는 바바 키리요스를 뵙고 싶습니다."

"총대주교님은 현재 사람들을 거의 만나지 않으십니다."

나는 다가갔고, 즉시 친근한 느낌이 들었다. 그는 "자, 내가 여러분을 기쁘게 하기 위해 전화를 해 보도록 하지요."라고 말했다. 그것이 장래의 총대주교와 나의 첫 만남이었다. 그가 우리를 위해 총대주교를 접견할 수 있는 허락을 받아내 주었다.

바바 키리요스는 눈에 띄게 피곤해 보였으나, 그를 만나는 것만으로 매우 만족해 하는 이 어린 학생들의 머리 위에 손을 얹는 것을 행복해 했다. 석

Ⅲ. 장애물을 넘어서

달 후, 이 선량한 시종은 자신의 주인을 만나러 가고 있었던 것이다.

정교회의 수백만 코프트들이 기다리고 있었다. 누가 그들의 새로운 총대주교가 될 것인가? 선거인들은 성직자들 대표 외에 세속인들의 대표자들로 구성된다. 세 명의 이름이 주목되어져야만 한다. 그런 다음, 초기 교회에서처럼 성령에 맡겨질 것이다. 모르코세이야의 드넓은 성당 안에서 미사의 장엄한 예배식에 모인 무수히 많은 사람들은 주님에게 간청했다. "키리에 엘레이종, 야 라브 에르함!"

큰 글씨로 쓰여진 세 사람의 이름이 모여든 사람들에게 보여졌고, 성당 한가운데 놓인 하나의 상자 속에 넣어졌다. 그 세 명의 이름 중 하나가 '암바 슈누다' 주교의 이름이었다.

돌연 다섯 살배기 어린애가 아장아장 작은 걸음으로 제단의 층계를 올라갔다. 식을 거행하는 사람이 그 어린애 쪽으로 몸을 기울여 상자를 열고 아이에게 그것을 보여주었다. 포동포동한 고사리 손이 여러 장의 종이들 가운데 한 장을 쥐어들었다. 모인 사람들은 한순간 숨쉬는 것을 멈췄다. 이 순진무구한 어린아이가 고른 이름이 주님의 선택된 사람이 될 것이다. 갑자기 '슈누다'의 이름이 성당의 천정 아래로 터져 나왔다. 사람들은 기쁨으로 열광했다. 그들에게 신성한 교황이 탄생한 것이었다.

총대주교의 서품식 날이 되었다. 나는 9시로 적혀 있는 초대장을 갖고 있었다. 소식에 정통한 한 친구가 나에게 말했다. "7시에 오세요. 안 그러면 들어가는 것이 불가능합니다." 제복을 입은 경찰들에 의해 제지당한, 수를 헤아릴 수 없는 군중들이 벌써 문 앞에 인산인해를 이루고 있었다. 몸이 그리 뚱

뚱하지 않았던 나는 다행히도 떠들썩한 군중 속에 자리를 잡을 수 있었다. 군중의 소용돌이가 돌연 나를 단번에, 기적적으로 첫 번째 문 앞에 데려다 놓았다. 휴, 나는 무사히 정원 안으로 들어갈 수 있었다. 그것이 첫 번째 성공이었다. 오른쪽으로 밀리고, 왼쪽에서 부딪치고, 앞은 짓눌리고, 뒤쪽으로는 잔뜩 얻어맞으며 나는 용기를 내어 많은 사람들을 헤집고 앞으로 나아갔다.

그리고 다음 문제는 층계를 한 계단 한 계단 올라가는 것이었는데, 급격하고 고르지 못한 움직임이 계속 이어졌다. 이제 마지막 장애물 하나만을 남겨 놓게 되었다. 그 장애물은 바로 몇몇 사람이 가로막고 있는 닫혀 있는 성당 문이었다. 성당 안에는 이미 사람들로 가득 차 있었는데, 어쨌거나 의식이 한창 거행되는 중에 새로 선출된 사람을 숨막히게 하는 위험만은 초래할 수 없는 일이었다. 그렇지만 나는 내 앞에 거대한 몸집의 사제 한 사람이 초청장을 위로 쳐들어 흔들고 있는 것을 보았고, 헐렁하고 폭이 넓은 사제의 옷에 깊은 인상을 받은 경찰이 군중으로부터 그를 끌어내 마법사처럼 손을 한 바퀴 돌려, 그를 성당 안으로 밀어 넣는 것을 보았다.

나는 까치발을 하고서 초청장을 위로 쳐들어 흔들면서 사람들 머리 위로 베일을 들어올렸다. 그것은 눈에 잘 띄는 효과가 있었다. 몇몇 사람이 이번에는 나를 끌어내기 위해 나에게 다가오려고 애썼다. 가장 이상적인 것은 이 물결치는 사람의 바다 위로 나를 끌어올릴 밧줄 하나를 내게 보내는 것일 터였다. 그러나 사람들이 모든 것을 다 생각해 내지는 못하는 법이다. 그러나 분명 이두박근 때문에 그날 행사에 뽑혔을 헤라클레스같이 생긴 하사관이 갑자기 사람들 가슴팍을 뚫고 돌진했다. 사람들이 외마디소리를 질러 댔다. 나는 성당 앞뜰에서 사람들의 죽음에 책임이 있는 사람이 되고 싶지는 않았다! 마침내 그가 먹이를 낚아챈 듯 나를 낚아채서 좌우의 잠시 벌어진 틈 속으로 나를 집어 던졌고, 뒤이어 나는 두 발로 섰으며 아무 데도 부러진 곳 없이 성당 안으로 들어갈 수 있었다.

그리스 정교회 안에서처럼 남자들은 왼편에, 여자들은 오른편에 자리잡고 있었다. 그것은 분명 딴전을 피우지 못하도록 하기 위한 것이었다. 나는 정교회 수녀님들의 검은색 긴 베일 뒤로 살며시 미끄러져 들어갔다. 그 수녀님들은 아침 5시부터 그곳에 와 있는 거라고 내게 말했다. 이 의식에 참석하기 위해 자신들의 엄격한 출입금지구역으로부터 외출 나온, 이 하느님의 딸들은 감히 그처럼 복잡하게 뒤얽힌 혼잡 속에서 시달림당하는 엄두를 낼 수 없었을 것이다. 군중들은 소란스러웠고 흥분되어 있었다. 그러나 갑자기 더 할 수 없이 절대적인 침묵 속에서 중간중간 기도소리로 끊기기는 했으나 코프트의 장엄한 미사예식이 진행되었다. 새로 선출된 총대주교의 머리에 삼중관(三重冠)을 얹는 순간이었다. 나는 바바 슈누다를 바라보았다. 그는 깊은 기도 속에 잠겨 있었다. 그는 두 눈을 감은 채 하느님의 손에 자신의 전 존재를 집중시키고 있었다.

두 어깨가 가볍게 다시 내려갔고, 머리는 고개를 숙였으며, 갑작스레 너무나 막중한 책임에 짓눌린 사람의 표정을 한 비장한 얼굴 위로 그늘 한 점이 지나갔다. 삼중관(三重冠)이 그의 머리에 놓여졌다. 그는 하느님과 코프트 정교회 수백만의 신도들 앞에서 책임자가 되었다. 모인 사람들은 감동에 떨며 일어섰고, 기쁨의 환호성이 천둥소리처럼 터져나왔으며, 여인들은 소리없이 울고 있었다.

　이제 바바 슈누다는 신자들을 바라보았다. 그의 두 눈은 새로운 각오의 표정이었다. 슬픔의 그늘에 싸인 두 눈은 무한한 사랑으로 불붙는 것처럼 보였다.

　모든 것은 끝났고 성당 안은 조금씩 조금씩 비워져 갔다. 그러나 군중의 일부가 내 주위에 밀집해 남아 있었다. 나는 그들이 왜 남아 있는지를 물었다. 그들은 "총대주교님이 이 문을 통해서 나가실 것이고, 우리는 무슨 일이 있어도 그분의 손에 입을 맞추고 싶습니다."라고 대답했다. 기다려 보도록 하자. 합창대 쪽에서 소요가 일었다. 건장한 사람들을 앞세우고 바바 슈누다가 앞으로 나왔다. 그러나 자기들의 총대주교에게 입맞추고자 하는 군중을 누가 멈출 수 있겠는가? 근위병들은 밀쳐졌고, 자신의 교황을 지키고자 했던 한 대주교는 넘어졌다. 이루 말로 다할 수 없는 혼잡 속에서, 군중은 승리의 외침 속에서 자신들의 새 교황을 사방에서 밀치고, 떠밀고, 짓눌러 버렸다. 그는 질식해 버릴 것만 같았다.

　그러자 문이 덜커덩하며 열리더니 한 무리의 사람들이 나타났다. 그 사람들은 왼쪽에서 때리고 오른쪽에서 치며 길을 만들더니 눈깜짝할 사이에 총대주교를 문 뒤편으로 사라지게 했고, 문은 삐걱소리를 내며 다시 닫혔다. 그 기세로 군중은 이번에는 문을 공격했고, 그와 같은 수난으로 문은 무너져 내렸다. 사람들은 기세등등하게 총대주교를 좇아서 몰려갔다. 그러나 때는 이미 너무 늦었다. 그가 홀연 모든 사람들의 시야에서 사라져 버린 것이다. 그러자 나는 이 선량한 사람들이 웃기 시작하는 것을 보았다. 누군가가 그들을 골탕먹였다는 것이다. 그러나 모든 것이 실패로 끝난 것은 아니다. 사람들은 다음 기회에 그의 손에 입을 맞출 수 있을 테니까.

나는 예루살렘에서의 요한 6세를 생각했다. 그 역시 군중에 의해 질식당할 뻔했던 적이 있었다. 동양인은 만지고 싶어 한다. "만약 내가 단지 그의 옷 끝자락만이라도 만질 수 있다면……"이라고 복음서에서 여인은 이미 말하고 있다.

세 사람 가운데 누가 죽었어야만 했던가?

젊은 여의사 미미는 줄지어 밀려드는 환자들을 익숙하고 능란하게 진찰했다. 나는 아침부터 열이 있는 것을 느꼈고, 몸이 편치 않았다. 미미는 그것을 재빨리 눈치채고서 나를 진찰했고 단호하게 명령했다. "수녀님, 오늘 저녁 이곳 넝마주이들 동네에 남아 계시면 안 됩니다. 상태가 좋지 않으세요. 무슨 병인지는 아직 알 수 없지만 저와 함께 마타레이야에 있는 수녀원으로 가셔야만 합니다." 나는 우리 친구들을 남겨두고 떠나는 것을 망설였지만, 머리에 불이 붙은 듯 뜨거워서 내가 그들에게 별로 쓸모가 없을 것 같았다.

나를 꼼짝없이 자리보전하고 누워 있게 만든 것은 결국 파라티프스였다. 열은 떨어지지 않았고, 수녀님들은 불안해 했다. 그녀들은 또다른 의사가 와주기를 원했다. 의사가 도착한 바로 그때에, 역시 의사인 한 친구가 계단을 올라오고 있었고, 부끄럽게도 그 두 의사는 모두 내 머리맡을 지키고 있었다.

그 두 의사의 유능한 치료 덕분에 나는 자리에서 일어날 수 있었다. 나는 우리 넝마주이 동네로 달려갔다. 그런데 슬픈 소식 하나가 내 가슴 한복판에 비수처럼 꽂혔다.

여섯 살배기 어린 아우니가 죽고, 그 이틀 후에 네 살짜리 동생도 죽었다는 것이다. 건강이 넘치는 아우니는 매일 유치원에 왔었다. 체격이 아주 좋고 힘이 셌으며 볼이 통통했던 그 아이는 생명의 화신이었다. 생명의 힘이 지나쳐서 넘쳐 흐르기까지 했는데, 왜냐하면 그 애는 결코 한자리에 가만히 있질 못했고, 그 애가 다른 애들을 너무 귀찮게 굴 때면 나는 그 애에게 말하곤 했다. "아우니, 엄마한테 잠시 가서 있다가 얌전해지면 다시 오거라." 사실 그 애는 아주 가까이에 살고 있었다.

그렇다면 무슨 벼락 같은 병이 그 애와 동생의 생명을 앗아갔단 말인가? 그 애들은 홍역에 걸렸던 것이다! 역시 우리들 대부분은 어렸을 때 홍역을 앓지만, 우리 모두는 그것으로 인해 죽지 않는다! 그러나 이 음습한 빈민굴에서 그들이 어떻게 치료를 받을 수 있었겠는가? 그들의 두 누나가 오후에 나를 찾아와 울음을 삼키며 얘기하기를 막판에 가서야 아우니를 의사에게 데려갔는데…… 돌아오는 길에 죽었고, 어린 동생은 집에서 죽었다는 것이다.

오! 운명의 아이러니여! 이러한 일이 일어나는 동안, 내 머리맡에는 나를 치료하기 위해 두 명의 의사가 붙어 있었다니……. 참으로 누가 치료를 받아야만 했던가? 시작하는 삶인가? 아니면 끝나가는 삶인가? 나는 삶의 기쁨과 고통을 모두 맛보았다. 나는 열정적인 삶을 살았고, 언제고 아버지의 집으로 떠날 준비가 되어 있는 사람이다. 그러나 이 어린 두 생명들을 누가 되살려

낼 수 있단 말인가? 우리 셋 가운데 누가 죽었어야만 했던가?

〰 아이들의 죽음

어떻게 아이들의 고통과 죽음을 받아들이는 각오를 할 수 있단 말인가? 나는 자책으로 고통스러웠다. 하느님께서는 삶과 죽음의 주재자가 아니신가? 어디에 해결책이 있단 말인가? 언젠가 고통으로 어찌할 바 모르던 한 아버지처럼 머리에 총을 쏴 버릴까?

매우 지적이었던 어느 수녀님이 나에게 이렇게 얘기해 준 적이 있었다. "현기증이 날 때면 성경을 펼쳐 읽으세요. 학자의 책이기도 하고 문외한의 책이기도 한 성경을."

욥이 두엄 위에 앉아 구더기에게 "너는 내 형제다"라고 말한다. "너희들은 내 어머니이고, 내 누이이며…… 주여, 나는 당신을 향해 외치는데, 당신은 대답이 없으십니다. 당신은 나에 대해 잔인해지셨습니다.……" 하느님이 그에게 대답하신다. "세상의 경이 가운데 너는 어떤 몫을 가졌느냐? 너는 새벽을 지휘하느냐?……" 욥은 자기 입에다 손을 갖다 댔다. "보잘것없는 제가 저를 초월하는 경이로운 것들에 대해 제대로 알지 못한 채 이야기했습니다."

내 가엾은 욥, 너는 문제를 해결하지 않고 눈을 감아 버리고 전의(戰意)를 상실했다. 그러나 너의 뒤를 따르는 것은 쉬운 일이 아니다. 복음서를 열어 보자. 베드로가 예수님에게 말한다. "당신은 살아 있는 하느님의 아들이십니다." 하느님이 그에게 대답하시기를 "그는 고통스러워 하고…… 죽어야 하고…… 부활해야만 하느니라." 불가사의한 모순들이여!

요한 묵시록. 피와 죽음, 사자가 물어뜯는 소리, 인간들을 고문하는 전갈의 꼬리들, 피로 몸을 씻는 순교자들…… 음산하다. 느닷없이 오케스트라의 변화. 하프 연주자들의 감미로운 노래들…… 환희와 기쁨…… 울음소리, 외마디와 고통, 죽음이 영원히 사라졌고, 하느님 자신조차 두 눈의 모든 눈물을 닦아 내신다. "남편을 위해 곱게 치장한 아내처럼 아름다운 천상의 예루살렘이 나타난다."

그렇다. 그러나 지상에서는? 이 시구가 볼테르의 것이던가? (기억력으로 인용해 본다.)

"사람이 들어와 외치니, 그것이 인생이다.
사람이 외치고 나가니 그것이 죽음이다.
기쁨의 하루, 애도의 하루,
모든 게 눈 깜짝하는 사이 끝났도다."

그래서, 어째, 그게 인간이란 말인가?

여기, 믿음의 나라 안에서는 기독교도들과 이슬람교도들이 당신에게 다른 언어를 들려준다. 사람들이 당신에게 죽음에 대해, 특히 한 어린아이의 죽음에 대해 이야기할 때, 종종 그들은 하늘을 향해 얼굴을 들어올린다. "안드 랍베나, 그 애는 하느님의 집에 있어요." 엄마들조차 늘 손가락으로 투명하고 푸른 하늘을 가리킨다. "그 애는 지상에서보다 더 잘 있어요." 그녀들은 눈물에 젖어 중얼거린다.

단순한 생각을 가진 이 여인들은 잉태에 관한 그리스도의 잠언을 기쁨으로 받아들인다. 그녀들은 고통 속에서 그들의 기쁨인 아이를 수없이 출산한다. 그녀들은 자신의 두 팔 안에서 싸늘하게 식어 뻣뻣해져 버린 아이의 몸이 그녀들을 저 너머의 행복으로 불러들이는 천사라고 확신하고 있다.

내 경우에는, 인간의 고통 앞에서 마음이 흔들릴 때면 나는 파스칼의 내기를 다시 생각한다. 부조리한 세상이라는 가정(假定)을 선택하기, 묵시록의 푸르스름한 말 위에 걸터 타기, 죽음은 말의 엉덩이에 있고, 어른들과 아이들의 몸은 희망없이 심연 속에서 썩는다. 그렇지 않으면 예수와 함께 백말 위에 뛰어오르기. 그 말은 당신의 영혼을 기쁨과 희열 속에서 노래하는 거대한 군중 한복판에다 옮겨놓는다.

나는 백말에 내기를 걸기로 결정했다. 백색은 내가 좋아하는 색깔이니까.

마리-폴

어느 월요일 오전 6시 30분, 카르멜 수녀원의 고요한 작은 교회에서 미사가 시작되었다. 사람들은 하얀 옷을 입고 등 없는 작은 걸상에 앉아 있는 수녀님들을 보았다. 수녀님들 중 한 분이 격자창으로 다가가서 단호한 목소리로 선지자 이사야서의 한 구절을 읽었다. "불모의 나라, 그 나라가 기쁨에 가득 차고 꽃을 피우기를, 그곳의 들판이 꽃으로 뒤덮이기를, 기쁨으로 가득 차 기쁨의 소리를 외치기를."

나는 두 손을 펴 나의 빈민촌을 주님께 바쳤다. 이 빈민촌이 기쁨으로 가득 차고 꽃이 피게 하기 위해 누가 나를 도우러 올 것인가? 이따금씩 내가 했던 기도는 항상 내게 흥미로운 질문을 던졌다. 성녀들이 세상과 그 문제들을 향해 열려 있는 격자창살 뒤에서 주님께 질문하고 있다는 것을 나는 알고 있었다. 그녀들은 카르멜 산의 선지자 엘리야처럼, 우리 넝마주이들의 초원에 꽃이 피도록 하기 위해서 비를 내리게 할 수 있을 것인가?

누군가가 다가왔다.

"마리-폴이 당신을 기다립니다."

"?"

"바로 옆의 '그랄'에 살고 있는 처녀예요."

'그랄Graal(성배 聖杯)'은 세계 곳곳에 퍼져 있는 기관이었다. 그 이름은 나로 하여금 그리스도의 피를 받아 담았을 신비의 술잔인 '성배'를 찾아 떠났던 중세의 기사 '파르시팔'의 전설을 떠올리게 했다. 나는 잘 알지 못하나, 이 새로운 '파르시팔'들이 그들의 지식과 가슴의 보물을 그들의 형제들에게 넘쳐흐르게 하기 위해, 현대의 기사로 무장하고 세계 곳곳으로 떠났을 것이라 추측했다.…… 나와 같은 문외한들에게 그것은 약간의 궁금증을 자아내면서 오히려 호감이 가는 일이었다.

20세기 우리의 '파르시팔'을 찾아가 보자. 나는 바지차림의 매력적인 처녀와 마주하고 말했다.

"저는 넝마주이들에게 관심이 많아요. 제가 그들을 만나러 가도 될까요?"

"물론이지요. 나는 주중에는 그곳에 가 있습니다."

배낭을 메고 우리는 기차에 올라탔고,…… 초원을 거쳐서 걸어갔다. 쓰레기더미가 쌓여 있고, 누더기옷을 입은 아이들이 우글거리는 내가 사는 골목에 도착하자 마리-폴이 외쳤다.

"여기는 제가 꿈꾸던 곳이에요. 수녀님과 함께 있어도 되나요?"

"아흐레느 혹은 사흐레느, 가족 그리고 가능함!"

우리는 나의 오두막으로 들어갔다.

"수녀님 침대 옆에 작고 긴 의자 두 개 놓을 자리가 겨우 있네요, 수녀님."

"좋아요."

벼룩, 바퀴벌레, 거미, 쥐, 이들 중 아무것도 그녀를 멈추게 하지 못했다. 우리는 나란히 누워 평온하게 잠을 잤다.

그녀는 곧 빈민촌 사람들에게서 많은 사랑을 받았다. 오전에는 유치원에서 나를 도왔고, 오후에는 여자아이들과 지내며 그렇게 몇 달을 보냈다. 그리고 저녁에는 자신의 거친 학생들 한가운데 작은 꽃과 같은 마리-폴을 갖게 된 것을 몹시 기뻐하는 젊은 선생, 알리의 문자교육 수업을 활용했다.

그녀는 육아학 공부를 했고 아기들, 특별히 포지야의 아기들에게 관심이 많았다. "에슈레프와 소브히야 탈루 헤르자(이리들 오너라)." 외침소리와 웃음소리가 가득찼고, 초원에는 기쁨의 꽃들이 피어났다.

"저의 첫 번째 목표는 오직 나누고, 그들과 함께, 그들처럼 사는 것이에요." 또한 아름다운 카이로의 편안한 아파트 이곳 저곳에 사는 친구들이 그녀를 초대했다. 그러나 그녀는 한결같은 미소로 우리 빈민촌의 삶을 함께 하기 위해 매번 다시 돌아왔다.

하지만 어느 날, 나는 그녀가 달라진 것을 발견했다. 그녀는 모든 것을 부정적으로 보고 있었다. 우리는 아무것에도 이르지 못한다. 아이들을 학교에 보낸들 무슨 소용이 있는가. 그들은 공부하길 원하지 않는다 등등. 그녀가 대청소를 하는 나를 도와주면서 나에게 말했다. "아무 소용없어요. 이틀 후면 모든 게 다시 더러워질 거예요." 무슨 일이 있었던 것일까? 조만간 그녀는 일을 그만두지 않으면 안 될 일이 일어났는데, 간헐열과 출혈에다 소화관이 뒤죽박죽이었다.

의사 선생님은 근심하며 병원에 가서 검사를 받을 것을 강력하게 권했다. 그녀에게서 아메바가 발견되었다. 나는 그녀를 문병하러 갔다. 병실은 꽃과 여러 색깔의 풍선으로 장식되어 있었다. "제 생일을 축하해 주기 위해 '그랄'의 사람들이 얼마나 친절했는지 몰라요!" 그녀는 다시 환하게 빛났고, 덧붙여 말했다. "몸이 좋아지기만 하면 다시 넝마주이들의 생활을 나눌 거예요."

너는 용기 있는 사람이야. 마리-폴, 너는 나눔의 끝까지 지나치게 멀리 갔어. 나는 너에게 끓는 차의 유리잔만을 받아들이라고 부탁했는데, 너는 잔받침까지(감정까지) 나눠 갖길 원했어.—젊은이들은 신중하지 못하고, 그들의 사랑은 죽음을 두려워하지 않는다.— 누가 우리에게 이와 같은 젊은이의 가슴을 줄 것인가?

그녀는 태연하게 우리에게로 다시 돌아왔다. 전쟁이 일어나 우리의 장래는 확실치 않았다. 영사는 그녀에게 프랑스로 돌아갈 것을 자꾸 되풀이해 말했다. 그녀의 친구들도 그녀에게 떠나라고 강력하게 권고했다. 마침내 그녀는 비행기표를 샀고, 나를 보러 왔다. "어떻게 생각하세요? 위험에 처했을 때 도망가는 것은 보기가 좋지 않지요. 나는 위험도 함께 나누고 싶지만 제 부모님들이 극구 반대하세요!" 그녀가 마지막으로 빈민촌에 왔다. 나는 그녀가 우는 것을 한 번도 본 적이 없었지만, 그녀는 비탄에 잠긴 포지야와 아이들 앞에서 눈물을 참지 못했다.

그녀는 하느님과 종교에는 관심이 없다고 나에게 늘상 이야기했었다. 뜻밖에 내게 편지 한 통이 날아들었는데, 그 편지에서 그녀는 성 요한의 말을 인용하고 있었다. "사랑하는 사람들이여, 우리 서로 사랑합시다. 왜냐하면 사랑은 하느님에게서 오는 것이므로.……" 그녀는 간단하게 덧붙였다. "저는 행복해요."

선의의 사람들은 결국 하나로 모아지는 두 개의 길을 가지 않는가? 하나의 길은 하느님을 향한 황홀한 눈길을 인간을 향한 애정으로, 재충전된 시선으로 우리를 이끌어 준다. 또 다른 길은 자기 형제들 쪽으로 돌아섰다가 어느 날 하늘에 계신 '아버지'를 발견하는 것이다. 성 요한은 구름을 뚫었던 날카로운 눈초리로 마리-폴이 내게 써 보낸 글 속에서 덧붙여 말하고 있다.

"사랑하는 사람이면 누가 됐든지 하느님에게서 태어났다."

IV
나누기

나는 아주 작은 동물 가운데 하나인 벼룩에 관한 정확한 정보를 찾기 위해서 권위 있는 곤충학 책들을 뒤져보았다. 왠지 잘 모르겠지만 벼룩은 넝마주이들과 나 같은 여자 넝마주이에게 특별한 애정을 갖고 있는 것처럼 보인다. 내가 마지막으로 손에 집어든, 그러나 어찌나 크고 두꺼웠던지 겨우 들어올릴 수 있었던 책에서는 벼룩에 대해 다음과 같이 명확하게 정의를 내리고 있었다.

"날개 없이 기어가거나 뛰어오르며(우리는 그것에 대해 이미 알고 있다), 인간(아 아!)과 수많은 동물의 신체 위에서 살아가는 곤충."

그 다음으로 나는 벼룩의 알이 회색의 구슬(오, 시여!)이며, 그 알에서 저작(詛嚼, 음식을 입에 넣고 씹음-옮긴이)기관을 갖춘(놀랍군!) 유충이 나온다. 그리고 유충은 고치를 짜고(그 사실을 믿겠는가?), 마침내 20일 후 거기에서 '완벽한' 곤충이 되어 나온다는 것을 알았다.…… 나는 저자인 곤충학자가 이 나무랄 데 없이 완벽한 동물을 관찰하기 위해 애정어린 마음으로 몸을 구부려 관찰한 다음 깊은 관심을 갖고 적어 내려갔다는 것을 알 수 있었다.

"어린 벼룩은 피를 충분히 비축하기 위해 알맞은 때를 기다리면서 한 주에서 두 주까지 굶을 수 있다(가슴이 동정심으로 차오르는 것을 느낀다)."

(그와 같은 단식 후에 벼룩에게 온갖 것이 허용될 게 분명하다는 것을 이해하시라!) 그 다음 마치 부득이한 것처럼 유혈을 좋아하게 된 이 동물의 이름들이 이어졌는데, 그 가운데 나는 풀렉스 이리탄스(Pulex irritans)라는 이름을 적었다. 드디어 알아낸 것이다! 그 다음 저자는 우리를 "페스트"에 관한 항목을 보라고 소개했는데, 왜냐하면 그는 분명 그처럼 흥미로운 곤충에게 지나치게 많은 죄과를 책임 지우고 싶지 않았기 때문이다. 저자는 단지 지나가는 말로 벼룩이 고작해야 '전염성 발진염' 과 '디피리디움 카니눔dipylidium caninum……' 을 전염시킬 수 있다고 적고 있었다.

마지막으로 그는 두려움에 떨 사람들에게 "벼룩이 창궐하는 곳에는 오랫동안 사용된 말의 덮개로 몸을 싸는 것으로 충분하다……"라는 말로 다정하게 조언하고 있었다.

만일 그가 돼지의 덮개라고 말했더라면 나는 즉석에서 어떻게 해 볼 수 있었을 테지만, 대체 내가 어떤 말에게로 뛰어가야 한단 말인가?

　낡은 잡지에서 우연히 '벼룩 방지 개목걸이, 3개월 보증'이라는 한 광고와 마주쳤을 때, 나는 벼룩방지책을 강구하고 있는 중이었다. 나는 드디어 구조된 것이었다! 내가 발견한 것에 대해 매우 기뻐하며 그것에 대해 내 주위사람들에게 이야기했다. "그것만 있으면 다 해결됐을 텐데 말야! 무엇보다 당신들 이름을 새겨 넣은 이름표를 잊지 말아요." 비웃건 말건, 나는 그것을 허리띠처럼 착용할 것이다. 마침 나는 우리 넝마주이들을 위해 모금을 하러 여행을 떠나야만 했고, 파리에 가서 이 중요한 물건에 대해 알아 볼 참이었다.

　그 점에 대해서 한 친구가 의기양양해서 나를 보러 와서는 말했다. "신문에서 광고 하나를 오려 왔어요. 한 네덜란드 사람이 살아 있는 벼룩 몇 마리를 구하는데, 마리 당 1리브르를 준대요. 수녀님의 여행이 성공적일 것이 벌써부터 확실해요. 충분히 가져 가세요."

　벼룩을 어떻게 가져 갈 수 있을까? 그놈들은 달아나 버릴 테고 20일 후, 그리고 단식한 두 주 후면 새끼들이 깨어나 내 명함 구실을 할 텐데! 그러나 나는 내 여행수첩에 '파리, 개목걸이'라고 적어 넣었다. 드디어 파리에 도착해 상점 여기저기를 전전하다가 '오텔 드 빌' 백화점의 만물상에 들어갔다. "지하에 있어요, 수녀님." 점원은 "실용적이고 보증된 물건이에요."라며 나에게 물건을 팔았다. 그녀는 그것을 사용해 보고 매우 만족해 한 어떤 사람(자기 시누이 사촌의 아들인가 뭔가인)을 알고 있다고까지 말했다. 나는 확신했다.

　"얼마에 팔아요?"

　"35프랑이에요."

이 숫자가 내게 찬물을 끼얹었다. 우리 넝마주이 동네에서 3리브르 반이면 한 가족이 몇 주 동안을 해결할 식량의 값이다. 나는 꿈속을 헤매며 그 자리를 떠났다. "안 돼. 정말 내가 이런 사치를 부릴 권리가 있는 것인가? 넝마주이가 되든가 아니면 넝마주이를 포기하든가! 그러면 뭐야. 자기의 정체성을 인정해야만 한다구." 나는 속으로 쓴 웃음을 지으며 '오텔 드 빌' 백화점의 만물상을 나왔다. "우리는 우리의 친구들과 모든 것을 공유하는 거야. 그러니 '풀렉스 이리탄스'도 공유해야지"

하얀 벌레들

비가 내렸다. 이 비는 우리의 골목길을 복숭아뼈까지 빠지는 진흙탕으로 만들어버린 지독한 겨울비 가운데 하나였다. 대부분의 아이들은 오지 않았다. 그러나 오후에 몇 명의 여자 아이들이 진흙투성이가 되어 생글거리며 나타났다. 그 대가로 우리의 깜찍하고 예쁜 사브린느 인형이 대단한 용기를 내어 그 애들에게 자신을 선사했다. 그 인형은 ㅡ'손에서 손으로'가 아니라ㅡ 마음에서 마음으로 한 바퀴 돌았는데, 왜냐하면 여자 아이들 각자가 그 인형을 자기 가슴에 열렬히 꼭 껴안고 부드러운 입맞춤을 퍼부었기 때문이다.

한 아이가 병이 나서 사람들이 나를 불렀다. 나의 어린 여자 아이들은 안절부절못하고 있었다.

"아블레티(큰수녀님), 진흙이 미끄러워요."

"그럴 리 없다. 너희들이 나 좀 도와다오."

아이들은 내 손을 잡고 앞으로 걸어 나갔다.

나는 돌아와 내 가축우리 안으로 들어오면서 바닥에 꿈틀거리고 있는 하얀 벌레떼들을 보고 질겁을 했다. 그것들은 벽으로 사용되는 판자를 타고 사방에서 미끄러져 내려서는 일제히 이리저리 꿈틀거리고 있었다! 그 벌레들은 어디로부터 나온 것인가? 나는 밖으로 나갔고 문 앞에 내던져진 많은 쓰레기 더미 위에 똑같은 벌레 수천 마리가 우글거리고 있는 것을 보았다. 비가 그것들을 원기왕성하게 만든 게 분명했고 그것들은 감사의 산보를 하려는 것 같았다. 그중 씩씩한 놈들은 벌써 내 집 안으로 들어와 있었다.

나는 그 반갑지 않은 방문객들의 흐름을 DDT 가루, 끓는 물, 석유 등으로 그들의 기세를 멈추어 보려고 애썼다. 그것들은 수체구멍의 쥐들처럼 건강해 보였고, 나를 조롱하는 듯 꿈틀거렸다. 나는 벌레들과의 싸움에서 졌고, 진이 빠지기 시작했다. 밤중에 침대 위로 기어올라와 나를 덮치면 어쩌지?

내 친구인 라비브를 불렀다. 그가 들어오더니 그것들을 보고 또한 나를 바라보았다. 그리고 그는 태연하게 내게 말했다.

"뭐 땜에 그것들을 무서워 하시나요? 우리가 죽어 땅 속에 들어가 누워 있게 될 때, 함께 있게 될 벌레들 아닌가요?"

나는 아무 말도 못하고 입을 벌린 채 멍하니 있었다…… 어떤 학자가, 또는 어떤 철학자가 내게 그와 같은 대답을 할 수 있었겠는가?

나는 혼잣말을 하면서 자리에 누웠다. "그의 말이 옳아. 조금 일찍이든지 좀더 나중일 뿐이야!" 그러나 밤중에 그것들 중 단 한 마리도 내 살갗 위를 기어 다니는 놈은 없었다. 다음날은 해가 빛났고, 벌레떼는 왔던 때처럼 흔적도 없이 사라져 버렸다. 다음은 또 언제 나타나게 될는지?

쥐

우리가 살고 있는 곳과 같은 더러운 곳에서도 천성적으로 가장 잘 적응해서 살아가며, 빠른 속도로 번식하는 동물은 쥐였다. 쥐는 거의 가축이 되다시피 했다. 당신은 침대 밑의 아무 헝겊 속에나 편안하게 둥지를 튼 쥐가 끊임없이 코를 뾰족하게 하고서 당신의 두 다리 사이를 지나다니며, 당신에게 마지막 볼거리로 꼬불거리는 긴 꼬리의 이미지를 남겨놓는 것을 보게 된다. 쥐의 날카로운 두 눈은 바닥에 내려놓은 냄비에 담긴 국물을 재빨리 간파해서 종종걸음으로 다가가서 기분좋게 국물을 빨아들이고, 그것을 인간이든 짐승이든 다음 타자를 위해 조금 남겨놓고 사라진다.

초기에 나는 쥐가 나올 때마다 매번 소스라치게 놀랐고, 그 광경을 바라보는 우리 넝마주이들은 재미있어 했다.

내가 그들에게 물었다.

"아니 그런데, 쥐가 자네들을 전혀 물어뜯지 않는가?"

"물론 물어뜯죠. 자! 셰호타의 코를 보세요!"

날카로운 이빨자국이 선명하게 남아 있었다.

얼마 후, 나는 뾰족하게 두 개의 이빨자국이 난 라마단의 손가락을 치료해 주었다. 덩치가 매우 큰 놈인 것 같았다. 나는 임파선 페스트가 떠올랐다.

"라마단, 즉시 의사에게 가서 보여라. 너, 의사가 금요일에만 온다는 걸 알고 있지? 오늘은 월요일이다."

"쥐 한 마리 땜에요?" 그가 어깨를 으쓱했다. 그의 손가락은 나았고, 그는 또한 페스트에 걸리지도 않았다.

오른 메르바트(메르바트의 어머니)는 자신을 성가시게 하는 것은, 밤중에 그녀의 얼굴 위로 쥐들이 돌아다니는 것이라고 나에게 말한 적이 있다. 나는 순진하게도 그녀에게 말했었다. "자네는 왜 고양이를 기르지 않나?" 그녀는 웃음을 터트렸다. "여기서는요, 쥐들이 고양이를 물어요. 그놈들이 얼마나 크고 살이 쪘는지 안 보이세요?" 나는 내 스스로 정신적으로 이런 곳에 적응하도록 준비되어 있지 못하다는 것을 다시 한 번 느꼈다. 다시말해 외견상 가장 쉬워 보이는 문제가 끝내는 해결될 수 없는 것처럼 보이는 것 말이다.

그들과 같은 인내력을 갖추지 못했기 때문에 나는 쥐들의 방문에 익숙해지지 않았다. 나는 쥐들이 오두막 안의 땅바닥에 끊임없이 뚫어 놓는 구멍을 열심히 막았다. 그 문제에 대한 전문가는 내게 구멍 속에다 유리조각을 넣으라고 조언해 주었다. 그러면 놈들의 열의를 꺾어 놓을 수 있다는 것이다. 마침 내 석유램프가 깨졌는데, 아직 유리조각을 버리지 않은 상태였다. 좋은 기회였다. 나는 쥐약을 가지고 정성을 다해 작은 샌드위치를 만들어서 황급히 구멍마다 집어넣고는 시멘트와 유리조각으로 막아 버렸다. 나는 얼마 동안은 정말 편안했다. 그러나 어느 날 아침, 나는 내 침대보 안에서 쥐똥을 발견하고는 질겁을 했다. 그렇구나. 우리가 함께 밤을 보냈던 것이었구나. 곧이어

나는 황급히 침대 밑을 보았다. 그 끝이 어딘지 모를 긴 터널의 입구가 열려 있었다. 하지만 나는 이제 자신의 램프를 깨트렸던 전문가의 비법을 알고 있었다. 샌드위치, 시멘트, 유리조각. 자 가자, 내 어린 친구들아. 우리 넝마주이들은 나를 짓궂게 바라보았다. "너무 힘쓰지 마세요, 쥐들이 수녀님보다 더 약아요. 그놈들은 또 다른 길로 해서 수녀님을 찾아올 거예요." 우리는 함께 웃었다.

다음 날 밤, 나는 내 오두막 빛들이 창의 창살 사이로 나를 비웃고 있는 쥐 한 마리를 보았다. 그놈은 나에게 "아 비엥또!(곧 다시 만납시다!)"라고 말하는 듯 했다. 나는 주먹으로 벽을 한 대 쳤고, 그놈은 재빨리 사라졌다.……오, 나의 넝마주이 친구들의 침착함이여! 그것은 어디로부터 오는 것일까?

그것은 그리스도 강생(降生)의 일부를 이룬다

버스는 천천히 앞으로 전진했다. 한떼의 사람들이 한 정류장의 보도 위에서 버스를 기다리고 있다. 남자들이 뛰어 올라타자 버스 안은 이내 콩나물시루가 되었다. 한 사람은 왜가리처럼 한 발로 서 있고, 다른 사람들도 바닥에 단단히 발을 딛지 못하고 흔들거렸다. 땀으로 젖은 모든 사람들의 살에서 냄새가 풍겨져 나왔다. 그런데 일등칸에서 누군가가 일어났다. 그는 창가에 앉아 있었는데, 그와 같이 창가에 앉는다는 것은 꿈같은 일이었다. "기슬렌느 수녀님, 빨리 이리 와 앉으세요." 그녀는 움직이지 않았고 좌석은 다른 사람 차지가 되었다.

자, 이제 내릴 차례였다. 그것은 또 하나의 필사적인 일이었다. "안 이즈 나크(실례합니다)." 오른쪽으로 밀고, 왼쪽으로 밀고서 병사의 팔 밑으로 지나가도록 해. 체중 100킬로의 중년 여자와 헤비급 복서 사이로 빠져나가, 이곳에서 살아 나가도록 애써. 칼라스!(살았다!) 우리는 다시 숨을 쉬었다. 바람 빠진 풍선 같던 폐가 다시 부풀어 올랐다. 우리는 앞으로 걸어 나갔다. 살아 있다는 건 얼마나 기쁜 일인가!

"안녕, 수녀님." 다섯 살짜리 어린애가 다가와서 우리의 손을 열렬히 붙잡았다. "에쩨이 에크(어떻게 지내세요)?" 어디에서나 아이들의 얼굴은 똑같이 기쁨으로 피어 올랐고, 부모님들은 우리를 한결같이 환대해 주었다.

"당신은 여기서 사랑받기 시작했군요, 기슬렌느 수녀님. 현재 수녀님 유치원에 아이들이 몇 명이나 되죠?"

"그저께 등록한 아이들과 합쳐 113명이에요."

꼭 1년 전, 그녀는 13명으로 시작을 했다.

"근데 말예요, 버스 안에서 왜 일등칸에 가서 앉으려 하지 않았어요? 1피아스트르, 그건 그리 많은 돈은 아니잖아요? 많이 피곤하실 텐데요." 잠시 침묵이 흘렀다.

"저에겐 그것이 그리스도의 강생입니다."

"잘 이해 되지 않는데요."

"네, 들어보세요. 그리스도는 우리 인간의 삶 속에, 우리 가련한 인간의 삶 속으로 내려오셨어요. 제가 이 모든 사람들 한가운데 그처럼 짓눌린 채 있게 되면, 저는 '그분' 처럼 제 자신이 온통 인간의 반죽처럼 느껴지지요. 그리하여 일등칸에 가서 앉는 것보다 저는 그분에게 더 가까이 있게 돼요."

나는 대꾸할 말이 없었다. 그녀는 거의 전 생애에 걸쳐서 우리의 명문 중, 고등학교의 교장이자 수녀원장이었다. 사무실에는 전화기가 있었고, 문앞에 자동차가 항시 대기하고 있어서 그녀는 경비실에 전화만 걸면 되었다. "잠시 후에 나가봐야 하니 기사에게 알려 주십시오." 그리고 늘상 바빴던 그녀는 이런저런 중요한 약속 장소로 출발했다. 그녀가 식사를 하기 위해서는 당연히 식당의 수녀원장 자리에 앉기만 하면 식사는 곧 차려졌다. 그녀의 옷들은 세탁되고 다림질되어 매주 티끌만한 먼지도 보이지 않는 그녀의 방에서 그녀를 기다리고 있었다.

나는 이제 당신을 마타레이야에 있는 우리의 작은 아파트로 초대한다. 초인종을 누르시라. 그녀가 앞치마를 두른 채 미소를 지으면서 당신에게 문을 열어 줄 것이다. 그녀는 이제 막 비질을 끝낸 중이다. 오늘 저녁 그녀는 잠자리에 눕기 전에 빨래를 할 것이다. 지금 그녀는 자신이 사랑하는 이 서민층의 아이들 가운데에서 살고 있다. 그녀는 여자들을 위해 재단 강의를 열었다. 또한 그녀는 여자들을 위해 구급법과 육아학 센터를 창설하고, 비좁은 방안에 빽빽히 들어찬 어린이들이 조용한 가운데 야간 학습을 할 수 있도록 해줄 계획이다. 그녀에게는 그 모든 것이 또한 그리스도의 강생이었던 것이다.

기도하기

나는 내 콥트 형제들로부터 배워야 할 것이 아직 많다. 필요한 경우 그들은 나를 옳은 길로 다시 들어서게 한다.

초기에 넝마주이 동네에서의 내 생활이란 끊이지 않는 활동의 연속이었다. 미사에서 돌아오면 곧장 어린이들을 돌보고, 그 다음엔 환자들을 치료하고, 저녁식사, 여자 아이들 교육, 그 뒤 저녁 10시경까지 문자교육, 그 다음 밤참, 취침, 다음 날 같은 일의 반복. 내 기도시간은 그렇게 소비되었다. 기도하고, 성경을 읽고, 명상하는 것은 카르멜 수녀원의 성당에서 보내는 매주 일요일 오전에만 내게 허용되었다. 나는 그 시간을 무궁무진한 보고인 성경신학의 어휘공부에 몰두하는 데 이용했다. 그러나 일요일을 뺀 한 주 내내 정말 중요하다고 여길 만한 일은 별로 없었다.

내가 살고 있는 집의 주인인 아부 라비브가 하루는 내게 불쑥 물었다.

"베트살리 에트마?(언제 기도하세요?)"

"아침 미사 드릴 때와 매주 일요일에요."

"그게 다에요? 아니, 라흐바(수녀) 아니세요?…… 기도하는 여자 말에요?"

이 신앙심 깊은 사람이 나에게 심사숙고할 거리 하나를 주었다. 그렇다. 대체 나는 무엇 하는 사람인가? 주중에는 사회복지 노동자이자 매주 일요일은 수녀? 나는 나의 넝마주이들이 쓰레기통 속에 파묻혀 있으면서 내게서 다른 것을 기대하고 있다는 사실에 혼란스러웠다. 그들이 얼마나 많은 한숨을 쉬며 나에게 말하던가! "날 위해 기도해 주세요." 나는 내가 그렇게 로맨틱하고 아름답게 여겼던 유년시절의 그 이미지를 다시 생각했다. 한밤중에 뤼테스를 보살피는 쥬느비에브 성녀의 이미지 말이다. 결국 내 가여운 친구들은 나를 우선 주님 곁에 파견된 그들의 대사(大使)로 생각하고 있었다. 그 다음엔 내가 그들의 아이들, 서류들, 작은 상처들을 보살펴 주길 그들은 기대했다.

나는 또한 더 이상 별로 읽히고 있지 않은, 내 젊은 시절의 책『모든 성직의 중추』를 생각했다. 돔 쇼타르는 그 책 속에서 활동적인 생활이 관조하는 생활에 앞서야만 한다는 것을 첫 번째 원칙으로 삼았다.

나는 포지야에게 "기도할 거니까 사람들에게 정말로 필요한 경우에만 나를 찾으라고 말해 줘."라고 말했다. 나는 내 오두막의 문을 닫고, 석유램프에 불을 켜고, 침묵 속에서 그리스도와 주님께 세계와 넝마주이들을 위해 기도를 바쳤다.

밖에서 목소리가 들려왔다.

"라흐바, 마우구다? (수녀님, 계세요?)"

"아이와 베트살리.(그래, 기도하셔. 잠시 후 다시 와.)"

"크와이예스.(알았어요.)" 수녀님이 기도를 하신다니까, 하느님은 넝마주이들과 함께 하신다는 확신과 함께, 그녀는 만족해서 돌아갔다.

라마단과 그의 라디오

하루는 라마단이 우리 집에 일하러 왔다. 그을린 얼굴에 타는 듯한 눈을 가진 열다섯 살의 소년이었다. 그 애를 어디에 재워야 하나? 우리는 새끼돼지들과 그 어미를 오래된 함석 우리에서 끌어냈다. 장소가 마련된 것이다. 라마단은 거기서 안전하게 잠을 잘 수 있었다.

그가 나에게 비밀을 털어놓았다. "내가 왜 왔는지 알아요? 우리 아버지가 어떤 사람에게 돈을 빌려 주었는데, 그 사람은 아버지에게 돈을 갚지 않으려고 했어요. 그래서 아버지는 그 사람을 죽여 버렸어요. 아버지는 아직도 감옥에 계세요. 엄마가 저에게 '넌 지금 열다섯 살이다. 살해된 사람의 아들이 너를 죽이려 하니 떠나거라……'라고 말했어요. 그래서 저는 이곳으로 오게 되었어요." 그 아이는 길고 하얀 치아를 드러내고 웃었다. 그 모든 것이 그에겐 자연스러워 보였고, 오직 살인으로부터 벗어나는 것만이 문제였다. 사람들은 살인자에게 매번 일을 잘 치를 때마다 10리브르씩 주었고, 그것은 좋은 돈벌이였다. 특히 옥수수 계절에는 사람을 쉽게 때려 눕혔다. 그가 덧붙여 말하기를 "그러나 우리 엄마는 바보가 아니에요. 내가 미리 도망치도록 했어요!" 그는 몹시 기뻐하며 '딱' 하고 손가락을 꺾는 소리를 냈다!

저녁에 그는 일찍 돌아와 짚을 깔고 드러누웠다. 어디에 가서 무엇을 하겠는가? 어느 날 나는 그 애가 금이 간 낡은 라디오를 들고서 아주 행복해 하며 들어오는 것을 보았다. 나는 기도하기 위해 내 오두막에 있었다. 그러나 쉰 목소리와 시끄러운 외침소리로 나의 귀청이 떨어질 듯했다. 나는 밖으로 나와 내 젊은 이웃에게 가까이 다가갔다.

"라마단, 들어봐. 내가 지금 기도를 드리려고 해. 네 라디오 소리를 좀 낮추면 안 되겠니?"

"나암, 나암."

나는 다시 들어가 앉았다. 완전한 정적. 아니 도대체 뭐야? 나는 다시 라마단에게 가서 물었다. "라마단, 무슨 일이야? 왜 라디오를 껐어?"

"수녀님이 하느님께 기도 드리니까요."

"아냐, 라마단. 그러지 마라. 난 네가 라디오를 듣는 동안에 기도를 아주 잘 드릴 수 있어. 라디오를 켜 놔도 돼."

"아니, 아니에요. 제가 피곤해서요. 자는 게 더 좋아요." 나는 더 이상 어쩔 도리가 없었고 그 애를 설득할 수가 없었다.

나는 다시 기도하려 했으나 마음이 조금 무거웠다. 라마단은 금이 간 라디오 외에는 다른 오락거리가 없었는데, 나 때문에 그 애는 라디오를 듣는 것까지 스스로 포기하고 말았다. 이 어린 이슬람교도 마음 속에는 얼마나 연약한 영혼이 들어 있는 것인지? 기도, 그것은 신성한 것이니 어떻게 그것을 방해할 수 있단 말인가!

그 이후로 라디오 소리가 크게 들릴 때면, 나는 내 오두막으로 소리 없이 살며시 들어가 주님께 세상의 외침소리를 바쳤다.

마흐무드

마흐무드는 마타레이야에 있는 작은 아파트의 같은 층에 살고 있는 이웃이었다. 때때로 나는 그가 매주 일요일 순백의 갈라베이야를 입고서 일터로 나갈 때, 그와 마주치곤 했다. 그가 결혼할 때, 자신의 집 발코니와 인접한 우리 발코니에 불을 밝히게 해 달라는 부탁을 했다. 불을 밝히는 일은 도시 곳곳에서 일상적으로 만나는 서민들의 기쁨의 표시였다. 매주 목요일 저녁, 광장마다 노랗고, 빨갛고, 파란 불빛의 띠에 불이 켜지는 동안, 보트들은 물 위에서 불규칙적으로 급격하게 요동치며 튀어올랐다 떨어지곤 했다. 서민들은 여자들과 남자들이 엄격하게 격리된 채 노래와 춤으로 밤을 지샜다. 오직 진보된 가정의 소년과 소녀들만이 함께 어울려 춤을 추었다. 새벽이 밝아오면 휴일인 금요일을 이용해 각자 휴식을 취하러 자리를 떴다.

마흐무드의 동생 무스타파는 대단한 축구선수였다. 고등학교에서 돌아오면 곧장 책과 공책을 침대 위에 던져 놓고는, 우리 아파트 창문 아래에서 벌어지는 끝도 없는 격렬한 축구시합에 재빨리 뛰어들곤 했다. 이따금씩 수상쩍은 주먹질로 인해 언쟁도 일어났다. 며칠 전에는 심한 언쟁이 격화되어 난투극으로 변했고, 동생보다 몸이 건장하고 땅딸막한 마흐무드가 동생을 구하려고 나섰다. 그것이 상대방의 분노를 한층 돋우었다. 그들 중 한 명이 돌로 정확히 조준하여 마흐무드의 머리를 명중시켰다. 그는 쓰러졌다. 두개골이 패여서 피가 철철 흘러 넘쳤다. 그의 흙먼지가 묻은 흰색 갈라베이야는 줄 줄 흐르는 시뻘건 피로 물들었다. 눈깜짝하는 사이 축구를 하던 아이들은 사방으로 흩어져 달아났다. 어린애들과 여자들이 울부짖으며 그 자리에 모여들었다. 경찰이 달려왔고, 구급차의 사이렌 소리……, 반쯤 기절한 마흐무드는 경찰에 의해 병원으로 옮겨졌고, 하얀 침대, 습포, 포도당……. 닷새 후 그는 퇴원했으나, 아직 두 주일은 더 집에서 쉬어야만 했다. 나는 창백하고 허약해진 그를 보러 갔다. 그는 이 작은 비극의 세부적인 것들을 나에게 말해 주었다. 나는 분개하여 그에게 말했다.

"그래, 자네를 이 지경으로 만든 놈을 경찰이 잡아넣었나?"

"아니요, 제가 그 애 이름을 말하고 싶지 않았어요."

"아니 마흐무드, 그 애는 다른 사람한테 또 그런 짓을 하게 될 거야!"

그는 아직도 붕대를 감고 있는 머리를 힘 없이 저었고, 그의 피로한 얼굴 위로 한 가닥 미소가 번지면서 사랑의 감정이 담뿍 담긴 얼굴이 되었다. "아니, 아니요. 그 애를 고발하지 않을 거예요. 그 애는 자기가 무슨 짓을 했는지도 모르고 있어요."

2,000년 전 십자가에 매달리신 예수님의 기력을 다한 말씀 한마디가 연상되었다. "'아버지', 그들을 용서하소서. 그들은 자신들이 무슨 짓을 하고 있는지 모르고 있습니다." 그 날, 나는 골고다 언덕의 참극에 대해서는 아무 것도 모르고 있던 한 남자의 입에서 그 메아리를 들었다. 성령은 자신이 원하는 곳에서 숨쉬고 있었던 것이다.

나누기

그즈음 나는 우리 어린 넝마주이 꼬마들의 캠프를 준비하기 위해 마타레이야의 아파트에 머물고 있었다.

동네의 식료품상 주인은 나에게 말했다.

"일요일에 할라와(값싸고 몸에 아주 좋은, 참기름과 설탕이 든 밀가루, 당시 시장에는 상품이 부족했다.)를 받아놓을 거예요. 3킬로를 수녀님 몫으로 놔 둘까요?"

"좋아요."

기회였다!

그 3킬로그램은 내가 흥미롭게 주시했던 순대같이 생긴 긴 자루 속에 담겨져 도착했다. 자, 이제 나는 오랫동안 힘을 갖추게 되었다. 그런데…… 다른 사람들은? 나는 하루하루 되는 대로 50여 그램 정도씩을 사다 먹다가 내 배창자를 채우기 위해, 그것을 사지 못할 수많은 가정을 생각해 보았다. 나는 또다시 심사숙고하지 않은 채 내 욕망에 이끌렸던 것이다…… 자, 이봐 엠마뉘엘, 어떻게 할 거야? 순대(할라와)를 도로 돌려줘? 아! 캠프는! 내 꼬마들은 때때로 맛있는 할라와 샌드위치를 먹는 걸 매우 좋아할 테고, 그러면 이것이 그들에게 정말 값있게 쓰일 텐데.

우선은 미사여구, 공기, 햇빛이 아니라 생필품들을 골고루 나누기 위해서 자기 자신에 대해 얼마나 많은 경계를 해야 할 필요가 있는지 모르겠다.

그 순간은 내 뇌리에 깊이 새겨졌던 바실리의 준엄한 말들을 읽고 난 직후였다. "너의 집에 쓸모없이 남아도는 빵은 배를 주린 사람의 빵이다. 네 옷장에 걸려있는 튜닉은 헐벗은 사람의 튜닉이다. 너의 집에 쓸모없이 놓여 있는 신발은 맨발로 걸어 다니는 가난한 사람의 것이다. 네가 깊숙이 간직하고 있는 돈, 그것은 가난한 사람의 돈이고, 너는 선행을 널리 펼 수 있을 만큼의 불의를 저지르고 있는 것이다."

나는 옷장을 열어 보았다. 별 대단한 것은 없었으나, 작업복 하나는 내게 쓸모없는 거였다. 다른 것이 한 벌 있으니까. 자, 가거라. 그것은 작업복이 너덜너덜해진 한 가정의 어머니를 행복하게 해 줄 것이다. 그래, 성 바실리. 이만하면 어때? 내 귀에 입김이 한 번 불었다. "네 모직물을 보아라." 알았어. 누군가가 한밤에…… 산책할 때 걸치라고 내게 주었던 흰색 숄이 있군…….

"바실리, 왜 이맛살을 찌푸리나? 무얼 투덜대는 거야. 늙은 성인 양반아?

"낮에 산책할 때 쓰는 검은 색 숄이 하나 있고, 하나가 더 필요한 거야…… 밤을 위해서?"

"당신 말이 옳아, 바실리. 그것으로 포지야가 아기를 덮어 줄 거야. 이 정도면 됐어, 알았나?"

"음, 그러면 이 실내화들은?"

"너무한다, 바실리. 그것은 사람들이 내게 선물한 지 얼마 안 된 거야. 저녁에 넝마주이들 집이 얼마나 추운지 알잖아. 나는 겨울에 감기, 기관지염, 기관지 폐렴에 걸릴 위험이 있고, 그것들은 나에겐 곧 죽음이야! 내가 불쌍하지도 않아?"

"네가 갖고 있는 예전 것은?"

"쓰레기통 행이지!"

"수선해 봐. 수선하면 아직도 쓸 만할 거야. 무엇보다 네가 낡은 것들을 쓰고 새 것은 다른 사람에게 주도록 해. 그래야 되지 않겠어!" 이 성인들과는 타협안(modus vivendi)이 없다. 옴 마크람은 실내화를 신으면서 눈물을 글썽였다. "류마티즘이 잠잠해질 거예요. 그게 얼마나 고통스러운지 아신다면."

겨울인 1월은 추위가 인정사정 없이 혹독했다. 이불 두 채를 뒤집어쓰고 어려움 없이 지냈다. 나는 오두막집을 나섰다. 포지야가 추위로 얼굴이 새하얘져 있었다. "지난 밤엔 지독했어요. 우리 모두 추위에 덜덜 떨었지요." 이곳 어디에서나 마찬가지로 모든 가족이 한 침대 위에서 함께 잠을 잤다. 일찍이 그들의 집 안에도 들어가 보았고, 나는 진작에 그것을 알아챌 수도 있었을 것이다. 그들은 다양한 색깔의 침대보 같은 것 하나를 가지고 이불로 사용하고 있었던 것이다.

푹신한 이불을 덮고서 자신의 책을 읽으며 따듯한 밤을 보낸 너라면 어떻게 했겠니? 네가 지금으로서는 당연히 몇백 킬로미터 떨어져 있는 곳에 몸이 얼어붙은 채로 누워 있는 전혀 모르는 어떤 사람과 푹신한 이불을 나누려는 생각은 미처 못 하겠지? 그러나 네가 추위에 떨고 있는 어린아이들의 가족과 오직 판자 하나만을 사이에 두고 있어서 조만간 밤중에 기침하는 소리를 듣게 된다고 잠시 상상해보렴? 너는 따듯하게 편히 잠을 잘 수 있겠니? 불가능해! 너는 엄마를 불러서 "보세요. 나는 이불이 두 개예요. 큰 것 하나를 저 사람들에게 갖다 주세요. 저는 하나면 돼요!"라고 말하게 될 거야. 그런 다음 너는 비로소 마음이 가뿐해져서 코를 골기 시작할 거야! 게다가 바실리 성인은 너에게 신의 가호를 빌어 줄 것이고!

기쁨의 불꽃

우리가 사는 곳에서 날이 잘 든 좋은 칼은 귀중한 물건을 상징했다. 나는 그와 같은 칼을 한 개 갖고 있었다. 하루는 어떤 여자가 우리 집으로 급히 달려 왔다.

"빨리, 빨리 칼 좀 내어 주세요."

"잠깐만, 잠깐만. 애들과 공부하는 중이야."

"안 돼요, 안 돼. 초를 다투는 급한 일이에요."

나는 칼을 내어 주었다. 그 여자는 다시 뛰어서 갔다. 잠시 후 그녀는 슬픈 얼굴로 칼을 돌려 주었다. "너무 늦었어요. 죽고 말았어요." 그녀는 왔을 때와 마찬가지로 돌아갔다. 나는 조금 근심스러웠다. "포지야, 대체 무슨 소리야. 칼 얘기도 그렇고 죽는 얘기도 그렇고?"

포지야는 심각했다.

"아, 네. 가엾어라. 그녀가 기르는 돼지 한 마리가 죽어 버렸어요!"

"?"

"짐승이 병에 걸려 아주 심하게 아픈 걸 보면 재빨리 죽여야 해요. 그러면 고기는 이용할 수 있지만 만약 그전에 죽어 버리면 내다 버리지요. 보시다시피 그건 낭비예요."

　나는 사람들이 극단적인 방법으로 죽이는 그 죽어가는 돼지 새끼들에 대해서 안심이 되지 않았다. 나는 골목길로 나가 보았다. 돼지는 쓰레기더미 위에 던져져 있었다. 그것은 멀지 않아 우리에게 향기로운 냄새(?)와 파리떼, 세균과 그 무리들을 약속해 줄 것이었다. 나는 거기에 석유를 붓고 태워야만 했는데, 그렇게 하면 모든 나쁜 것들을 막을 수 있기 때문이다. 이 새로운 볼거리에 신이 난 꼬마들이 나를 둘러쌌다. 석유가 돼지의 검은 털 속으로 스며들어 갔다. 성냥불을 그어 불을 붙이니 돼지는 불타기 시작했다. 어린아이들은 그 주위에서 노래하고 춤을 추니 이 얼마나 멋진 축제의 불꽃인가?

　우리는 돌아와 공부하기 위해 얌전하게 앉았다. 나는 죽은 돼지, 개, 당나귀, 고양이, 쥐들을 그렇게 태워야만 하는 필요성을 설명해 주었다. 아이들은 주의깊게 들었다. 며칠 후 나는 검게 탄 시체 하나와 맞닥뜨렸다. 이런 세상에, 이번에는 가르침이 효력이 있었군!

　다음 날 나는 사람들이 모여 있는 것을 보고 가까이 다가갔다. 전문가처럼 보이는 백정 같은 사람이 죽은 당나귀 한 마리를 잘게 자르고 있는 중이었다. "보세요, 맛좋은 살코기를!" 그 사람은 그것을 소고기 스튜용으로 잘게 썰었던 것일까? 나는 그 용도를 결코 알 수 없을 것이다!

칼과 비누

나는 '내' 소문난 칼을 분별해서 빌려 주었고 그것을 잘 간수했다. 포지야가 그것을 빌려 달라고 할 때마다 나는 그녀에게 "돌려주는 걸 잊지 마라"라는 말 한 마디를 잊지 않았다. 그것은 '내' 칼이자 내가 가지고 있는 유일한 칼이었고, 나는 그것의 합법적인 소유자였다.

포지야는 때로 맛있는 음식을 만들었고, 그러면 아주 기뻐하며 그것을 냄비에 조금 담아 내게로 가져왔다. 나는 포지야가 "잊지 말고 냄비를 돌려주세요…….'내' 냄비예요."라고 말하는 것을 한 번도 들은 적이 없었다. 그녀는 소유욕이 없었고, 그녀의 두 손은 열려 있었다.

어느 날 저녁 식사 때, 나는 '내' 칼을 찾았으나 찾을 수가 없었다. 내 물건인데 어떻게 더 이상 거기 '내' 수중에 없을 수가 있는가 하고 나는 불안해했다.

"포지야, 네가 '내' 칼을 갖고 있니?"

"아, 네."

그녀는 사방을 뒤져 침대 밑에서 그것을 찾아냈다……. 그녀는 그것을 펌프 물로 씻어 짓궂게 웃으면서 나에게 가져왔다. "우리는 자매니까 그것은 '우리의' 칼이 아닌가요?" 나도 그녀를 바라보며 같이 웃었고, 그녀에게 "네 말이 맞아. 하지만 아이들이 안 만지는 게 없이 다 만져서 잃어버릴 수도 있으니까, 원한다면 네가 칼을 필요로 하지 않을 때, 우리가 그것을 우리 집에서 맡아 두는 것으로 하자." 우리는 그러기로 합의했다.

줄지어 올 꼬마들과 함께 캠프를 시작할 때가 되었다. 나는 꽤 난감해졌다. 왜냐하면 전쟁의 여파로 비누를 거의 구할 수 없기 때문이다. 그러나 내가 큰 소리로 떠들면서 좋아 어쩔줄 모르는 많은 여자 아이들과 헤어지는 순간, 누군가 나를 불러 세우는 것이었다. 그 목소리의 주인공, 포지야는 내 가방에 비누 두 개를 쑤셔 넣어 주었다. 그녀는 조금 전까지 자기 침대 위에 세 개의 비누를 갖고 있었다.

"이러면 안 돼. 한 개만 줘."

"아니에요. 저보다 수녀님이 더 필요해요."

나의 자매 포지야는 마음이 가벼워져서 누추한 자신의 집으로 돌아갔다. 그녀는 파리떼로 새까매진 침대 위에서 사라진 비누들 대신 빛으로 남은 두 개의 얼룩을 보고 있었다.

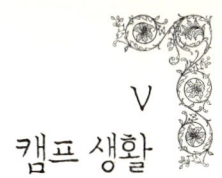

V
캠프 생활

∽ 캠프의 여자 아이들

기슬렌느 수녀님이 방학 동안 비게 되는 유치원의 방 두 개를 우리에게 빌려 주었다. 그래서 나는 우리 어린 넝마주이들을 차례로 돌아가며 그들의 쓰레기통에서 해방시켜 주기로 했다.

두 달 전부터 우리 여자 아이들의 큰 화젯거리는 매일 출석을 잘하고 열심히 공부하는 애들이 캠프에 참가하게 된다는 것이었다. 캠프에 가면 마타레이야의 큰 공원에서 멋진 산책도 하고, 낮에는 귀여운 새 원피스를 입고, 밤에는 잠옷을 입고 잠도 자고……. 캠프에 참가한 아이들은 각각 나에게 5피아스트르(50쌍팀므)씩 내고 반바지 두 벌을 갖게 되는데, 그것을 바느질해 만들 줄 알아야만 한다. 반바지는 캠프가 끝난 후에 아이들이 가져갈 수 있지만 원피스와 잠옷은 다음번 캠프를 위해 반납해야 한다.

나는 마음이 넉넉한 친구들이 준 돈을 가지고 물건을 싸게 잘 사는 노트르담 데 자포트르의 P 수녀와 함께 시장에 갔다. 우리는 꽃무늬가 있는 밝은 색 천을 싼 값으로 샀다. 그것을 솜씨 좋은 사람들이 아이들에게 입힐 단순하지만 색깔이 잘 어울리는 원피스와 잠옷들을 만들어 주었다.

문제는 가봉이었다. 당연히 모든 애들이 한꺼번에 매력적인 옷감으로 달려들려고 했다. 누가 이브의 딸이 아니랄까봐 그들은 그 값을 톡톡히 했다! 자! 한 명 한 명 부를 테니까, 모두들 문 앞에서 기다려. 넝마주이들은 나일 강 상류 남부 이집트의 관습을 지키고 있었기 때문에 어린 여자 아이들까지도 긴 원피스를 입고 있었다. 그러나 치마 단을 감침질 하려 할 때 나는 어처구니없게도 우리 꼬마들이 외치는 소리를 들었다. "싫어요, 싫어. 무릎 위로 올려 주세요!" 큰일 났군! "얘들아, 난 너의 부모님들을 화나게 하고 싶지 않단다." 마침내 우리는 치마길이를 무릎을 조금 덮는 길이로 결정했는데, 아이들과 엄마들이 그것에 모두 동의할 거라는 생각에서였다.

우리는 캠프에 도착했다. 우선 각자는 덜덜 떨면서 샤워를 했다. 아니 이게 도대체 뭐람? 여름에 비가 내린단 말야? 어랍쇼, 커다란 공이네? 내 머리 위에 떨어지지 않을까? 결국 안심하고 머리에서 발끝까지 비누질을 했다. 깨끗한 내의, 예쁜 원피스, 잘 빗겨진 머리에 리본을 달았다. 이렇게 깨끗한 장소, 깨끗한 사람들 가운데 깨끗한 차림으로 있다는 것, 그것은 놀랄 만한 일이었다! 또 하나의 새로운 기쁨은 저녁에 사람들이 잠옷을 입고 작은 침대매트 위에서 잔다는 것이었다. 모두들 이상한 나라의 엘리스가 된 듯 잠이 들었다.

그러므로 그 첫날은 마치 꿈처럼 지나갔다. 자신들이 그렇게 귀엽고 예쁘다는 것을 보고 놀란 여자 아이들은 더 이상 서로 욕설도 하지 않았고 싸우지도 않았다. 나는 내 자신에게 말했다. 내가 왜 이 캠프를 그토록 두려워했단 말인가?

둘째 날, 모든 일이 순서대로 잘 진행되었다. 쓰기, 산술, 그림 그리기, 기독교도들을 위한 교리문답, 이슬람교도들을 위한 도덕교육이 놀이와 노래, 그리고 맛있는 음식과 교대로 진행되었다. 그러나 내가 수요일 아침 미사에서 돌아왔을 때 분위기가 확 바뀌어 있는 것을 느꼈다. 숨이 막히는 캄신(五旬風, 이집트에서 약 50일간 계속되는 열풍–옮긴이)이 불었고, 조만간 섭씨 40도의 더위가 닥칠 것이었다. 아이들에게 체조를 가르치는 책임을 맡은 젊은 강사는 경험이 없었다. 아이들은 말을 듣지 않았다. 그러자 그녀는 때리겠다고 위협했고, 애들은 그녀에게 자기들 언어로 상스러운 말을 내뱉으면서 반항을 했다. 인내심을 잃고 정신을 차릴 수 없었던 그녀는 아이들에게 "그야말로 너희들이 쓰레기통 출신이란 걸 잘 알겠다!"라는 최악의 욕설을 내뱉었다.

나는 우리 꼬마들이 침울하고 기운이 다 빠져 있는 것을 보았다. 나는 그들에게 자초지종을 이야기하도록 했고, 그리고 크게 놀라 아무 말도 할 수 없었다. 이 어린애들이 얼마나 충격을 받았을까? 강사의 미숙함을 추궁하는 것이 필요했다. "네가 그들에게 준 고통이 어땠을까 이해하도록 해봐! 모든 사람은 자신의 인종, 종교, 가정에 대해 민감한 거야. 만약 네가 나에게 '쌀로

salaud'(프랑스인들이 흔히 쓰는 욕설로 '빌어먹을 인간' -옮긴이)라는 욕을 한다면 난 기분이 상할 거야. 그러나 '이 빌어먹을 프랑스인들'이라고 욕한다면 내 가슴에 깊은 상처를 입게 될 거야. 넝마주이들이 얼마나 멸시당하고 있는지 알잖아. 우리는 그들이 적어도 단 며칠만이라도 쓰레기통에서 벗어날 수 있게 하기 위해 온갖 시도를 다하려 애쓰고 있는데, 네가 그애들을 그 속에다 다시 떠밀어 넣다니!"

다행스럽게도 아랍어가 모국어인 P 수녀님이 사태를 어느 정도 수습하는 미묘한 말을 찾아냈다. 그러나 더위와 악마의 장난으로 우리 아이들은 다시 서로 욕설을 해 댔고, 신발짝을 들고 싸우기 시작했다. 나는 비탄에 잠겼다.

그 한 주를 마무리 짓기 위해 운이 좋게도 동물원 구경이 토요일로 예정되어 있었다. 이름 모르는 수많은 동물들의 신기한 모습이 모든 것을 잊어버리게 할 정도로 그 애들의 눈길을 붙잡았고, 이번에는 아무 사고 없이 예정대로 아이들을 집까지 데려다 줄 수 있었다. 나는 돌아오는 월요일에 캠프에 참가하게 될 여자 아이들을 호명했다. 겨우 열두어 명만이 서로 싸우지 않겠다는 약속을 확실히 했다!

그리하여 성공적인 교육이 이루어질 수 있었다. 그 이유는 우리 아이들이 서로를 존중하기 시작했고, 식사 때는 모두가 한꺼번에 접시에 달려드는 대신 음식이 나오기까지 기다렸으며, 독서와 산술 실력을 향상시키기 위해 모두들 열심이었다. 그 애들은 자신들의 더러워진 원피스를 세탁해도 되는지 자발적으로 내게 물어 왔는데, 그것은 보기 드문 새로운 충격이었다. 그 애들은 수도꼭지에서 흘러나오는 물을 재미있어 하면서 빨랫감을 활기차게 비벼대기 시작했다. 그리고 그들의 빈민굴에는 다리미가 없었으므로. 원피스가 구겨지지 않도록 꼭 짜서는 안 된다는 것도 배웠다.

내가 다시는 데려가고 싶지 않은 개구쟁이들을 만났을 때, 그 애들은 나를 원망하는 기색도 없이 내게 말했다.

"내년에 우리는 캠프에 다시 올 수 있나요?"

"물론이지. 너희들은 커가면서 천사들이 될 테니까 말야!"

그 애들은 나를 열렬히 포옹했다. 어쨌거나 그 애들은 조금은 말끔해졌다.

예수 현성용(顯聖容)의 축제일

8월 6일은 예수 현성용[예수가 팔레스타인의 타보르(Tabor) 산에서 거룩한 모습을 드러냄-옮긴이]의 축제일이다. 카르멜 수녀원의 미사에 참석해 선지자 다니엘에 관한 이야기를 들었다. 그는 바빌론에서 밤의 환영 속에서 하늘의 구름 위로부터 오고 있는 불가사의한 '인간의 아들', 아르메니아어로는 바르 나샤(Bar Nasha)를 바라보고 있었다. 헤브라이어로 벤 아담(Ben Adam)이 우리 귀에 더 친숙하게 울리는데, 왜냐하면 아담의 아들은 우리 모두가 관련된 것처럼 느껴지니까.

두 번째 독서는 200년 후에 우리를 다시 한 번 불가사의로 이끄는 루가의 이야기. 구름이 공포에 사로잡힌 세 명의 제자를 감싸는 동안, 바르 나샤(Bar Nasha)—예수 자신이 그렇게 불리기를 좋아했듯이—가 돌연 거룩한 모습을 드러냈다.

미사가 끝났다. 나는 사막의 오아시스 같은 카르멜 수녀원의 고요한 평화 속에서 기도 드리기 위해 잠시 홀로 남아 있었다. 나는 비잔틴식 예배의식의 저녁기도문에 대해 명상했다.

"오, 지성보다 높은 곳에 있는 광경들의 애호자들이여……,
신성한 광채로 빛나는 그리스도에 관해 신비주의적으로 명상하자…….
다시금 우리의 영혼 위로 신의 계시가 떠오르게 하라."

베드로가 예수님께 제안했던 것과 같이, 타보르 산 위에 자신의 텐트를 칠 수 있다면 얼마나 좋을까? 그러나 루가가 친절하게 덧붙여 말한다. "베드로는 자신이 무슨 말을 하고 있는지 모르고 있었다." 그가 산에서 내려온 뒤, 땅바닥에서 거품을 물고 뒹구는 간질환자와 이 환자를 치유해서 '그의 아버지에게 되돌려주는' 예수님을 마찬가지로 침착하게 묘사하고 있다. "그를 그의 아버지에게 되돌려주다"라는 이 마지막 말은 얼마나 감미로운가? 자, 산에서 내려가자꾸나. 여자 아이들 다음에는 넝마주이들의 작은 악동들은 돌아오는 마차 속에서 별별 난투극을 다 벌이며 시간을 보낸 뒤, 상처를 치료받기 위해 찾아 오는 여섯 살에서 여덟 살짜리 개구쟁이들 차례였다.

내가 도착했을 때, 그들은 식전 기도를 하고 있었다. 그 다음 바닥에 둥그렇게 앉아 그들은 맛있는 풀스(누에콩) 접시를 발치에 놓은 채 나에게 떠나갈 듯 '사이다'라고 소리 질렀고, 왕성한 식욕으로 온통 먹는 데 정신이 팔려 아주 얌전하게 식사를 했다.

나는 쓰레기더미 속에서 자라나는 이 작은 야생 묘목들을 바라보았다. 그들을 사랑으로 돌보는 우리의 정성은 그들을 점차 변화시키기 위해 야생 묘목인 그들을 며칠간 에덴동산에 옮겨 심었던 것이다.

바로 이러한 변모를 위해 산에서 내려올 가치가 있었다.

다우드, 무뢰한

3년 전에는 사과 세 개를 포개 놓은 것보다 더 크지 않던 조그만 녀석 하나가 내가 사는 골목에서 무럭무럭 자라고 있었다. 폭력적이고 싸움꾼인 다우드(다비드)는 흑갈색 얼굴에 새까만 눈과 제대로 박힌 작은 코에 위력적으로 좌우로 흔들어 대는 머리를 갖고 있었다. 나는 이 꼬마가 어느 누구에게도 복종하는 것을 단 한 번도 본 적이 없었다. 사람들이 불렀을 때 달아나 버리는 니벨의 요한의 개처럼, 그 애는 작은 두 다리로 줄행랑을 쳤는데, 자기 엄마나 아빠가 "다우드!"라고 소리치는 것만을 들을 수 있을 뿐이었다. 만약 운이 좋게 그를 붙잡아 놓으면 그 애는 그 작은 몸으로는 믿기지 않을 만큼의 놀라운 힘으로 발버둥쳤고, 그 애의 울부짖는 소리는 예사롭지 않은 허파를 타고났다는 것을 드러내 보였다.

그 애가 여섯 살이 되었을 때 학교에 가도록 하기 위해 나는 그 애의 부모와 함께 긴 면담을 했다. 부모들이 설득되자 이번에는 다우드를 설득하기에 나섰다. 그러나 그것은 전혀 별개의 문제였다. 내가 그 애를 불러 세울 수 있었던 것은 오직 그 애가 먹는 데 정신이 팔려 잠잠할 때뿐이었다. 물론 그 때 그 애의 관심을 끄는 것은 양파와 샐러드 뿐이었다. 이 거친 꼬마가 '학교'라는 말을 들을 때마다 이 말은 그 애를 용수철처럼 튀어 오르게 해서 쓰레기더미 사이로 도망치게 만들었다.

1년 전부터 코프트 정교회의 부제(副祭)들인 젊은 '샴마(chammas)'들이 영세를 받은 것 외에는 신앙심이라곤 없는 이 아이들에게 교리교육을 받도록 했다. 다우드는 우리 집에서 한 시간 동안을 하느님에 관한 아름다운 이야기를 듣고 난 후 예쁜 그림도 받으러 오겠다고 했다. 그 애는 양 옆에 앉은 아이들에게 주먹질을 몇 번씩 한 것과 앞에 앉은 아이에게 책상 아래로 발길질을 몇 번 한 것 외에는 대체로 얌전했다.

젊은 '샴마' 들은 내가 우리 아이들과 캠프를 하려는 것을 알고서 내게 그들의 학생들과도 한 번 캠프를 갖으면 어떻겠느냐는 제안을 했다. 좋아. 그러나 15명 이상은 안 돼. 왜냐하면 그 애들이 출발할 때 벽이 무사해야만 하니까. 그들이 나에게 명단을 제시했다. "오! 다우드…… 온갖 위험과 책임을 당신들이 어떻게 감당하려고 하나요!" 그러나 조그맣고 당찬 입이 모범적으로 얌전하게 있겠다고 엄숙하게 맹세하고 새까만 눈동자가 애원하는데 어떻게 안 된다고 말한단 말인가!

우리는 키가 크게 자란 옥수수밭 사이로 일렬로 출발했다. 지나치게 큰 신발을 신고서 다우드는 자신 있게 앞으로 걸어 나갔다. 그를 추월하고자 하는 사람이면 누구에게나 힘센 주먹 한 방이 날아갔다. 그 애는 역에 1등으로 도착했다. 아무도 그를 공격할 수 없었다. 왜냐하면 여덟 살의 이 꼬마는 반바지의 주머니보다 더 확실한 허리춤을 말아서 그곳에 날이 움푹 들어간 칼 한 자루를 감추고 다녔기 때문이었다.

다행히 그 애를 잘 아는 나데르가 열심히 그를 감시했다. 그는 다우드가 그의 적수인 기르기우스와 주먹질을 시작하려는 순간, 그 둘을 갈라놓았다. 두 어린 망나니들은 지쳐서 실내의 타일바닥에 깔아 놓은 노랗고 빨간 짚으로 엮은 자리 위에 나란히 널브러져 휴식을 취했다.

다우드는 심술궂은 눈초리로 갑자기 기르기우스를 불렀다. "우리가 지금은 휴식을 취하지만, 너 나중에 두고보자."

나데르는 안심이 되지 않았다. 그는 다음과 같이 말하면서 다우드를 불렀다.

"여길 봐, 내가 갖고 있는 멋진 칼을."

"어, 나도 하나 갖고 있어요."

그 애는 자기 반바지를 뒤지더니 자랑스럽게 칼을 들어 보였다. 나데르는 망설임 없이 부드럽게 말하면서 그 칼을 잡았다. "캠프에선 금지돼 있어. 다우드, 돌아가서 돌려주겠다." 그러나 그 애의 귀에는 이 말이 들리지 않았다. 그 애는 발작적으로 바닥에 뒹굴었고 고함을 지르기 시작했다. 사람들이 그를 보지 않는 틈을 타서 그 애는 갑자기 정원쪽 문으로 돌진했고, 그 문을 닫는 커다란 돌쩌귀의 못을 빼 가지고 단숨에 도로로 뛰어나가 달아나 버렸다. 그 꼬마는 곧 길을 잃어버릴 것이다. 우리는 그가 사는 빈민촌에서 멀리 떨어진 곳에 와 있었으므로 그 애는 사람들이 바글대는 마타레이야의 미로를 헤매게 될 것이고, 그곳에서 더 이상 빠져나올 수 없게 될 것이었다! 운이 좋게도 누군가가 그를 발견했다. 그러자 아무도 저지할 수 없는 추격전이 벌어졌는데, 그것은 이 극성맞기 그지없는 아이는—누가 그것을 믿으리오!—염소의 수컷이 아니라 암사슴의 다리를 가졌던 것이었다!

마침내 그 녀석의 반바지를 잡아끌어 분해서 어쩔 줄 모르고 흐느껴 우는 그 애를 다시 데려왔다. 다행히 이번에는 M 수녀님이 나를 도와주러 왔다. 그녀는 부드럽게 그 애를 두 팔로 안고 엄마가 그랬을 것처럼 그 애의 손에 큰 칼을 쥐어 줄 수 없다고 말했다. 천천히 그 애는 진정이 되었다. 호각소리가 났고, 모두 함께 재미있게 놀이를 즐겼으며 다우드는 기르기우스와 또다른 동무들과 함께 하는 놀이에 맹렬하게 뛰어들었다…….

다음 날 장래의 무뢰한은 자기를 감히 모욕하고자 했던 한 아이에게 격분해서 달겨들었다. 우리가 제때 뜯어말리지 않았더라면 그 애를 거의 목 졸라 죽일 뻔했다. 복수할 기회를 놓친 데 대해 화가 난 그 애는 먹는 걸 거부했다. "배고프지 않아요." 이 꼬마 어른은 이미 복수에 목말라했고, 다른 아무것도 그의 흥미를 끌지 못했다. 그 애는 이따금씩 흐느낌이 섞인 고함을 계속 질러댔다. 그것은 나의 늙은 마음을 아프게 했으나, M 수녀님과 샴마들은 그 애가 그렇게 몇 분간 다른 애들에게서 멀리 떨어져 있어야 한다고 간청을 했다.

마침내 내가 그 애에게 다가갔다. "작은 언덕 위의 교회를 바라보아라. 너는 그곳에 간 적이 없지. 가서 보자." 당황한 그 애는 일어나서 가시 돋친

칡넝쿨로 가로막힌 오솔길을 단호하게 기어 올라갔다. "가시들은 우리를 아프게 하잖니. 네가 다른 애들을 때릴 때, 그것은 그애들을 이보다 더 아프게 한단다." 그 애는 대답이 없었다. 우리는 열쇠로 잠긴 오래된 교회의 문 앞에 도착했다. "우리는 하느님의 집 앞에 와 있단다. 우리 함께 기도 드리자꾸나. 너는 기독교인이지, 다우드?" 그 애는 내게 힘찬 고갯짓으로 대꾸했다. "그러면 예수님은 다우드를 위해 무슨 일을 하셨지?" 그는 말없이 입술을 조였다. "십자가를 등에 지고 우리 서로가 서로를 사랑하라고 부탁하셨어요." 나는 기도하기 시작했다. "아바나 엘라지 피 세마와트.(하늘에 계신 우리 아버지)" 그 애는 나와 함께 기도했다. "끝났다. 다우드, 너는 이제 진정한 어린 기독교도가 될 거야!" 우리는 산에서 다시 내려왔고, 그 애는 진정된 얼굴로 조용하게 자기 동무들 곁으로 돌아갔다. 다음 날 그 애는 몸 속에 다시 악마를 들어앉혔고, 이번에는 멜렉이 그 애를 매일 저녁 성모 마리아 축일(그레고리안 력으로 8월 15일이 아니라 율리우스 력으로 8월 22일)이 거행되는 성당으로 데리고 갔다. 다우드의 어린 영혼 속에 옛 코프트 성가가 깊이 파고들도록 놓아 두었다. 사람들은 성당을 나오면서 그 애에게 축성된 작은 성체 빵을 주었고, 그 애는 캠프 안에서 그것을 나눠 주었다. "기르기우스(방금 전의 적)는요?" 그 애는 그에게로 뛰어가 그 애에게 큰 조각을 내밀었고 그 애를 포옹했다.

우리는 다우드를 동물원에 데려가기로 했다. 그리하여 기르기우스와 다우드는 화해했고, 서로 손을 맞잡았다. 우리는 하나의 우리 속에 갇힌 두 마리의 원숭이 앞에 섰다. 힘이 더 센 놈은 민첩하게 땅콩을 집었고, 암놈이 그것을 집는 척하면 힘 센 놈이 때릴 채비를 했다. 암놈은 기가 죽어 우리 안쪽

구석에 가서 앉았다. "저놈이 울고 있어." 다우드가 말했다. "다른 놈이 얼마나 못됐는지 보았지, 다우드. 저 놈은 혼자 모든 걸 다 차지하려고 하잖아."

　우리는 동물원을 출발했다. 나는 주머니 속에서 나머지 땅콩을 발견했다. "다우드, 가져라. 그러나 원숭이처럼 그러지 말아라." 나는 그 애의 곁을 떠났다. 우리는 앉아서 나일 강의 반대편 기슭으로 우리를 태우고 갈 배를 기다리고 있었다. 우리의 어린 친구는 땅콩상자를 집어 들었다. 나는 그가 눈치채지 않게 그를 관찰했다. 그 애는 하나를 집어 먹었고―정돈이 잘된 자선(慈善)이란 자신부터 시작하는 법―그런 다음 그는 모두에게 그것을 나눠 주었고, 기르기우스에게는 두 개를 주었다! 날씨는 무섭게 더워 그늘에서도 섭씨 30도였으며, 우리는 목이 타서 캠프로 돌아오는 중이었다. 다우드는 다섯 명씩인 한 팀의 팀장으로 승격되었고, 기차표를 사 가지고 와서는 비장한 표정으로 자기 팀원들에게 나눠 주었다. 우리는 사탕수수 주스를 파는 가게에 들어갔다. "다우드, 각각 한 잔씩 나눠 주고 모두에게 다 돌아갔을 때, 너도 한 잔 마셔." 판매원은 넉 잔을 내밀었고, 다우드는 너무나 목이 말랐기 때문에 첫 번째 잔을 들어 입술을 축였다. 그리고 나서 팀장의 역할을 기억하고 그것을 다른 팀원에게 내민 다음 나머지 석 잔을 나눠 주었다. 다른 팀을 맡은 나는 판매원이 갑자기 한 잔을 더 가져오는 것을 보았다. "누가 안 마셨어?" 다우드가 손을 들었고, 그때 그 애의 동료들 가운데 한 명이 소리쳤다. "아냐. 너 아까 마셨잖아." 다우드는 입술을 깨물었고 머리를 아래로 떨구고 입을 다물었다. 그의 눈에서 눈물이 반짝였으나, 그는 끝내 아무 말도 하지 않았다. "다우드, 네 거야." 다우드는 잔을 들어 단번에 들이켰다.

성모 마리아 축일 준비로 모든 열렬한 코프트 신자들은 단식을 했고, 우리 샴마들은 식사에 고기나 우유 또는 치즈가 들어가지 않도록 지켜 보았다. 그러나 나는 그들이 아이들에게는 아무것도 부족함이 없도록 하기 위해 매우 분주하게 움직이는 것을 보았다.

캠프의 마지막 날이었다. 우리는 성당에 다시 갔고, 마지막 기도에서 주님께 모든 사람을 사랑하고 엄마와 아빠의 말을 잘 듣겠다는 약속을 했다.

그 며칠 후 나는 우리 젊은 교리교육 담당자들을 다시 만났는데, 그들의 얼굴빛은 환하게 빛나 있었다. "우리는 넝마주이들 동네에서 돌아오는 길인데 기막힌 일이 일어나고 있어요. 다우드가 싸움을 하지 않을 뿐 아니라 아무에게도 욕설을 하지 않았어요. 그 애가 자기 엄마한테 '축일 전에 우리는 단식해야 하고 내일 일요일에 난 성당에 가야 해요.' 라고 말했으며 동무들을 불러 모아 미사에 데리고 갔답니다."

어린 양이 된 내 어린 늑대 다우드야, 나는 네가 본성이 다시 도져 어느 날 갑자기 다시 허리띠 안에 칼을 감춘 무뢰한이 될는지도 모르겠다. 그러나 어린 시절에 그리스도를 한 번 만난 적이 있는 사람은 영원히 그것을 잊을 수 없단다. 내 어린 다우드야, 언젠가 너는 2,000년 전, 한 진짜 강도에게 말해졌던 다음과 같은 매혹적인 말을 듣게 될 것이다.

"오늘 저녁, 너는 나와 함께 천국에 있게 될 것이다."

V. 캠프 생활 157

다섯 명의 샴마

샴마란 말은 코프트 정교회에서 사용하는 말 중에서 가장 예쁜 말 가운데 하나이다. 이 말은 흰색의 긴 옷을 입고 빨간색 스톨라(주교, 신부 따위가 목도리같이 걸치는 천-옮긴이)를 어깨에 두르고서 합창대에 서서 성서의 절(節)을 온 폐부로 노래 부르며 예배의식에 적극적으로 참여하는 '교회'를 섬기는 사람을 떠올리게 한다. 당신은 다섯 살에서 여섯 살의 소년들, 특히 의식을 거행하는 사제의 아들이 엄숙하고 명상에 잠긴, 아직은 새싹이지만 벌써 어린 부사제의 모습으로 서 있는 것을 이미 보았을 것이다.

코프트 정교회에서는 어떤 사제도 만일 결혼하지 않았으면 서품을 받을 수 없다. 사제직을 받기 전 마지막 단계에 이르면 그는 여자를 찾고 몇 주간 정식으로 결혼생활을 하고, 그 다음 사제직을 준비하기 위해 수도원으로 떠난다. 주교들만이 독신이고 수도사들 가운데서 선출된다.

우리는 혼신을 다해 헌신한 다섯 명의 샴마들과 함께 캠프를 마쳤다. 그들은 피로가 쌓여 안색이 창백했는데, 그 이유는 우리 어린 망나니들이 그들에게 늘상 평온한 밤을 지낼 수 없게 하고, 때때로 밤중에 싸움까지 뜯어말려야만 했기 때문이다. 그러나 그들은 내게 말했다. "캠프가 끝나니 얼마나 유감스러운지 모르겠어요. 캠프는 아이들에게 유익한 일들을 많이 해 주었지요." 이 샴마들 중 한 명은 독일로 떠났고, 한 명은 자신의 일을 다시 시작했으며, 다른 또 한 명은 대학에 가기 위해 서류를 준비해야만 했다.

그들은 무엇보다도 M 수녀님과 내가 그들의 가정을 방문해 주기를 몹시 열망했다. 신앙심이 깊은 이 사람들에게 하느님께 자신을 바친 사람이 그들의 집을 방문하는 것은, 그 사람과 함께 바라카(축복)을 가져오는 일이었다. 그러므로 우리는 그리스도와 성모 마리아의 그림으로 장식된 그들 집의 작은 거실에 앉아 있게 되었다. 샤르바트(딸기시럽)를 마시면서 우리는 한담을 했는데, 다루기에 매우 미묘한 주제 하나가 양탄자 위로 (그보다는 마루바닥 위로. 내 짐작으로는 여름에는 양탄자가 주위의 열기를 더하므로 사람들은 그것을 거두어서 넣어 두었기 때문에) 튀어나왔다.

"다음번 캠프에는 이슬람교도들도 데려 갈 건가요?"

"네, 물론이죠. 저는 기독교도들만큼 이슬람교도들도 좋아해요. 주님께서는 그들도 역시 사랑하시지 않을까요?"

"어쨌든 그들은 천국에 들어가지 못합니다."

"아니 어째서요?"

"왜냐하면 복음서에 그렇게 써 있으니까요. '물과 성령으로 새로나지 않으면 아무도 하느님 나라에 들어 갈 수 없다.' 이 말을 믿으십니까?"

"네, 그러나 용어에 합의를 봐야 합니다. 수돗물인가요? 아니면 은총의 물인가요?"

"은총의 물이지요. 그러나 감지할 수 있는 물은 수돗물이지요. 왜냐하면 감각을 지닌 사람은 보고, 듣고, 만지는 것을 필요로 하기 때문입니다."

"좋아요. 그리스도께서 젖을 짜는 사람의 가슴에서 흘러나오게 될 살아 있는 물의 강들에 대해 말씀하실 때, 그것 또한 수도꼭지를 통해 나오는 나일 강의 물인가요?"

"여기서 물은 성수입니다. 그러나 당신은 모든 사람들이 영세를 받도록 하기 위해서 온갖 노력을 기울여야만 하지요. 당신은 종교인이신가요, 아니면 사회 노동자신가요?"

나는 잠시 심사숙고했고 그들에게 매우 성실하게 말했다.

"아니요. 제 목표는 영세를 받게 하기 위해 그들을 데려오는 것이 아니라 그들이 인간이 되도록 돕는 것이에요."

"보십시오. 당신은 사회 노동자(social worker)시군요." 그들은 아랍어에서 영어로 바꿔 가면서 역설했다.

토론의 주제는 무게가 있었다.

"제가 어쩌면 잘못 생각하는 건지도 모르겠으나 솔직히 말해서 저는 그들을 대가 없이 사랑해야 하고 제가 하는 봉사로 그들을 내 종교로 끌어들이려고 해서는 안 된다고 믿어요."

"당신은 단지 운하에 불과하고 당신의 역할은 그리스도의 은총이 지나가도록 하면서 그들을 그리스도께 인도하는 것입니다."

"제가 운하에 불과하다는 말은 아주 맞는 말이에요. 제 의견으로는 제 역할은 끝까지 사랑하면서, 필요하다면 죽음까지도 사랑하면서 그리스도를 본받는 것이지요. '그분'은 '그분'이 원하는 날에, '그분'이 원하는 '빛'을 주실 거예요. 어린 이슬람교도들이 영세를 받으려고 저를 찾아 왔지요. 저는 거절했습니다."

그들은 당황했다.

"그들은 스무 살도 안 됐어요. 나는 그들에게 말했지요. '너희들이 어떤 어려움 속으로 뛰어들려고 하는지 너희들은 모르고 있어. 우선 학업을 마치고, 가족들과 착하게 지내며 가난한 이들과 고통받는 이들을 도와주고, 기도드려라……. 그리고 2~3년 후에 다시 나를 찾아 오너라.'"

"보세요, 수녀님. 당신은 그들에게 가난한 사람들을 도와주라고 말씀하셨어요. 그말은 바로 사회 노동자의 말이에요. 왜 그들을 개종하도록 인도하지 않으시나요?"

"왜냐하면 제가 거쳤던 여러 이슬람 국가들에서, 제 주위에 개종한 많은 젊은이들의 경우를 보았어요. 그들은 너무 힘들어서 개종하기를 망설이거나 결국 나약해지고 말아요. 사람들에게 서로 사랑하기를 가르침으로써 저는 그들을 기독교의 세계로 인도한답니다."

1분간의 침묵이 흘렀다. 나는 덧붙여 말했다. "당신들도 성 마태오복음 25장을 아시죠.

'제가 배가 고프거나 목이 마르고 헐벗어 있었는데 당신이 저에게 먹을 것, 마실 것을 주셨고 저에게 옷을 입혀 주셨습니다.

—주님, 우리는 당신을 모르고 있습니다.

—아니다. 그러나 너희들이 그렇게 한 것은 바로 나에게 해 준 것이다.'

이 구절의 의미는 분명해요. 그것은 세례증명서를 이야기하는 것이 아니고, 그리스도에 대한 지식을 이야기하는 것도 아니며 그리스도 형제들의 봉사를 이야기하고 있는 것이지요."

저녁이 되어 떠날 시간이 되었다. 내가 그들 모두에게 커다란 기쁨을 줄 줄 알고 있었기 때문에 나는 함께 기도하자고 제안했다. 그들의 관습대로 동쪽으로 돌아선 우리는 손을 들었다. "아바나 엘라지 피 세마와트(하늘에 계신 우리 아버지)." 그들은 매우 행복해 하면서 우리를 환송했다. 그리고 1시간 후, 그들은 그리스도께서 게세마네에서 기도드리고 있는 그림을 나와 M 수녀님에게 가져 왔다. 그림 뒤에는 사도행전에서 인용한 글을 써 넣었다. "그들 사이에는 모든 것이 공동이었습니다.…… 우리에게 주님의 포도원에서 공동으로 봉사할 기회를 주신 데 대해 주 예수님께 감사드립니다."

우리 두 사람은 가슴 깊이 감동을 받았다.…… 하느님의 포도원에서 일하면서 또한 자신의 기쁨을 발견할 줄 아는 훌륭한 젊은이들. 나는 그들에게 미소를 지으며 말했다. "내가 바라건대, 언젠가 우리 모두 하늘에서 재회하기를, 그리고 우리는 그곳에서 우리의 이슬람교도 형제들을 만나리라 믿어요." 그들이 웃으면서 내게 대답했다. "인샬라(신의 뜻대로!)"

당신은 하늘나라에 못 갈 거예요.

우리 젊은 샴마들과의 토론은 내 기억 속에서 그와 비슷하면서 상반되는 일 하나를 불현듯 떠오르게 했다.

나의 옛 이슬람교도 학생들 가운데 한 학생으로부터 편지 한 통을 스위스에서 받았던 그 해, 나는 파리에 있었다. "수녀님, 한 가지 중대한 문제로 수녀님을 뵙고 싶어요. 제 남편한테 여행하는 것을 허락 받았으니 제가 며칠

날 도착하는 게 좋을 지 말씀해 주세요."

나는 그녀가 틀림없이 어떤 어려움에 처해 있을 거라고 생각했다. 그녀는 전에 자기 시어머니와 고전적인 갈등을 여러 번 겪은 적이 있었고, 언젠가는 기진맥진한 상태가 되어 친정으로 돌아갔던 적이 있었다. 그녀의 아버지가 힘쓴 덕분에 살림을 나가 살 수 있도록 하는 허락을 받아냄으로써 모든 것이 정상으로 돌아갈 수 있게 되었다.

그녀는 개암열매(헤즐넛) 같은 두 눈에 특유의 부드러운 표정을 하고 젊고 예쁜 모습으로 내게 왔다. 우리는 열렬히 포옹했다.

"집엔 다들 무고한가요?"라고 나는 초조하게 물었다.

"모든 게 다 좋아요. 제 남편은 세상에서 제일 친절한 사람이고 어린 딸은 점점 더 예뻐져 가요."

그녀는 내게 깜찍한 모습의 딸의 사진을 보여주었다.

"그래, 당신을 이곳까지 오게 한 중대한 문제란 뭔가요?"

그녀는 조금 망설이면서 나를 바라보았다.

"다름 아니라 저는 제 종교의례를 점점 더 잘 지켜 나가고 있고, 그 안에서 더할 수 없는 행복을 누리지요."

그녀의 얼굴은 환한 빛으로 가득찼다.

"제가 수녀님을 얼마나 사랑하는지 아시죠!"

"그것은 피차 마찬가지예요."라고 웃으면서 나는 그녀에게 말했다.

그녀가 다시 말했다. "그래서 저는 제 자신에게 말했어요. '내가 사랑하는 수녀님이 하늘에 가시지 못하다니 있을 수 없는 일이야.' 오직 이슬람교도들만이 천국에 들어가지요. 제가 수녀님께 우리의 종교를 공부하셔야만 한다는 것을 아주 심각하게 말씀드리러 왔어요."

두 개의 개암열매 같은 눈이 나를 뚫어지게 쳐다보았다. 애정과…… 애원으로 가득 찬 눈이었다. 어찌 감동치 않을 수 있으랴?

"나는 이미 당신의 종교를 공부했어요. 프랑스어로 된 코란을 읽었고, 친구와 함께 아랍어로 된 코란도 읽었답니다."

"코란의 말씀이 아름답지 않던가요?"

"그래요. 나에게 빛을 안겨 주는 구절들이 있지요."

"그것들로 수녀님은 개종하실 생각이 안 드시던가요?"

"아니요. 진정 그렇지는 못했어요. 나는 복음서와 그리스도의 교리 안에서 무수히 많은 빛을 발견했답니다."

"네, 우리도 예수 그리스도를 위대한 선지자로 인정하고 있어요. 그러나 마호메트는 그 이전의 모든 계시를 마무리하고 정화시키라고 신에 의해 보내진 분이며 마지막 선지자이시지요. 그러므로 선지자들 가운데 가장 위대한 분이세요."

나는 그녀에게 부드럽게 대답했다.

"그것은 당신의 의견이에요. 그러나 내 의견은 아니란 걸 당신도 알 거예요. 하느님께서는 우리 각자가 자신의 빛을 따라서 살며, 지상에서 가능한 한 가장 많은 선행을 베풀기를 요구하신다고 나는 믿어요."

"네, 그것이 수녀님이 우리들에게 늘 하시던 말씀이시죠."

그러나 그녀는 열렬히 다시 말했다.

"저는 수녀님께서 천상에 오르셨으면 정말 좋겠어요."

"나 역시도 당신을 위해서 그리고 나를 위해서 그렇게 되길 희망해요."라고 미소지으며 그녀에게 말했다.

우리는 오랫동안 이야기를 나누었다. 그러나 나는 마지막으로 나에게 고정되었던 예쁜 개암열매 모양의 두 눈에 드리워진 우수의 베일을 결코 잊지 못할 것이다. 그녀는 나와 애정이 가득찬 포옹을 나누고 사라져 갔다.

우리, 인간들은 서로에게 하늘의 문을 닫아버린다. 다행히 그리스도께서는 모든 '선의의 사람들'에게 그것을 열어놓기 위해 생명을 던지셨다.

단식하기

나는 코프트 정교회인들과 생활을 함께 한 이후로 단식을 실천해야만 했다. 그들은 악마를 기도와 단식으로 쫓아냈던 초기 기독교인들의 전통에 성실하게 머물러 있었다. 사람들이 "엔티 세이마?(단식 중이신가요?)"라고 끊임없이 내게 물었다. 그래서 나는 그들에게 실망을 주지 않기 위해서 단식을 시작했다.

정오까지는 어떤 것도 절대적으로 먹어서는 안 되었다. 나는 일하면서 단식할 능력이 없다고 고백했다. "그게 중요한 게 아니에요. 무엇보다도 동물에서 나온 거면 무엇이 됐든 먹어서는 안 되지요."

"좋아요."

나는 그들을 본받아 콩, 쌀, 렌즈콩, 대추야자 열매, 고구마, 감자를 흑색 빵과 함께 먹었다. 이 흑색 빵은 가난한 사람들의 십분지 구가 먹는 식량이었다. 성실한 코프트인들로 말하자면—그들은 수가 많았다—그들은 1년에 200일 이상을 단식했다!

우리의 헌신적인 샴마들은 8월 22일 성모 마리아 승천절 바로 전에 세 번째 캠프를 열었다. 당연히 우리는 모두 단식을 했다. 하루는 내가 외국인 학교들 가운데 한 학교의 커다란 정원으로 아이들을 데리고 갔다. 수녀들은 이 어린 넝마주이 아이들을 마치 자신의 아이들처럼 맞아들였다. 고참 수녀님이 나에게 큰 돈을 내밀었다. "애들을 동물원에 데리고 가서 구경시켜 주세요." 그녀는 나를 구내식당으로 데리고 갔다. 테이블 위에는 버터, 치즈, 햄과 소세지, 초콜릿 등이 가득 있었다.

"당신들 가운데 코프트인들은 없나요?"라고 내가 조금 놀라서 물었다.

"물론 있지요."

"당신들에겐 성모 마리아의 단식 기간이 아니던가요?"

그녀들은 고전적인 논리로 나에게 대답했다. "우리는 일을 하기 때문에 단식을 할 수 없어요."

나는 대꾸하고 싶지 않았다. 왜냐하면 내 질문은 어쨌건 주제넘은 것이었기 때문이고, 그것은 진정 나와는 상관이 없는 일이었기 때문이다. 나는 내 아이들 곁으로 돌아갔다. 그들은 콩과 잼으로 만든 샌드위치를 왕성한 식욕으로 먹었다.

모든 것을 분별 있게 대처해야 함을 잊지 말아야만 한다. 육류를 거의 한 번도 먹지 않는 가난한 사람들의 음식을 함께 나누면서 나는 병에 걸리고 말았다. 그래서 내 자신에게 말했다. "정말 자넨 당나귀로군, 내 불쌍한 친구. 그런 식생활은 자네의 기력과 가능성 너머에 있는 거야." 그때 나는 이집트인 식이요법 전문가를 만나는 행운을 누렸다. 그는 나에게 다음과 같이 설명해 주었다. "당신은 고기를 안 들고도 아주 잘 지낼 수 있어요. 단백질을 다른 음식으로 대체하면 말이죠. 콩, 렌즈콩, 강낭콩, 쌀, 특히 고기보다 값이 싼 생선은 단백질이 아주 뛰어나답니다. 거기에다 검은 꿀과 할라(참기름을 섞어 만든 밀가루)와 그리고 토마토와 과일의 비타민을 첨가하여 드십시오. 제가 당신에게 한 가지 알려드리면 이 식품들은 칼로리가 적기 때문에 당신은 그만큼 더 빨리 허기진다는 느낌을 갖게 될 거예요. 그러나 실질적으로는 당신은 음식을 그만큼, 게다가 더 양질로 섭취하게 될 것입니다."

나는 이 전문가의 말을 따랐고, 나 자신과 다른 사람들이 놀랄 정도로 이전보다 더 건강이 좋아졌다. 사람들이 당신에게 말한다.

"쳇! 단식하는 건 의미가 없어!"

"선생, 당신에겐 의미가 없어요. 그러나 부인과 아가씨들로 말하자면 그녀들은 그들 방식으로 단식을 합니다.—몸매를 위해서—주님을 위해서든 아니면 필요한 각자 선택을 하지요. 어떤 이는 자기의 영혼을 위해서, 신에 대한 명상을 할 준비로 요가를 실천하고, 또 어떤 사람은 고장난 위(胃)를 낫게 하려고 요가를 하지요. 각자 자유이지요, 소중한 자유!"

나의 작은 경험으로 말하자면, 그것은 나에게 결정적인 것이었다. 단식은 '당나귀 형제'가 카르멜산의 오솔길을 더 가볍게 올라가게 하기 위해 메귀

V. 캠프 생활 167

리 한 되 분량(약 2.5리터)으로 인해 몸이 더 무겁게 되지 않도록 도와 주었다. 그러나 각자에게는 자기가 해야 할 선택이 있다. 모든 당나귀들은 서로 닮은 게 아니기 때문에!

고생할 만한 가치가 있다

우리는 열의로 가득찬 두 명의 젊은 지도교사와 다섯 번째 캠프를 준비했다. 매번 그렇듯이 우선 우리의 어린 넝마주이들을 "끌어 모으러" 다니는 것이 필요했다. 가장 좋은 때는 언제나 남자들이 한 차례 일하고 나서 집으로 돌아오는 1시 또는 2시경이었다. 있는 힘껏 싸워서 허락을 얻어 내는 일이 관건이었다. 왜냐하면 어른들이 일을 하는 데는 아이들이 쓸모가 있었고, 애들의 도움 없이는 어려움이 많았기 때문이었다.

"아부 마흐무드, 이번 주에 자네 아들을 우리에게 맡기지 그래?"

"며칠간이요?"

"자네가 원한다면 4~5일 정도만."

"그애가 수녀님과 뭘 하는데요?"

"우선 이 애는 재미있게 놀고, 공놀이를 하게 될 걸세."

지도교사 에짜트가 덧붙였다. "동물원에 가서 코끼리 등에 올라탈 거예요." 마흐무드는 마음을 빼앗긴 채 잠자코 우리의 대화를 듣고 있었다. 그 애의 아버지는 웃으면서 대답했다. "이 애를 데려가 코끼리 등에 태운다고요?

가거라, 마흐무드. 엄마를 불러 깨끗한 갈라베이야를 입혀 달라고 해."

우리는 쓰레기더미를 헤쳐가며 아이들을 모집하러 다녔다. 파라오 시대의 태양신이자 젭(땅)과 누트(하늘)의 아들인 오지리스는 폭염 속에서 자기에게 생명을 준 아버지, 젭에게 우리를 보냈다. 나는 폭염으로 녹아내리는 것 같았고, 에짜트는 불이 붙은 것 같았다.

그러나 계속해야만 했다. 나는 늙은 내 팔을 그의 젊은 힘에 의지하고 말했다.

"사실 이것은 우리가 아이들에게 해줄 수 있는 가장 좋은 일이에요."

"무엇이 말입니까?"

"그들을 위해서 우리를 지치게 만드는 것 말이에요."

이곳의 많은 젊은이들과 마찬가지로 에짜트는 깊은 영혼의 소유자였다. 그는 "정말이에요. 그리스도는 우리를 위해서 자신을 죽이도록 내버려 두셨어요."라고 말했다. 이번에 우리는 쓰레기더미 가운데 앉아 있는 한나(프랑스 이름으로 장)를 만났다. 이 아이를 캠프에 참가시키는 것은 훨씬 수월했는데, 그 이유는 그 아이의 누이인 아나프가 지난번 캠프에 참가한 후 신이 나서 돌아왔기 때문이었다. 우리는 빈민굴의 그늘 속을 파고들었다. "네, 그 애를 캠프에 참가시킬 게요, 애한테 매우 좋을 것 같아요." 그 애 엄마는 웃으며 말했다.

우리는 다시 출발했다. 뜨거운 태양 아래 두 시간 동안을 이 골목 저 골목을 누비고 다녔다. 우리의 설명을 들은 아이들은 기뻐 어쩔 줄 모르며 날뛰었고, 볕에 그을린 아이들은 우리 뒤를 따르기 위해 펌프 쪽으로 황급히 달려가 몸을 씻었다.

　기차가 도착했고 아이들은 기쁘게 기차에 뛰어 올라탔다. 마침내 우리는 캠프장에 도착했다. 에짜트와 나는 정원 그늘에 있는 벤치에 주저앉았다. "더 이상 못 견디겠어요, 수녀님. 하지만 우리 아이들을 보십시오." 아이들은 벌써 공을 잡고 종려나무 잎으로 그늘 진 안마당에서 축구를 하고 있었다. 그들은 새로운 기쁨으로 가득 차 있었다. "고생할 만한 가치가 있어요."라고 에짜트는 결론 지었다.

어느 연설

우리 넝마주이 아이들은 옷을 깨끗이 입고서 거적 위에 반원으로 앉았다. 초대된 사람들은 의자에 앉는 영광을 누렸다. 축제에 들어가기 전 에짜트가 말했다. 그가 우리에게 프랑스어로 연설한 내용을 소개했다. 나는 애정을 갖고 그 연설을 한 자 한 자 정서하고 싶을 정도로 그 속에서 우리는 이집트의 모든 감수성을 발견해낼 수가 있었다.

　"이 작고 조촐한 축제를 시작하기 전에 저는 제 동료 사이드와 함께 우리가 이 어린이들과 교류할 때 경험했던 일들을 여러분에게 말씀드리게 된 것을 행복하고 감사하게 생각합니다.

　이미 매우 고되고 거친 삶이므로 우리가 이제 막 삶을 시작하는 이 아이들에게 자칫 삶을 고달프게 만들고 있다고 생각하지는 않습니다. 지금까지 그들은 삶으로부터 멸시와 거부만을 받아 왔습니다. 저는 사람들이 그들에게 보내는 경멸에 대한 고통을 처음으로 알게 되었습니다. 이러한 고통, 이러한 멸시는 그들의 얼굴에 새겨져 있습니다. 행복, 애정, 사랑 그리고 삶 그 자체가 박탈당한 가운데서 그들은 자신을 버림받고, 무시당하고, 거부된 사람들의 이미지로 만들어 버립니다. 그들이 원하지 않는데도 불구하고 더럽다고 인식되어진 이 아이들은 우리들의 집을 청소해 주는 넝마주이가 되었고, 사회는 그들을 경멸과 혐오감을 갖고 바라봅니다.

저는 사회와 삶으로부터 단절되었던 이 아이들의 이름으로 말하고 있습니다. 그들을 이러한 상황 속에 내버려 두는 우리들이 과연 형제라 할 수 있겠습니까?…… 모든 애정을 배제시키고 사회 그 자체로부터 순진무구한 사람들을 쫓아내 버리는 이 상황 속에서 말입니다.

처음 제가 넝마주이들의 집을 방문했을 때, 무엇을 보게 되었는지를 일일이 말씀드릴 수는 없습니다. 또한 저는 그 사람들의 얼굴에서 기쁨과 행복도 보게 되었습니다. 그리고 저는 자신의 가장 좋은 것을 그들에게 주는 것, 즉 사랑으로 가득 찬 가슴과 애정, 선함과 격려, 안도감과 살고자 하는 욕망을 심어 주고, 그들로 하여금 어느 정도 삶의 고단함을 잊게 해 주는 것이 가능합니다.

저는 그처럼 버려진 이 어린아이들에게 우리가 주님의 과업을 수행하는 것을 도와주신 모든 분들께 감사 드리며 말씀을 끝마치겠습니다. 그들을 밝게 하기 위해 하느님께서 그들에게 주신 모든 것 덕분에 저는 그들의 얼굴에 피어나는 미소와 행복을 보는 것이 행복합니다."

입티삼(미소)

캠프는 끝났다. 우리는 밝디 밝은 어린 넝마주이들을 부모님들에게 돌려보냈다.

"우리가 캠프에 또다시 참가할 수 있나요?"

"그럼. 언젠가 우리 아름다운 산책을 하도록 하자. 하지만 조심해, 더 이상 주먹다짐도, 욕설도 해선 안 되는 거야. 너희들이 더 얌전해졌는지 어떤지는 너희들 엄마에게 여쭤볼 거다!"

우리는 우리의 꼬마들이 땅바닥에 앉아 그들의 모험담을 이야기하는 것을 보았다.

사방에서 어른, 아이 할 것 없이 황급히 달려와 우리와 악수를 했다. 나는 안부를 물었다. "자네 부인은 어떤가? 딸애는 잘 지내나? 연로하신 아버지는 여전히 병원에 계시고?" 이곳 저곳에서 미소와 포옹이, 한 젊은 엄마에겐 찬사를 보냈고 극성스런 어린 녀석에겐 꾸짖음이 있었다. 우리는 우리 키를 훌쩍 넘게 자란 옥수수밭을 지나 다시 그곳을 떠나 왔다.

에짜트가 불쑥 나에게 물었다.

"수녀님은 넝마주이들에게 가장 좋은 어떤 것을 주시나요?"

"가장 좋은 것이라. 흠! 카카오 우유 한 잔, 내 친구들이 보내준 덕분에 아이들이 그것을 맛볼 수 있지요."

"아니, 수녀님. 제 얘기는 물질적인 것이 아니고요."

나는 웃었다.

"물질적인 것 말고?…… 나는 그들에게 내 작은 가슴을 주지요. 그것이 물질적인가요, 아닌가요?"

"제가 보기에 수녀님은 그들에게 금이나 은보다 더 귀중한 미소를 주십니다."

키 큰 옥수수대가 넘어져 오솔길을 가로막고 있었다. 내가 발이 걸려 비틀거리자 에짜트가 나를 붙잡았다.

"고마워요, 친구. 당신이 뭐라 했죠? 아! 그래요. 미소라고 했지요."

"수녀님께서 미소로 그들의 손을 잡았을 때 그들의 얼굴을 봤어요. 일종의 새벽별 같은 것이 그들의 얼굴을 스치더군요."

"당신은 시적이에요, 에짜트. 그렇지만 나는 아시다시피 주름투성이 늙은 얼굴이에요. 나는 더 이상 새벽별을 밝히지 못해요. 이번 주에 우리와 함께 온 I 수녀님은 젊으니까 그 수녀님이라면 혹시 또 모르죠." 우리 셋은 모두 웃기 시작했다.

에짜트는 자기 생각을 계속 펼쳐 나갔다. "입티잠(미소)는 사람들이 굶주려 하는 바로 그것이에요. 그들에게 100리브르를 던져 보세요. 그건 아무 값어치가 없는 것이지만 10피아스트르를 당신의 미소와 당신의 가슴과 함께 줘 보십시오. 수녀님은 그들을 부유하게 하시는 것입니다." 나는 성 앙투완느의 빵의 배급을 생각했다. '사람들이 지나가고 있었고, 누군가가 그들에게 말 그대로 빵을 던지고 있었다.…… 빨리, 다음 사람! 그것은 마음을 아프게 했다!' 에짜트는 덧붙였다. "입티잠, 입티잠(미소, 그것은 존중입니다). 타인의 가치를 인정하는 것, 그것이 그들을 풍요롭게 만드는 첫걸음입니다."

　서로 헤어질 시간이 되었다. 우리 어린 넝마주이들을 더없이 밝게 하기 위해 함께 일했던 것은 참 좋은 경험이었다. 우리는 서로에게 '아듀'라고 말했다…… 미소를 지으며.

목표가 무엇인가요?

마지막 캠프 기간 동안에 예수회 성당의 넓은 정원을 둘로 갈라놓은 낮은 담장 저편에서 유쾌한 환호성이 들려왔다. 그것은 부분적으로 B 신부님과 함께한 중대한 대화의 결과였다.

　"신부님께서는 마타레이야 한복판에 자리잡고 계십니다. 사람들을 위해서 무슨 일을 하십니까?"

　"네, 저는 주변의 주민들에게 의무적으로 관심을 가져야 한다는 것을 오래 전부터 생각해 왔습니다. 뛰어놀 데라고는 도로밖에 없는 아이들에게 이 정원을 개방하는 것과 더불어 아이들이 무럭무럭 자라날 수 있게 하는 놀이와 활동을 조직하는 것, 아이들이 자신들이 살고 있는 동네에 대해 책임을 지게 만드는 것 등을 말입니다."

　아이들이 무럭무럭 티없이 자라나게 하는 것에 관한 한 성공했다. 웃음소리와 외침소리가 이따금씩 호루라기 소리에 끊겼다가 이어졌다. 내 아이들이 천사같이 얌전한 틈—낮잠자는 시간이 그러한데 아이들은 두 명의 지도

교사와 함께 잔다— 을 타서 나는 다른 쪽으로 건너갔다. 예수회 학교의 한 젊은 교사가 자신을 소개했다. 면도를 말끔히 한 얼굴에 뭐라고 명확히 규정지을 수 없는 두 눈이 그에게 시이저와 같은 정복자의 모습을 갖게 했다. 아니나 다를까, 사람들은 그가 그 모든 학생들을 사로잡았다는 것을 재빨리 알아챘다. "'오스타즈 파이예즈', 이쪽으로 와 보세요. '오스타즈 파이예즈', 이쪽으로요." 한 달 동안 이런 외침 소리가 아침부터 저녁까지 유칼리나무 사이로 퍼져나갔다.

B 신부님이 내게 말했다. "이 동네에 봉사하러 오는 우리 학생들이 진정으로 넝마주이들의 빈민촌을 알고 싶어 합니다. 어느 하루 저녁 그들을 그곳에 데려가 주셨으면 합니다." 그의 말이 옳았다. 대부분 지나친 귀염만을 받고 자라는 이 어린 학생들이 전혀 다른 현실을 가까이서 볼 필요가 있었다.

그들은 나와 동행했다. 꽤 무거웠던 내 가방을 필립이라 불리는 학생이 예의 바르게 언제나 들어주었다. 특히 학교 등록에 관한 까다로운 문제를 해결하는 것이 문제였다. 매번 부모들의 서명을 받는 것이 어려웠다.

"서명을 어떻게 하는지 몰라요."

"상관없어요."라고 필립이 태연하게 말했다. "먼저 엄지손가락에 침을 뱉으세요. 여기요, 브라보!"

그가 비장하게 손가락에 채색을 해주고 결연한 손짓으로 정확한 곳에 손가락으로 손도장을 찍었다. 우리는 밤 10시가 되어서야 집으로 돌아올 수 있었고 다행히 모든 것이 다 끝났다.

기슬렌느 수녀님과 나는 한 달간의 기쁨의 환호성을 마감하는 축제에 초대받았다. 우리는 우리 활동의 결산을 했다.

"파이예즈, 어린애들이 모두 몇 명이었나요?"

"100명이요. 그러나 여자 아이들은 단지 20명 정도였어요."

언제나 똑같은 확인을 해야 했다. 우리는 언제 여자를, 어린 여자 아이들을 해방시킬 수 있을까?

어린이들은 거대한 무화과 나무의 무성한 가지 아래 앉아 있었다. 그 고목나무 밑둥은 우리를 맞이하는 기쁨의 환호성에 흔들렸다. 지상에서 어린아이들의 환호성보다 더 조화로운 것이 어디 있겠는가? 그것은 반음계로 퍼져 나가는 삶이었다.

축제는 상대적인 고요함 속에서 치러졌다. 어린 소녀들은 어린 소년들이 감탄하며 지켜보는 가운데 우아하게 춤을 추었다. 소녀들은 모두 함께 추는 춤은 매몰차게 거절했다. 여자 아이들은 남녀의 두 성별이 엄격하게 분리되는 것을 원했다. 가장 인기가 많았던 순서는 세 명의 사내애들이 그들을 작은 버터 상자로 이끄는 실을 신속하게 삼키는 순서였다. 발을 동동 구르고 외마디 소리를 지르는 가운데 실은 세 명의 입 속으로 들어갔다가 나왔다. 마침내 첫 번째 소년이 목표에 이르자 모두들 즐겁게 발을 동동 구르며 박수를 쳤다.

포상의 시간이 되었다. 가장 끈기 있고 능숙한 아이들이 환희 속에서 장난감 자동차와 작은 플라스틱 인형을 받으려고 앞으로 나왔다. 가난한 이들에게 내리는 하늘의 복, 그들은 서푼짜리 장난감을 받고도 몹시 기뻐했다.

전체적으로 분위기가 소란스러워지자 경기 책임자인 예수회의 어린 학생 나데르가 호각을 불었다. B 신부님이 연설하려고 하는 중이었다. 그는 모든 계층의 청중들로부터 다같이 공감을 받는 재주를 갖고 있었다. 그는 무엇보다도 우리는 기독교도들과 이슬람교도들 간에 서로 이해하고 사랑하기 위해 모인 것이라고 그들에게 설명했다. 아이들은 엄숙하게 듣고 있었다. 그들 가운데 몇 명은 캠프에 다시 참가하게 될 것이다.

"이 모든 활동의 목표는 무엇인가요?"

아이들은 심사숙고했다.

"우리 스스로 어려운 일을 헤쳐 나가는 것을 배우는 것입니다."

"훌륭한 대답이에요. 또 뭐가 있지요?"

"우리가 군대에 가기 위한 준비를 하기 위해서요."라고 그늘진 눈의 한 꼬마가 소리를 질러 단호하게 대답했다.

"아주 좋아요. 그래요. 또 뭐가 있나요?"

"더 이상 모르겠어요."

"그것은 여러분 스스로 여러분 동네를 활기차게 만드는 것 그것이 목표에요."

꼬마들은 자신들에게 주어진 이 새로운 역할에 기대와 우려로 멍하니 입을 벌린 채 그대로 있었다.

그들은 벌써 두 어깨에 어른스런 책임과 의무를 느끼면서 떠났다.

VI
하루하루

「국제 가톨릭 정보」지에 보내는 편지

세상을 향한 열린 태도 때문에 내가 특히 높이 평가하던 「국제 가톨릭 정보」지에서 이집트 여행을 기획했다. 나는 이 여행에 참여한 사람들과 접촉할 기회를 가졌다. 다음은 내가 그들에게 보낸 편지이다.

나의 소중한 친구들 에르네스트와 막스,

'꺄트르-뱅Quatre-Vingts'이 당신들과 함께 시동을 걸고 프랑스와 그밖의 지역에서 당신들의 소중한 것들을 되찾기 위해 고대와 현대의 이집트를 떠나던 순간, 내가 당신들에게 아듀를 고한 것이 바로 어제입니다. 우선 당신들에게 축하의 말을 하도록 허락해 주십시오. 당신들은 단지 이국적인 풍경에 호기심어린 관광객으로서만 방문했던 것이 아니라 자신과는 다른 사람들을 알기 위해 왔던 것이었습니다. 아주 단순한 몸짓이 그것을 뜻하고 있습니다. 그 몸짓이란 바로 몇몇 사람이 한 택시 기사에게 손을 내밀었던 것입니다. 택시 기사는 그들이 상태가 좋지 못한 길을 헤매느라 지치지 않게 하기 위해 자신의 차를 위험 속으로 운전했습니다. 이러한 행동은 구체적으로 오전 미사에서 부른 성가, '주님, 당신 앞에 열려 있는 두 손'에 화답하는 것이었고…… 또한 우리 형제들의 두 손을 마주 잡는 일이었습니다.

또한 당신들은 하루 종일 도시를 돌아다니느라 지친 몸에도 불구하고 이 나라에 대해 관심을 갖게 하는 여러 강연을 기획하셨습니다.

이제 저는 '꺄트르-뱅' 여러분에게 하나의 질문을 던지고자 합니다. 여러분은 한 소비 국가에서 한 개발도상 국가로 두 주간의 여행을 오셨습니다. 여러분이 이 글을 읽으실 때는 여러분은 또다시 다람쥐 쳇바퀴와 같은 생활로 돌아가 계실 것입니다. 그렇거나 아니거나 여러분의 생활에 무언가 변화가 있습니까? 설마하니 여러분은 세계 곳곳의 10억 이상의 수많은 형제들이 근근히 살아나갈 뿐인 동안에 사치스러운 문명의 한가운데서 전과 같이 가벼운 마음으로 살아가시는 건 아닐 테지요.

여러분은 자신들의 망막 위에 낙타몰이꾼보다는 낙타, 여러분의 아이들처럼 살고 싶어하는 아이들보다는 4천 년이나 오래된 돌무더기나 구경하는 관광객들처럼 보이지는 않습니다. 여러분은 충격을 받으셨고 저는 여러분이 토론하는 것을 들었습니다. "무엇을 해야 하나? 어떻게 여론을 움직이지?…… 문제점은 바나나와 코코넛에서부터 고무와 목화에 이르기까지 형편없는 가격으로 값이 매겨진 원자재들이 문젭니다."(석유는 이야기하지 맙시다. 그것은 지나치게…… 불이 붙기 쉬운 재질이므로!)

여러분 중 몇 분은 이렇게 말했습니다.

"저는 정말 제 차가 필요해요."

"내 차는 꺄트르 슈보(프랑스의 국민차-옮긴이)에 불과해요"

"어느 구호기관에 도움을 청해야 할까요?"

"'가톨릭 구호단체'에다가 밭에 물을 주기 위해 우물 하나와 임대계약을 다시 하기 위한 가축, 한 마을을 궁지에서 벗어날 수 있게 할 수 있는 장비들을 청할 수 있어요."

"이봐요. 이민자들은 유럽이나 우리 가까이에도 꽤 많이 있어요."

저는 침묵 속에서 당신들의 이야기를 듣는 것이 좋았습니다. 저는 그 당시 이제 막 당신들의 머리에 어떤 사람들의 빈곤과 또 다른 사람들의 부에 대해 독설을 퍼붓고 난 뒤였습니다. 제가 읽었던 책의 저자들을 인용해서 저는 파스칼이 이야기한 것처럼 "그들이 질리도록 먹고 그로 인해서 죽기를 바란다!"라고 선포했습니다. 그처럼 열려 있고 이해심이 많으며 나눌 준비가 되어 있는 당신들이 그곳에 있었으므로 그것은 그리 올바른 행동은 아니었습니다. 여러분의 등 뒤에 지나치게 부유한 사람들만을 보아 왔던 늙은 넝마주이 여자를 용서해 주셔야만 합니다.

성경은 나누는 사람의 얼굴을 '정오의 태양'에 비교합니다. 만약 여러분이 이집트의 정오의 태양광선 몇 개를 가져가셨다고 한다면 여러분은 그것으로 온 세상을 불태울 것입니다!

미리, 박수갈채를 보냅니다!

그가 나를 위해 죽을 뻔했다

어느 토요일이었다. 기슬렌느 수녀님이 시내에서 2시에 나를 기다리기로 했다. 그러나 넝마주이들 곁을 떠난다는 것은 언제나 쉬운 일이 아니었다. 사미아가 나에게 왔다. "아블레티, 내 무릎 좀 봐 주세요." 반창고를 붙여 준 후, 골목길로 두 발짝을 뗐을 때 멀리서 마흐무드가 나를 불렀다. "아블레티, 아블레티!" 나는 뒤돌아 섰다. 그는 나에게 자기 어린 여동생을 데리고 왔다. 팔에 난 상처에 고름이 가득차 있었다. 이히티올 연고를 바르고 붕대와 반창고를 붙여 주고 나서 급히 걸어가고 있었다. 이번엔 옴 사미르가 자기 집 문 앞에서 소리쳤다. "수녀님, 사미르 좀 봐 주세요." 아이의 몸이 불덩이 같았다. 나는 불안했다. "이봐요, 옴 사미르. 나는 의사가 아니야. 아이를 의사한테 보여야 해. 오늘 당장, 알겠지. 오늘 당장이야." 그녀는 아이를 이웃 마을로 데려 가겠다고 나와 약속했다.

역 가까이 도착하자 시간은 2시였다. 카이로행 기차가 도착했고 나는 뛰어갔다. 플랫폼을 건너가야 했다. 다른 쪽에서 메르그행 기차가 앞으로 전진해 왔다. 내가 겨우 지나갈 만한 시간밖에 없었다. 펄쩍 뛰다가 내 발이 걸렸고, 나는 선로 한가운데서 넘어지고 말았다. 기관차는 전속력으로 달려왔다. 충격으로 정신이 몽롱한 나는 일어서지를 못했다. 그런데 갑자기 누군가가 내 어깨를 움켜쥐는 것을 느꼈고 순간 선로 밖으로 끌려져 나왔다는 것을 알았다. 기차는 바로 내 옆을 스쳐 지나갔던 것이다. 기슬렌느 수녀님이 2시에 나를 기다리고 있을 텐데 어쩌나! 나를 구해 준 사람에게 숨가쁜 감사의 인사를 하고 카이로행 기차에 뛰어 올랐다. 그런 다음 나는 차차 정신을 차리게 되었다. 누군가가 날 위해 죽을 뻔했는데, 나는 그에게 간신히 눈길 한 번 주고 겨우 고맙다는 말 한 마디 던졌을 뿐이었다. 얼마나 부끄러운 일인가! 무슨 일이 있어도 그를 다시 찾아 봐야만 했다.

이틀 뒤, 월요일에 나는 역에서 몇몇 사람에게 물어보았다.

"제가 기차에 칠 뻔했을 때 그곳에 계셨었나요?"

"아니요."

"아닙니다…… 아니요."

마침내 어떤 사람이 내게 말했다. "아! 그래요. 당신이었군요!"

"나를 구해 준 사람을 아세요?"

"아니요. 그러나 그 사람은 이곳 사범학교 학생임에 틀림없습니다."

나는 그 학교로 가서 교장과의 면담을 청했다. 나는 그에게 사건을 설명했다. "토요일 2시라…… 2학년 학생들이 평소보다 일찍 하교했습니다." 그는 누군가를 학생들 교실로 보냈다. 한 젊은이가 들어왔다. 솔직한 눈에 표현력이 풍부한 얼굴, 곧은 어깨를 한, 머리에서 발끝까지 호감이 가는 젊은이였다. 그는 간결하게 말했다.

"네, 선로 위에 있는 수녀님을 보았을 때, 저는 아버지의 말씀이 떠올랐습니다. 첫 번째 할 일은 타인을 돕는 것이라는 말씀이요."

"이름이 뭐지?"

"모하메드 파우지예요."

나는 그와 뜨겁게 악수를 했고 교수님들은 박수를 쳤다. 그는 말하는 것과 마찬가지로 간단히 자리를 떴다. 나는 그에게 무엇을 선물하면 좋을까? 좋은 볼펜 한 자루, 그것은 대부분의 가난한 우리 학생들이 갖고 싶어 하는 것이었다.

그 다음 주에 나는 그와 같은 소박한 선물을 모하메드에게 주면서 말했다. "자네 아버지와 어머니를 만나 뵙고 싶은데." 그는 그 말에 매우 기뻐했다. 토요일로 약속 날짜를 정하고, 나는 그와 함께 HLM(서민 아파트-옮긴이)의 아주 작은 아파트들 가운데 한 아파트에 도착했다. 들어가기 전 그가 나에게 미리 알려주었다. "저 말이죠. 제가 부모님께 아무 말씀도 안 드렸어요. 좋은 일을 했을 때, 그것은 알려지지 않아야 하거든요." 나는 호의가 넘쳐 흐르는 얼굴의 한 뚱뚱한 호인과 마주하게 되었다. 나는 그의 아들에 대해 찬사를 보냈다. "그 애는 대단한 일을 한 게 아무것도 없어요. 우리는 모두 신의 자손들입니다. 그러니까 우리 모두는 서로서로 도와가며 살아야 합니다."라고 그는 나의 찬사에 답했다. 예수님은 이 이슬람교도의 입을 통해 말씀하셨던 것이다.

우리는 빵과 소금을 나누었다

방학이 시작되었다. 나를 구해 준 모하메드 파우지가 대부분의 학생들처럼 영어를 완벽하게 배우기를 원한다는 것을 알게 되었다. 나는 그에게 방학을 이용해 시내에서 강의를 들으면 어떻겠느냐는 말을 하기 위해 그의 집으로 갔다.

"저녁식사 하셨나요?"라고 그의 어머니가 내게 물었다.

"네! 벌써 샌드위치 한 조각 먹었어요."

"제 남편과 함께 식사하시지 않겠어요?"

그녀는 둥글고 작은 상 위에 토마토를 넣은 가지 음식과 생 양파, 그리고 샐러리잎 등의 소박한 식사를 차려 내왔다. 오후 3시였고, 그녀는 이미 저녁 식사를 했기 때문에 아무것도 들지 않겠다고 내게 말했다. 그러고는 갑자기 그녀는 내게 소금을 가져왔다. 그녀는 빵 한 조각을 집어 소금을 찍어 자기 입에 넣었다. 그런 뒤 그녀는 미소를 지으며 내게 말했다. "우리는 이제 영원한 친구에요. 우리가 빵과 소금을 나누었으니까요." 나는 『우리는 빵과 소금을 나누었다』라는 제목의 보르페이유 신부의 책을 생각했다. 아프가니스탄에서부터 이집트에 이르기까지 이 가난한 사람들이 음식을 나누는 일은 칠성사(七聖事)와 같았다. 거기에는 사랑이 노래하고 있었다. 인종과 종교의 차이는 사라지고 새로운 공동체 안에서 형제들은 나란히 앉아 있다. 보르페이유 신부님은 그리스도 역시 그곳에 계시다고 단언했다.

나의 젊은 친구 모하메드는 영어 강의를 들을 수 있다는 것에 크게 기뻐했다. 나는 그를 등록시키기 위해 시내로 갔다. 방학이 끝날 때쯤 그를 다시 만났다. 그는 피곤해 보였다.

"그래, 모하메드. 영어 강의는 어때. Do you speak english well

now?"

그는 서글프게 나에게 말했다.

"이제 겨우 강의를 듣기 시작했어요."

"아팠었니?"

"그것이 아니라 아버지께서 단지 파트타임으로만 일하실 수 있었어요."

"그래서?"

"그래서 제가 재시험을 봐야 하는 초등학생들의 과외선생으로 일을 해야만 했어요."

"하루 종일?"

"네. 두 타임으로 나눠서요. 어떤 애들은 아침에 공부하러 왔고, 어떤 애들은 저녁나절에 왔어요. 그래서 더 이상 시간을 낼 수 없었답니다."

"정말 피곤해 보이는구나, 모하메드."

"네." 라고 그는 내게 미소지으며 대답했다. "그렇지만 저는 아버지가 쉬실 수 있게 해 드렸어요."

이 가정에서 빵과 소금을 나누는 것, 그것은 '바라카(축복)'를 받는 일이었다.

〰️ 그녀를 죽여야만 했다

카이로의 매력적인 젊은 처녀들이 때때로 우리 넝마주이들 집에 하루 아침나

절이나 오후를 보내러 오곤 했다. 아이들은 나이 많은 여자친구 하나가 그들 옆에 앉아서 책을 읽는 것을 도와주거나, 그들의 반바지 단을 줄여 주는 걸 보면서 매우 기뻐했다. 이 헌신적인 봉사자들 가운데 한 명은 때로 순진하게 자기의 모험담을 이야기하곤 했다. 그녀는 매우 폐쇄적인 계층에 속해 있었는데 홧김에 미지의 어느 젊은이에게 이따금씩 비밀스런 초대를 받아 가곤 했다. "우리는 피라미드에 갔었고, 그는 제게 코카콜라를 사 주었어요. 그게 뭐가 나쁜가요? 하나도 나쁠 게 없어요!" "물론 그렇지. 그러나……" 우리는 몇 번 오랫동안 이야기했고, 나는 무척 신선하고 순진한 이 처녀의 생활을 밝혀보려 애썼다.

어느 날 그녀의 엄마가 미치다시피 한 상태로 내 오두막을 찾아왔다.

"내 딸, 여기 있나요?"

"아니, 없는데요. 못 본 지 꽤 오래 됐는걸요."

"그 애가 어제 저녁 집에 들어오지 않았어요."

나는 그녀를 위해 몸을 떨어야 했다. 넝마주이들 사이에 소문이 파다했다. 라비브가 내게 말했다. "만약 그녀가 돌아오면 그녀의 아버지가 그녀를 죽일 거예요. 명예를 더럽힌 데 대해 벌을 받아야 해요." 그녀는 일주일 뒤 상처입은 한 마리 새처럼 돌아왔다. 누군가 그녀를 초대했던 곳은 더 이상 피라미드가 아니었고, 문에 못질을 한 어떤 집에 그녀를 가두었던 것이다.…… 그녀의 아버지는 그녀를 죽이지 않았다. 라비브가 말하기를 그가 이집트 남부 두메산골의 관습을 져버렸다는 것이다.

하루는 여자 아이들 중 하나가 내게 자기 언니에 대해 이야기를 했다. 그 당시 그 애들은 남부 지방에 위치한 아씨우트에서 멀지 않은 곳에 살고 있었는데, 그 마을은 특히 기독교도들이 많이 살고 있었지만 이슬람교도도 몇 가구 살고 있었다고 한다. 아버지 데이프는 어느 날 자기 맏딸이 이름이 모하메드라는 어떤 사람과 이야기하는 것을 사람들이 보았다는 것을 알게 되었다. 그는 딸을 자기 앞에 똑바로 세웠다.

"사실이냐?"

"네."라고 딸은 용기 있게 대답했다. "전 그를 사랑해요. 우리는 결혼하길 원해요."

그는 대답 대신 말채찍을 들어 그 애를 때렸는데 그 애의 몸은 채찍질 자국으로 이랑을 이루었다. 그녀는 피투성이가 되어 쓰러졌고, 그는 그 애를 발길로 밀어냈다. "이슬람교도를 사랑하는 게 어떤 건지 가르쳐 주마, 개같은 놈."

하지만 이 또 다른 한 명의 줄리엣은 길들일 수가 없었고, 그녀는 때때로 자기의 로미오인 모하메드와 재회하기 위해 모든 방법을 다 동원했다. 그녀가 그와 결혼하는 것은 아무도 막지 못할 일이었다. 어느 날 저녁 숙부들이 아버지와 상의하러 오셨다. 가문의 명예가 걸린 일이었고, 만일 그녀가 뜻을 굽히지 않는다면 그녀를 죽여야만 한다는 것이다. 그녀의 아버지도 동의했다. 숙부들과 셋이서 일을 처리하도록 했다. 징역형을 셋으로 나누면 각자에게 덜 무거울 테니까.

그날 밤 초저녁의 시간은 천천히 흘러갔다. 세 남자는 문 앞 땅바닥에 주저앉아 있었다. 토담집의 모든 사람들은 잠들어 있었다. 그들은 그녀(누라)에게 위협적으로 다가갔다. 그리고 작은 목소리로 그녀를 불러 세웠다.

"너, 그 녀석을 영원히 포기한다고 맹세해!"

"싫어요."

"넌 죽을 거야."

그녀는 그 사실을 알고 있었으나 모하메드 없이 살기보다는 죽음을 택했다. 사람들이 그녀의 머리 위에 덮개를 던져 씌우자 그녀는 숨이 막혔다.

"너, 그놈 포기할 거지?"

숨가쁜 딸꾹질 소리로 그녀가 대답했다.

"싫어요."

덮개가 입 안으로 처넣어졌다.

"그놈 포기할 거야?"

머리가 약하게 움직였다.

"아니요."

몇 분간의 기다림이 있었고, 여섯 개의 손이 조임을 풀었다. 그녀는 바닥에 쓰러져 꼼짝도 하지 않았다. 그녀의 이름은 누라(빛)였다. 빛은 꺼졌으나 명예는 건져졌다.

데이프는 감옥에서 돌아왔다. 나는 몇 번 그를 볼 기회가 있었다. 그의 아내가 어린 사내 아이를 그에게 건네면 그는 아이를 자신의 두 팔로 조심스레 안았다. 그는 세상에서 가장 온화한 남자처럼 보였다.

경찰서

나는 가끔 경찰서 앞을 지나갔다. 매번 나는 관습에 따라 검은색 멜레이야(여자들의 몸 전체를 덮고 있는 아주 넓은 베일 같은 것)를 입은 여자들이 그 건너편 보도 위에 앉아 있는 것을 보았다. 얼굴들은 바뀌었지만 언제나 파출소 문에다 몹시 불안한 시선을 고정시키고 있었다. 종종 아기가 젖가슴에 매달려 있었고, 또 다른 아기는 치맛폭에 매달려 있었다.

내가 그 앞을 지날 때 마침 죄수 운송차가 도착하던 날, 나는 그것에 대한 궁금증을 풀 수 있었다. 불행한 여인들은 초조하게 그곳에서 남편이나 아버지 혹은 아들이 먼 곳에 있는 감옥으로 떠나기 위해 차 안으로 처넣어질 것인가, 아니면 석방될 것인가를 지켜보고 있었다. 경찰들이 진을 치고 있는 울타리가 모든 접촉을 막고 있었다. 그렇지만 때로는 한 여인이 마지막으로 한 번 보거나, 마지막 한 마디를 던지기 위해 차가 있는 곳까지 교묘하게 다가갈 수 있었다. 호송차는 떠났고 여인들은 소리없이 일어나 멜레이야를 끌어올려 얼굴을 가리고서 사라졌다.

그곳에서 멀지 않은 곳에 정원이 있는 멋진 빌라가 한 채 있었다. 벽에는 페인트가 새로 칠해져 있었고 출입문은 현대적인 스타일로 새로 만들어졌다.

"부호의 집이에요."라고 사람들이 내게 설명해 주었다.

"사업이 무척 잘 되나보죠? 목화 사업인가요?"

"아니 무슨 말씀을 하시는 거예요. 목화가 다 뭡니까? 하시시(인도삼에서 뽑은 마약 옮긴이) 밀매상이에요."

"하시시는 법으로 금지 되었잖아요."

"물론이죠. 그렇기 때문에 돈벌이가 되는 거예요. 그가 여기저기에 돈을 상납하니까(뇌물을 주니까) 뒤를 봐주는 유력한 후원자가 있고 아무도 그를 건드릴 수 없어요. 피라미들만 잡아들여 감옥에 마구 처넣지요. 그는 벤츠를 타고 다니고, 외국여행을 다니는 등 호화생활을 하지요."

세계 어느 나라에서나 마찬가지다. 불쌍한 사람들만이 감옥에 있는 동안 떼돈을 챙긴 몇몇의 엄청난 대도(大盜)들은 편안하게 잘 살고 있는 것이다.

그러나 참고 기다려 보자. 언젠가는 정의가 세워질 날이 올 것이다. 요한 묵시록은 우리에게 바빌론 대국의 갑작스런 붕괴와 그곳의 탄식하는 밀매자들을 보여주고 있다. "아아, 슬프도다.…… 금은 보화로 치장된 거대한 도시, 그 모든 호사가 단 한 시간만에 무너져 내리나니.……"

오! 대국 바빌론아, 너의 호사가 비록 영원한 것이어야 했을지라도 우리 지구상에는 아직도 뉴욕의 마천루나 샹젤리제 거리의 호텔들보다 할렘가의 누옥(陋屋)이나 파리의 알제리인들의 빈민촌을 좋아하는 사람들이 있다. 또한 다른 사람들을 돕기 위해 감옥에 가고 고문을 당하는 위험을 무릅쓰기를 주저하지 않는 사람들도 있다.

2,500년 전에 플라톤은 말했다. "불타는 청동 황소 안에 갇힌(그 시대의 방식으로) 정의의 사람은 그를 그 속에 집어넣은 폭군보다 더 행복하다."라고 우리는 그가 그렇게 말했다는 데 감사하고 있다.

내가 너를 용서하지 않았더냐?

토요일 저녁 나는 이제 막 마타레이야의 내 공동체로 돌아왔다. 마리가 나를 찾아 왔다. "수녀님, 부디 오셔서 사미라와 그 애 엄마를 화해시켜 주세요. 그 애가 어쩌면 수녀님 말씀은 들을 거예요." 나는 그녀를 뒤쫓아 갔다. 나는 그녀가 살고 있는 HLM의 콧구멍만한 아파트에 도착했다. 그곳은 방 하나에, 때로 여나문 명의 사람들이 몰려 들어가는 현관 하나를 갖춘 작은 아파트들이 있는 곳이었다.

"안녕, 사미라. 어떻게 지내니?"

"아주 잘 지내요."

"엄마와 말을 하지 않고 지낸다고?"

거북해진 그녀는 잠시 입을 다물었다.

"제 동생 탓이에요."라며 그녀는 다시 말했다.

"무슨 얘기야?"

"동생이 엄마에게 40리브르짜리 팔찌를 사달라고 막무가내로 졸랐어요."

"그래서?"

"그러나…… 엄마는 돈이 없었어요. 엄마가 갖고 있던 벽돌 값(그녀는 조그만 집을 짓고 있었다)인 20리브르를 동생이 달라고 했으니 엄마는 거절하실 수밖에요."

"네 동생이 잘못했는데 왜 네가 엄마한테 화를 내는 거니?" 마리가 사미라 대신 그 이유를 설명했다. "사미라는 화가 무척 나서 자기 엄마에게 어찌나 욕을 해댔던지 엄마는 사미라한테 대꾸했대요." "네, 엄마가 저에게 몇 마디 하셨어요……." 사미라는 골이 난 채 나에게 그 몇 마디라는 말을 던지듯 말했다. 나는 그 말의 의미를 이해하지 못했다. 마리가 다시 미소지으며 말했다. "수녀님은 아랍어 욕을 이해 못하세요. 그 말은 '난 더 이상, 결코 엄마 집에 발을 들여놓지 않을 거야, 결단코.' 라는 말이에요." 돌연 마리에게 좋은 생각이 떠올랐다.

"사미라, 너 수녀님 댁에 안 갈래? 수녀님은 바라카(은총)를 가지고 계시잖아. 만약 너의 엄마가 그곳에서 너를 찾아내면."

"싫어. 거기 안 갈래."라고 사미라는 안 가겠다고 고집을 부렸다.

어쩔 도리가 없었다. 나는 그녀의 엄마를 보러 갔다. 이번에는 한 듬직한 여인이 고통스러워하면서 자기 딸이 한 욕설을 나에게 반복해 말했으나, 나는 여전히 그 의미를 이해하지 못했다. 그 욕설이 얼마나 심한 것이었는지 마리는 차마 나에게 번역해 줄 수가 없었다.

"이봐. 우리 집에 오지 않겠어?"

"그러죠."

"그리고 만약 우리가 자네 딸을 오게 한다면?"

그녀의 눈에 눈물이 글썽였다. "내 딸이에요. 난 그 애를 사랑해요." 우리는 출발했다. 기슬렌느 수녀님이 우리를 맞아주었고, 우리에게 시원한 음료수를 내왔다.

Ⅵ. 하루하루 193

마리는 사미라를 찾으러 갔다. 모두의 예상과 달리 사미라의 엄마는 사미라를 데리고 왔다. 울면서 두 여자는 서로 포옹했다. 엄마와 딸은 팔장을 끼고서 그곳을 떠났다.

"마리, 어떻게 이런 기적을 얻어 낸 거야?"

그녀는 조금 망설이다가 우리에게 이렇게 말해 주었다.

"비밀이랄 것도 없어요. 우리 동네에서는 모든 사람이 다 그것을 알고 있지요."

"뭘요?"

"사미라 이야기요."

그러자 마리는 몇 년 전에 사미라로 인해 그녀가 받은 모든 고통을 우리에게 얘기해 주었다. 바람기가 있던 마리의 남편은 이웃에 사는 남편과 아이가 있는 웃기 잘하는 젊은 여인과 바람이 났는데 그녀가 사미라였다. "저는 점점 더 얻어 맞았지요. 그러나 저는 아이들 때문에 참아야만 했어요. 저는 성모님께 남편을 구해 달라고 기도드렸지요. 하루는 남편이 집에 돌아와 이렇게 말했어요. '성당에서 돌아오는 길이야. 고해성사를 했고 약속하건데 더 이상 그 여자와 관계를 갖지 않을께.' 한 달 후, 남편은 병이 들었고 병원에서 죽어 버렸어요. 그 후 저는 사미라를 용서했고 그녀의 아이들을 돌봐 주고 그녀를 도와주었어요. 오늘 저는 그녀에게 말했지요. '이것 봐. 내가 너와 내 남편과의 일을 용서해 주지 않았느냐? 그런데 넌 너의 어머니를 용서하지 못하는 거니?' 그러자 그녀는 울었고 제 뒤를 따라왔어요."

〰️ 아이들의 마음

그리하여 마리는 아이들이 딸린 과부가 되었다. 그녀는 아이들을 키우기 위해 일을 했다. 그러나 힘든 일이었다. 겨울의 어느날 저녁 아이들은 그녀에게 말했다. "엄마, 귤이 먹고 싶어요." 귤은 그리 비싸지 않았다. 1킬로에 5피아스트르(50쌍팀)였다. 손에 돈을 쥐고 그들은 부리나케 밖으로 뛰어 나갔다. 잠시 후에 그들은 빈 손으로 돌아왔다.

"아니, 애들아. 무슨 일이 있었니?"

"오! 엄마. 불쌍한 여자가 아이들과 함께 추위에 떨고 있었어요. 그래서 그들에게 그 돈을 주었어요."

11살짜리 와파가 말했다.

"나는 원피스가 세 벌인데 너무 많아, 한 벌은 주겠어."

7살짜리 마리-쎄실이 말했다.

"난 잠옷이 두 벌이야. 한 벌을 줄 수 있어."

각자는 자기 물건들이 들어 있는 작은 상자를 침대에서 끌어냈다. "그리고 나는 오렌지가 한 개 있어." 4살짜리 유세프가 말했다. 그리고 세 아이는 자신들의 물건을 가지고 다시 재빨리 밖으로 나갔다. 마리는 그 애들을 자유롭게 내버려 두었다. 그녀는 자신의 복음을 알고 있었다. "두 벌의 의복이 있는 사람은 그것이 없는 사람과 나누기를."

마리-쎄실은 매일 4시경에 배를 주린 채 학교에서 돌아왔다. "그런데 내가 그 애에게 큼지막한 샌드위치를 들려 보냈는데?"라며 그 애 엄마는 혼잣말을 하곤 했다. 마침내 와파가 고백했다.

"엄마, 마리-쎄실이 매일 자기 샌드위치를 모퉁이에 있는 거지에게 주어요."

"네, 엄마. 그 사람이 나보다 더 배가 고파요."

"만약 당신이 이 아이들처럼 되지 않는다면 당신은 하늘나라에 들어가지 못할 것이오."라고 그리스도께서는 말씀하셨다. 그러나 주님, 마리-쎄실과 같은 마음을 갖기란 그리 쉬운 일이 아닙니다. 삶은 고되고 우리를 무감각하게 만듭니다.

주님, 우리 아이들의 은혜로 우리가 아이의 마음을 되찾게 해 주소서.

짐승처럼

린다는 아무것도 가진 것 없이 네 명의 아이들을 거느린 홀로 된 순진한 여자였다. 그녀가 나를 찾아 왔다.

"과부로 살아가기란 쉬운 일이 아니에요. 사방으로부터 받는 공격을 아무도 막아 주지 않아요. 기대했던 곳에서조차 믿을 것이 못 되죠.

"그럼 당신 친구들은 그에 대해서 뭐라 말합니까?"

"제 친구들이요? 그들 역시 느닷없이 짐승 같이 돼 버릴 때가 있어요. 요 전날 제가 서류 땜에 저를 도와주고 있는 이브라힘을 만나러 가야만 했어요.

그를 아시나요?"

"물론이죠. 세상에서 제일 좋은 사람이에요. 얼굴에 쓰여 있잖아요."

"네, 그래요. 제가 그의 사무실에 갔어요. 그가 내 앞에 앉아 있었고, 저는 반대 편에 앉아 있었죠. 제가 그의 곁으로 가 서류를 갖다 주었는데, 그는 서류를 들여다 보는둥 마는둥 하더니 두 눈을 제게 고정시키고 갑자기 일어나는 것이었어요. 그런데 그의 얼굴이…… 마치 짐승 같았지 뭐예요!"

나에게 보여 주기 위해 그녀는 갑자기 두 손으로 자기 얼굴을 쥐고 상대방이 겁먹게 만드는 짐승의 표정을 지었다.

"제가 그에게 말했지요. '이브라힘 씨, 그러지 마세요. 앞으로 나오지 마세요. 하느님이 보고 계십니다.' '그럼 난, 나는 남자가 아닙니까?' 라고 그가 저에게 대꾸했어요. 저는 무서웠지요. 그래서 성모 마리아님을 불렀어요. '빨리, 빨리 오세요. 저는 이 짐승과 단둘이 있답니다.' 그런데 있잖아요. 성모님이 저를 재빨리 도와주셨지 뭡니까. 마침 그 순간에 한 어린아이가 들어왔어요. '이브라힘 씨, 공책 한 권이 필요해요.' 그가 대체로 아주 선량하다는 것은 사실이에요. 그런데 그가 선한지, 어떤지 전 더 이상 모르겠어요. 제가 아는 것은 그의 얼굴이 어린아이 앞에서 갑자기 돌변했고, 저는 재빨리 밖으로 뛰어 나왔다는 거죠. 그런 얘기들은 숱하게 많아요. 그러나 매번 저는 성모 마리아님을 불렀고, 성모님은 그 모든 짐승들로부터 저를 구해 주시지요."

나에게 이 이야기를 하고 있는 동안 흥분되어 있던 린다의 얼굴이 다시 편안함을 되찾았다.

어느 날 그녀가 다른 과부 한 사람과 바느질을 하러 왔다. 그녀는 갑자기 나에게 이렇게 말했다. "묵주신공을 바칩시다." 그러더니 천천히 두 발로 재봉틀을 돌리면서 부르튼 입술로 다음과 같은 말을 되풀이해서 기도하는 것이었다. "은총이 가득하신 마리아님, 기뻐하소서." 재봉틀 돌리는 소리와 기도소리, 이 두 가지 소리가 동시에 방 안에 울려 퍼졌다.

피에르 드 라 고르스는 프랑스 혁명에 관한 그의 책 속에서 이렇게 쓰고 있다. "이성의 여신이 노트르담 성당에서 군림하고 있는 동안, 가난한 여인들의 단순한 기도소리가 기독교를 구원해 주고 있었다." 린다, 네가 너를 닮은 여자들과 함께 살아 있는 한, 짐승들은 부리망을 쓰고 있게 될 것이고, 지상에는 하느님이 함께하실 것이다.

돌멩이와 입맞춤

어린 모하메드들이 수녀님과 신부님들에게 돌멩이를 주워 던지는 일이 종종 일어났다. 중요한 것은 동요하지 않고 태연한 척하는 것이다. 하루는 세 명의 꼬마가 나에게 돌을 던졌다. 내가 뒤돌아 서자 그 녀석들은 "걸음아, 나 살려라!" 하고 도망을 갔다. 나는 그 중 한 아이를 붙잡아…… 사탕을 주었다. "왜 돌을 던졌지? 내가 네게 무슨 나쁜 짓을 했니? 자 받아라, 여기 네 친구들을 위해 사탕 두 개를 더 주마."

그리고 나는 다시 돌아서서 갔다. 잠시 후 나는 내 뒤를 따라 뛰어오는 소리를 들었다. 세 명의 꼬마가 숨을 헐떡이며 내게로 왔다. "저 말이에요, 용서하세요. 우리가 무슨 짓을 하고 있는지 몰랐어요." 나는 그 아이들에게 미소지었고 안아 주었다. 그날 이후로 우리는 친구가 되었다.

또 다른 곳에서 세 명의 어린 꼬마녀석들이 내게 던질 조약돌을 줍고 있었다. 그때 나는 내게로 달려오는 어린 여자 아이를 보았다. 그 애는 나의 손을 잡고 내 손에다 열렬하게 입맞춤을 했다. 얼마나 깜찍하던지?

우리 어린이들에게 종교와 국적, 피부색갈, 등등의 대립을 넘어서 사랑하는 것을 가르치기. 그들에게 안티고네와 함께 "나는 사랑을 위해 태어났지 증오를 위해 태어난 게 아니다."라고 재차 말하게 만들기. 세상의 모든 어린이들이 서로 손을 맞잡게 될 날은 언제일까? 그러면 지상은 돌멩이가 입맞춤으로 변해 버릴 천국이 될 수 있을 것이다.

베두윈 여자들

내가 넝마주이들과의 생활에 대한 기초 지식을 얻게 해 준 베두윈 여자들의 삶을 이야기하는 것이 흥미가 있지 않을까 생각한다.

푸르른 알렉산드리아로부터 수백 킬로미터 떨어진 곳의 사막 한가운데에 마리우트의 오아시스가 있다. 종려나무 사이로 여기저기 흩어져 있는 빌라들 가까이 사막 위에 베두윈족의 텐트들이 쳐져 있었다. 나는 알렉산드리아에 있는 우리 중학교의 수녀님들 그룹과 함께 친구들이 빌려준 한 아름다운 집에 며칠간 쉬려고 왔다.

물, 전기, 쾌적한 거처, 다양한 먹거리 등에서 우리의 편안한 삶과 그 모든 것을 박탈당한 베두윈들의 삶의 대조는 견딜 수 없는 것이었다. "그들은 거기에 익숙해 있다."라고 사람들은 말했다. 여자들은 분명 머리에 양철통을 이고 멀리 있는 샘으로 물 길러 가는 것보다는 수도꼭지를 틀어 물을 받는 것을 더 좋아할 것이다. 누군들 전기불을 쓰기 위해 석유 등잔을 포기하고, 냉장고를 쓰려고 냄비를 침대 밑에 넣어 두는 것을 그만두지 않겠는가? 어떤 소녀들은 텐트 속에서 그들의 염소털에서 뽑은 털실로 솜씨 좋게 다양한 색상의 양탄자를 짜지만 대부분의 소녀들은 아는 것 하나 없이 아무 일도 하지 않고 빈둥거렸다.

남은 휴가를 유용하게 보내도록 하자. 나는 알렉산드리아로 돌아가기보다는 나의 옛 학생들과 함께 그녀들에게 약간의 바느질과 글쓰기를 가르치려고 했다. 사람들이 앞다투어 나를 말렸다. "그 애들은 모두 도둑이고 더러우며 무지하고, 게다가 더러움과 무지 속에서 사는 것을 행복해 해요." 이와 같은 말을 들을 때 인간은 원시적인 삶에 그렇게 만족해 하는데, 우리는 왜 짐승의 가죽으로 덮힌 동굴 속에서 살지 않는가? 라고 자문하게 된다.

우리는 텐트를 방문하는 것으로 시작했다. 사람들은 바닥에 앉아서 이따금씩 차를 마셨고 곧 친구가 되었다. 소녀들은 무언가를 배우러 오는 것을 매우 기뻐했다. 그러나 주의할 것이 있었다. 즉 그 애들은 결혼 적령기 전이어야만 했다. 열두서너 살 이후에는 물길러 가는 일 외에 텐트 밖으로 나가는 일이 절대적으로 금지되어 있었다.

첫 번째 강습의 날이었다. 선생님들은 학생들과 마찬가지로 감격해 있었다. 학생들은 의욕으로 가득 차서 사람의 마음을 감동시켰다. 우선 바느질 교육은 그녀들이 다 만들면 자기 것이 될 반바지를 만드는 것부터 시작하려 했다. 그리고 충분히 익힌 다음엔 원피스를 만들고, 곧 이어 손수건에 수를 놓을 것이다. 프로그램은 꽉 짜여 있었는데, 왜냐하면 윤리교육과 갖고 있는 것으로 당장 할 수 있는 응급치료법을 매일 조금씩 배울 것이고, 또한 자기 이름을 쓰는 것도 배울 것이기 때문이었다.

베두윈 여자들은 인내심이 없어서 종종 가르치는 선생님의 머리에 반바지를 집어던졌다. "지겨워요, 갈 테에요!" 누군가가 나를 불렀다. "이쪽으로 오세요, 수녀님. 마부르카가 자리를 뜨고싶어 해요." 나는 감침질한 옷단을 살펴보았다. "아니, 그리 나쁘지 않구나. 마부르카, 며칠 후면 넌 아주 익숙해질 거야. 기다려. 내가 네 작업을 조금 도와 줄 테니까." 그녀는 미소지었고 다시 앉았다.

자신을 위해 원피스를 만드는 시간이 되자 흥분의 도가니가 되었다. 그것을 마치기 위해서는 그 애들을 적잖이 도와 주어야만 했으나, 마침내 끝마칠 수가 있었다. 우리는 그 애들 각자가 자기 손으로 작업의 형태를 갖출 수 있기 전에는 자리를 뜰 수가 없었다.

아주 구체적인 논리에서 출발한 윤리수업 또한 그들의 관심을 끌었다. 누가 종려나무를 창조했나요? 모두 한 목소리로 대답했다. "랍베나(하느님)요. 하느님은 또한 낙타도 창조하셨어요."라고 마부르카가 대답했고 "닭과 염소들도요."라고 자이넵이 덧붙였다. 우리는 태양과, 달과 함께 별에까지 올라갔다. 사막의 주민들이 갖고 있는 하느님에 대한 초월적인 감각으로 우리 베두윈 여자들은 모든 창조의 아름다움에 대해 경탄해 마지 않았고 그에 대해 주님께 감사드렸다.

그녀들은 꾸밈이 없고 솔직했다. 안 돼. 거짓말해서는 안 돼. 파트마는 거짓말쟁이였고, 더 이상 아무도 그녀를 믿고싶어 하지 않았는데, 그녀는 무엇을 얻었는가? 이웃의 달걀을 훔치면 좋지 않다. 왜지? 모두 함께 대답을 찾았다. "왜냐하면 하느님은 정의로우시니까요. 그래서 하느님은 우리가 도둑이 되는 걸 원치 않으세요."라고 파트마가 소리쳤다.

그리고 배가 몹시 아플 때는? 햇볕을 받아 뜨거워진 모래를 주머니에 넣어 배 위에 올려놓는다. 그러면 눈이 아플 때는? 깨끗한 헝겊을 설탕을 넣지 않은 차에 담갔다가 눈 위에 올려놓으면 훌륭한 습포(濕布)가 된다.

그녀들 각자는 우리를 자기 텐트에 초대하고 싶어 했다. 우리는 그녀들 집에 잠시 들르기 위해 오후에 약을 갖고 한 차례씩 도는 시간을 갖기로 했다. 눈에 몇 방울의 약물 떨어뜨리기, 열에는 아스프로, 파리로 인해 빨리 곪는 수많은 상처 위에는 머큐롬이나 검은 연고 바르기, 텐트 여기저기서 우리를 불렀다.

우리는 제이넵의 아버지 집에 도착했다. 그는 돗자리 위에 앉아서 코란을 읊조리고 있었다. 우리는 그가 끝마치기를 기다렸다. 그는 우리에게 호의를 갖고 이야기했다.

"저는 나이가 120살인데 사이드 파샤(터키의 문무고관의 존칭–옮긴이) 시대에 이 텐트 안에서 태어났지요. 그때 당시 마리우트는 사막이었어요. 나는 그곳에 내 아이들과 손주들을 낳았지요."

"아이들이 몇이나 되세요?"

"모르겠어요. 결혼을 한 열다섯 번 했으니까요."라고 그는 간단하게 덧붙여 말했다. (나는 그가 자기 부인들을 차례차례 매장하거나 쫓아냈다고 말하는 것을 들은 적이 있었다.) "마지막으로 결혼한 여자가 제이넵의 엄마예요."

모든 사람들 가운데 가장 총명하고, 가장 예쁘고, 귀여운 사막의 꽃이 어떻게 120살 먹은 약골의 딸일 수 있단 말인가? 제이넵은 만약 누군가 코란 방송이 아닌 다른 라디오 방송을 듣는다면 자기 아버지가 그 라디오를 땅바닥에 집어던져 부셔버릴 것이라고 우리에게 말했다.

몇 달 후 우리가 다시 왔을 때, 제이넵은 이제 막 결혼하려는 참이었다. 그녀는 13살이었고 남자는 15살이었다. 그러나 배를 저어 나가야만 하는 것은 그녀처럼 보였다. 그녀가 그에게 설명했다. "나는 텐트에서 살고싶지 않아요. 그대는 깨끗하고 작은 집 한 채를 마련해야 해요. 나는 바느질을 할 줄 아니까 재봉틀을 한 대 사 주면, 집을 꾸미기 위해 옷을 만들어서 돈을 벌겠어요……"

그러나 나를 가장 불안하게 만들었던 애는 불쌍한 마부르카였다. 나는 그 애가 왜 그렇게 정서가 불안정한지 이해하려고 애썼다. 그 애를 보러 그 집에 가 보고는 모든 것이 이해가 됐다. 우리는 대하기 까다로워 보이는 한 젊은 여자와 마주했다.

그녀는 계모였는데 왜냐하면 아버지가 마부르카의 엄마를 쫓아냈기 때문이다. 아버지는 딸에게 자기 새 아내의 시중을 들게 했던 것이다.

나는 카이로의 넝마주이들에게로 돌아갈 때, 마리우트의 베드윈 여자들을 그대로 두고 가야만 했다. 그러나 그녀들은 운 좋게도 애덕수녀회의 O 수녀님이 그녀들을 책임지게 되었다. 알렉산드리아에 들렸을 때 하루는 애덕수녀회를 방문했다. O 수녀님은 나에게 사막의 이 소녀들이 만들어낸 수예품, 스케치, 가방, 등등 수없이 많은 훌륭한 작품들을 보여주었다. 그들 각자는 자신들의 영감으로 작품을 만들었던 것이다. 매력적이고 기품 있는 작품 하나가 특히 내 눈에 띄었다. 나는 그 작품에서 마부르카의 이름을 보았다.

"어떻게 우리 경솔한 마부르카가 이렇게 훌륭한 작품을?"

"네. 바로 그 애 작품이에요."

O 수녀님은 그 애들에게 점토를 가지고 작품을 만들도록 내버려 두었다고 내게 말했다. 마부르카는 자신이 무척 좋아했던 이런 점토 작업을 통해서 억압된 욕망과 본능을 해방시켰고, 조금씩 조금씩 그녀의 섬세한 예술적 소질을 드러냈다는 것이다.

나는 속으로 내 자신에게 말했다. "성 빈센트의 딸들인 그 아이들에게 좋은 결과가 있었구나! 그렇지. 누군가 자기의 계모에 대해 불만을 토로하러 온다면 나는 그에게 점토를 내어 줄 것이다. '점토를 가지고 불만을 토해 내세요! 그러면 누가 알아요. 당신은 먼 훗날 불후의 걸작품이 될 작품을 만들어 내게 될지!'"

아탱게 부인

내가 아탱게 부인을 어떻게 알게 됐지? 아! 아주 오래 전, 내가 터키에 있을 때였다. 몇 년 동안 만나 보지 못한 내 가족을 만나기 위해 파리를 향해 떠나려던 참이었다. 그러나 나는 또한 재교육을 받기 위해 그 기회를 활용하고 싶었다. 모든 것이 변했고, 오래 된 소르본느 대학까지도 변해 있었다.

"파리에서 가장 좋은 교육은 아탱게 부인이 세운 세브르에 있는 시범 고등학교와 국제 교육학 센터에서 찾을 수 있을 것입니다."라고 누군가 나에게 도움의 말을 해 주었다.

파리의 몽파르나쓰 역에서 기차를 타고 세브르에 도착한 나는 거친 오솔길을 뛰어 내려갔다.

"고등학교요?"

"저기에요, 수녀님."

나는 안으로 들어갔다. 한 떼의 아이들이 나를 둘러쌌고 내가 입을 열기도 전에 "센터를 찾으세요, 수녀님? 우리가 그곳으로 안내해 드리죠."라고 말했다. 우리는 학생들이 유도연습을 하는 실내를 통과해 갔다. 나는 잠시 멈춰 섰다. 정중하게 인사한 다음, 두 사람은 시합에 들어갔다. 난폭한 데라곤 하나 없는 고대 그리스의 장정들도 그 운동을 좋아했을 법 하다.

아탱게 부인의 사무실로 들어갔다. 나는 그곳에서 미소와 빛과 맞닥뜨렸다. 그녀는 온 마음으로 우리를 맞아 주었다. 샘처럼 투명하게 빛나는 두 눈에서부터 환한 미소를 짓기 위해 열린 입술까지. 나는 미지의 여인 집에 들어갔다가 그 사람의 친구가 되어 그녀의 집에 머물게 되었다.

그녀는 즉시 나를 외국에서의 프랑스어 교사를 위한 과정에 등록시켜 주었다. 나는 『어린 왕자』에 관한 스튜르쩨 부인의 수업을 받게 되었다. 그 수업은 불꽃 같았는데, 그녀는 생각의 번득임이 일어나게 하기 위해 외국인들이 접근할 수 있는 가장 간단한 표현들을 가지고 곡예를 하는 것처럼 보였다. 아탱게 부인이 자기 차례가 되어 우리에게 이야기를 했다. 그녀의 주제는 어떻게 교육을 할 것인가, 즉 어린이 각자에게 숨겨져 있는 소질을 어떻게 개발해 낼 것인가였다. 이 지식인은 추상적인 것에 빠지지 않았다. 그녀의 말은 필경 공부에는 별로 재능이 없어 보이는 어떤 학생들은 돌연 섬세한 예술가로 자신을 드러낸다는 것이다. 그녀는 우리에게 그들의 작품들을 돌아보게 할 것이라고 했다. 그러나 삶이 솟구쳐 나오게 하기 위해서는 우선 사랑해야만 한다는 것이다.

"지상에서 우리를 사랑해야만 한다
살아서 우리를 사랑해야만 한다."

폴 포르의 이 말이 그녀의 입술 위에서 노래가 되었다. 그녀가 이 말을 어찌나 기쁨의 떨림으로 읊조리던지. 우리는 그녀로 인해 마치 흠뻑 젖어 있는 느낌이었다. 그녀는 다소 솜씨가 떨어지는 학생들의 작품이 전시되어 있는 곳으로 몸소 우리를 안내했다. 그녀는 한 어머니로서의 사랑과 자부심을 가지고 스케치, 유화, 도자기, 등 작은 작품들을 감상했고 감탄해 마지 않았다. 나는 한 라오스 사람이 눈이 부신 듯 어떤 브라질 사람에게 "저것 참 아름답지요!"라고 말하는 것을 들었다.

그녀는 알제리 출신인 그녀의 옛 제자 가운데 한 명과 나를 그녀의 아파트로 저녁식사에 초대했다. 그녀의 이 옛 제자는 자신이 어떻게 자기 나라의 해방을 위해 싸웠는지를 열정적으로 그녀에게 이야기했다. 아탱게 부인은 그녀의 말을 주의깊게 들었고, 이따금 단지 도가 지나치다고 생각하는 표현만을 지적했는데, 그러한 지적도 어찌나 유머러스하게 지적하던지, 우리의 열렬한 애국자 자신도 그에 대해 웃고 말았다. 그녀는 또한 나에게도 그녀 자신이 알고 좋아할 기회가 있었던 터키의 젊은이들에 관해서 수없이 많은 질문을 했다.

나는 때때로 아탱게 부인에게 내 학생들이 실현시킨 것이나 베두윈 여자들에게 시도되었던 노력을 상세히 이야기하는 편지들 가운데 한 통을 보냈다. 사막의 이 소녀들이 각성되어지는 과정이 특별히 그녀의 관심을 끌었다. 그녀는 넝마주이들의 지위향상을 위해서 항상 마음이 가득 담긴 격려의 편지를 나에게 보내 주었다.

어느 날 나는 커다란 흰색 봉투를 받았다. 그 우편물은 아탱게 부인의 사망을 알리는 내용이 들어 있었다. 첫 쪽에 꽃들이 꽂힌 화병 하나가 그려져 있었고, 그 밑에 예언자 예레미야의 다음과 같은 구절이 쓰여 있었다. "나는 아몬드 나뭇가지 하나를 본다…… 불침번을 서고…… 첫 번째로 잠에서 깨어 나는 이 나무, 그와 같이 불침번을 서서 '영원'을 지키고 '영원'은 '사랑'이다……" 나는 내 곁에 마치 살아 있는 존재가 나에게 "수녀님, 사랑해야만 해요. 마지막 숨결까지 사랑해야만 합니다."라고 말하는 것처럼 느꼈다. 내가 대답했다. "네, 당신처럼요, 아탱게 부인."

그리고 그 날 이후, 나는 우리 넝마주이 어른들과 아이들이 읽고 쓰는 연습을 하는 방에 그녀가 종종 방문하는 것 같은 환상을 가졌는데, 왜냐하면 "'사랑'이란 죽음을 넘어서 지속되기" 때문이다. 소중한 아탱게 씨와 그의 두 딸, 그리고 자신의 넝마주이들과 함께 있는 넝마주이 여자 사이에 이와 같은 깊은 우정관계를 엮어 준 사람은 바로 그녀였다.

최근에 학식이 많은 자끌린느가 내게 써 보낸 편지는 이러했다.

"라틴어로 의미가 종종 양면성을 띠는 센토(cento)는 수없이 많은 조각을 능숙하게 이어붙인 이불을 가리킵니다. 물에 적셔진 이런 종류의 이불은 로마시대 소방관들이 즐겨 사용했던 소방 보조도구였으므로 센토나리우스(centonarius)는 넝마주이였거나, 소방관들의 조장(組長), 혹은 두 가지 다였지요. 어떻게 이 센토나리우스란 용어가 수녀님이 하시는 활동의 지도자들을 위해 길조가 될 수 있는지 아시겠지요!"

우리의 빈민촌에는 소방관들이 없으므로 나는 낡은 헝겊조각으로 기워 만든 센토(우리의 특기이다)를 갖추기로 했다. 그리고 자! 만약 불이 나면 나는 그것을 가지고 이리 뛰고 저리 뛰고 할 것이다. 만일 나의 넝마주이들이 나를 모방한다면 우리는 전문적인 단체를 만들어서 아직 소방서가 없는 곳에서 봉사할 수 있을 것이다.

자끌린느는 덧붙였다. "수녀님은 가장 멀리까지 간 사색─최종적으로

형이상학—이란 라틴어 표현이 근원적으로는 '쓰레기통을 뒤지다'를 의미하고, 그것이 세네카에 의해 고상하게 바뀌어 마침내 '알 수 없는 것을 탐색하기', 혹은 인간의 의식처럼 '어리둥절하게 하는 변화하는 것'을 의미하게 된 이 동사, 스크루타리(scrutari)라는 것을 때로 생각해 보셨나요?"

부끄럽게도 나는 내 가련하고 작은 두뇌가 그처럼 깊은 생각을 한 번도 해본 적이 없다는 것을 고백해야만 한다. 그러나 정말이지, 그것은 우리가 잠시 멈춰 생각해볼 가치가 있는 것이다. 자신의 쓰레기통에 몸을 숙이면서 세네카는 "인간 의식의…… 알 수 없는 것을 탐색하기"에 이르렀다. 어쨌거나 이 로마인들은 현실주의자들이었던 것이다.

그들, 세 친구가 그를 죽였다. 왜?

(사건 때문에 몹시 충격을 받은 나는 아직도 바아작의 피로 뜨거운 이 글을 적어 나아갔다. 또한 나는 오늘도 침착하게 글을 쓸 수 있을지 잘 모르겠다.)

그들이 그를 죽였다. 그는 열여덟 살이었고, 이름은 바아작이었다…… 그는 살기만을 원했는데 그들이 그를 죽였다. 세 명의 친구들이. 왜?

그는 열다섯 살에 넝마주이들 동네로 들어왔다. 사람들은 그를 좋아했고, 그는 정직하고 선량한 소년이었으며, 언제나 일할 준비가 되어 있었다.

그들이 이러한 바아작을 죽였다…… 왜? 너는 살기만을 원했었는데 어떻게 그런 일이 일어나게 되었는지? 닷새 전, 2월 11일이었다. 너는 수천여 개의 계단을 오르내렸기 때문에 피로에 지쳐서 돌아왔고, 그날 저녁 세 명의 친구가 너에게 "얄라, 카페에 가자."고 말했다. 바아작, 기분전환하기 위해 어디로 갈까? 구멍 뚫린 너의 누추한 함석집은 다른 집들처럼 창문이 없었다. 너는 그곳에서 너의 세 친구와 잠을 잤다.

그들은 테이블에 둘러앉아 뜨거운 알코올을 마셨다. 그 알코올은 1리터에 6피아스트르인 제일 값이 싼 것이었다. 그들은 트럼프를 치고 술을 마셨는데 알코올은 목이 타게 만들었고, 트럼프는 눈을 쓰라리게 했다. 그들은 자정이 넘어서까지 트럼프를 쳤다. 불행히도 바아작이 이겼다. "내가 이겼어. 너희들은 내게 50피아스트르를 줘야 해." 50피아스트르! 그것은 짐수레꾼이 꼬박 이틀을 일해야만 벌 수 있는 돈이었다. 그 애들은 화가 나서 몸을 떨었다. "절대 못 줘, 이 도둑놈아!" 욕설이 쏟아졌다. 알코올은 화가 치밀게 만들었다. 그러나 바아작은 돈을 줄 것을 계속 요구했다. "너는 연로하신 아버지 때문이었니? 아니면 술을 더 마시려고 그랬니? 그것은 결코 아무도 모를 일이었다. 결국 그들은 눈에 증오심을 품고 바아작에게 돈을 던졌다. 10피아스트르가 모자랐다.

"10피아스트르 더 내."

"결코 더 줄 수 없어."

네 명의 친구들은 비틀거리고 고함을 지르며 그들의 누추한 방에 함께 쓰러져 자기 위해 카페를 나섰다. 조심해, 바아작. 알코올은 화가 치밀어 오르게 하니까. 잠들지 마. 잠들면 안돼, 바아작! 석유램프가 나뒹굴어 불이 꺼졌다. 바아작은 잠이 들었다. 암흑이었다. 여러 개의 칼날이 그를······. "너는 더 이상 10피아스트르를 달라고 하지는 못할 거다……" 아니야, 너는 더 이상 그 돈을 요구하지 못할 거다 바아작. 세 친구는 피로 얼룩지고 잔뜩 취해서 잠이 들었다.…… 네 사람은 나란히 누웠다.

새벽 4시가 되었고 네 친구에게 일을 시키는 옴 카리마가 그들을 깨우러 왔다. "어서 일어나, 마차를 몰러 가야지!" 그녀는 손에 석유 램프를 들고 문지방을 넘어 섰다.…… 그녀의 두 발이 끈적거렸고…… 그녀는 발 아래를 내려다보았다. 바아작과 세 친구, 그리고 그녀의 두 발이 모두 빨갛게 피로 물들어 있었다. "바아작, 바아작." 아무 대답이 없었다. 세 친구는 취해서 자고 있었다. 옴 카리마는 고함을 지르기 시작했다. 이웃사람들이 몰려들었다. 빨리, 당나귀를…… 경찰서로 가자! "너희들 바아작에게 무슨 짓을 한 거야?"

그렇다. 그들이 그를 죽였다. 왜? 그는 살기만을 바랐었다. 그들 세 친구는 지금 감옥에 있다. 아마도 15~20년 동안은 감옥에 있게 될 것이다. 그들은 늙어 인생이 끝장났을 때 그곳에서 나오게 될 것이다. 누가 이 책임을 질 것인가? 진정 그 세 명의 친구인가? 아니면 그들의 노동을 이용하고 그들이 서로 죽고 죽이는 야수처럼 살아가도록 내버려두는 사회…… 사회란 너이고, 나이고 우리인가? 좋아, 그럼 무엇을 어떻게 해야 한단 말인가? 우선, 너의 쓰레기통을 수거하러 오는 이 넝마주이들을 바라볼 것, 그를 형제의 시선으로 바라보고 너의 기도와 생각 속에서 그를 받아들이고, 때때로 그에 대해 너의 친구들과 이야기하거나 또는 인간들을 구원하기 위해 성 바울로가 말했듯이 '협조자'를 찾으시는 성령께서 어쩌면 인간들, 특히 젊은이들에게 은총을 내리는 문제에 전념하실지 누가 알겠는가?

그렇다. 그들, 세 명의 내 친구들이 나를 죽였다. 살기만을 희망했던 나를. 나의 죽음이 과연 뭔가에 보탬이 될 수 있을까?

감옥

바아작의 어처구니 없는 살인사건이 일어났던 날 밤, 나는 내 작은 오두막에 있었다. 오늘도 나는 어떻게 옴 카리마가 외치는 소리를 듣지 못했는지 스스로 묻곤 하는데, 그 이유는 그 사건 장소와 내가 살고 있는 곳이 그리 멀리 떨어져 있지 않았기 때문이다.

 자명종이 울렸다. 미사에 가기 위해 나는 벌떡 일어났다. 그러나 시계가 늦는다는 것을 알았는데 그 이유는 내가 오두막을 나섰을 때 벌써 날이 조금 훤해져 있었기 때문이다. 우리 수녀님들은 내가 어둠 속의 들판을 혼자 쏘다니는 것을 좋아하지 않았다. 나는 두렵지 않았으나 그녀들을 안심시키기 위해 우리 넝마주이들 중 한 사람의 마차를 얻어 탔다. 나는 마차에 뛰어올라 타고 역으로 갔다. 그리하여 나는 그 비극적인 아침에 어쩌면 옴 카리마의 집 쪽으로 돌아서 갔었을 것이다. 경찰이 닥치는 대로 사람들을 잡아가고 있었고, 그들에게 수상해 보이는 나 역시 십중팔구 잡혀갔을 것이다. "당신, 여기 이 살인자들 한가운데서 뭘 하고 있는 거요?" 불행히도 나는 감옥에 잡혀 들어가는 이 뜻밖의 기회를 놓쳐 버렸다. 감옥에 가 보는 것도 쉽지 않았다. 나는 그 허가를 얻어 내기 위해 주지사에게 편지까지 써야 했다. 그는 나에게 감옥행을 허락하지 않았다. 나는 여전히 그곳에 갇혀 있는 사람들에게 약간의 기쁨과 희망을 가져다 주는 기회를 가지려면 어떤 경범죄를 저질러야 할까 궁리하곤 했다.

어느 부활절에 나는 알렉산드리아에서 두 명의 어린 학생과 그들의 어머니와 함께 감옥에 있는 그 학생의 아빠에게 명절을 기원하기 위해 출발했다. 우리는 길거리의 군중들 한가운데 있었다. 높은 담벼락 위, 2층에서 사람들이 창살 너머로 내려다보고 있었다. 바리케이드가 쳐져 있었지만 우리는 안으로 들어가려고 했다. 나는 군중들 틈새로 길을 내보려고 애썼다. 몸이 육중한 경관 한 명이 나를 불러 세웠다.

"아우자 에?(뭘 원하십니까?)"

"엘 나제르(교도소장을 만나려고요)."

그는 젊고 매우 친절한 어떤 남자 곁으로 나를 데려갔다.

"저는 명절에 아빠에게 인사를 드리고 싶어 하는 두 아이들과 함께 왔습니다."

"몸켄(가능합니다)."

"그리고 저는 죄수들을 위해 오렌지를 좀 가져왔습니다. 제가 직접 그들에게 나눠 줄 수 있을까요?"

그는 조금 망설이다가 결국 허락했다. 그는 내게 군중 속에서 두 아이와 애들 엄마를 데려올 수 있도록 한 병사를 붙여 주었다. 그녀들이 안마당에서 기다리고 있는 동안에 나는 편안한 마음으로 여자 죄수들이 있는 곳으로 갔다. 나는 미소를 지으며 여자들 한 명 한 명에게 오렌지를 내밀었다. 불행한 여인들은 나에게 오랫동안 고마워하는 눈길을 보내며 오렌지를 받았다. 그 순간 내 곁에 있던 군인 하나가 "저와 함께 갑시다."라고 나를 불러 세우는 것이었다. 나는 그를 따라 갔고 그가 나를 교도소장의 사무실로 데리고 갔다. 흥분하지 말자. 나는 의자를 청했고 그의 맞은 편에 태연하게 앉았다.

"여기 뭣 하러 오셨나요?"

"명절을 축복하기 위해서요."

"누구에게죠?"

"우선 기르기우스 에짜트에게, 그 다음엔 여자들에게요."

"기르기우스 에짜트가 누군데요?"

"나의 어린 두 학생의 아버지입니다."

"그가 무슨 죄를 졌죠?"

"잘 모르긴 해도 그의 아내가 내게 말하기를 그는 결백하다고 합니다."

그는 호탕하게 웃었다.

"늘 그렇지요. 그들은 언제나 죄가 없다고 합니다!"

그가 한 경관에게 명령을 내렸다. 우리는 기다렸다. 그 경관이 돌아와 보고했다. 그렇다. 한 죄수의 이름이 기르기우스 에짜트였고, 그의 두 아이가 그곳에 와 있었으며 그를 만나기 위해 기다리고 있었다. "봤지요, 난 거짓말쟁이가 아니에요." 나는 그의 두 눈을 똑바로 쳐다보고 말했다. 그는 조금 거북해 했다.

"좋소, 그 기르기우스를 불러오도록 하지요. 당신들은 안뜰에서 그를 만날 수 있을 거예요. 그러나 당신이 여죄수들을 만나는 것은 안 됩니다."

"왜요? 그들에게 이 오렌지를 나눠 주고 싶은데요."

"규칙이에요. 그러나 괜찮다면 오렌지를 이곳에 놔 두세요. 내가 그들에게 그것을 나누어 주도록 할 테니까요."

그는 일어나 나에게 인사를 했다.

얼마 후, 기르기우스가 아이들을 두 팔에 안고서 울음을 터트렸다. 그러자 갑자기 소란스러워졌다. 긴 검은색 망또를 입은 정교회의 신부님 두 분이 상자를 든 젊은이들의 호위를 받으며 군중을 헤쳐 나갔다. 그 신부님들도 수감자들에게 명절 인사를 하러 오셨던 것이다. 나는 그들 뒤에 슬그머니 끼어 들어 따라가고 싶은 마음이 굴뚝 같았다. 그러나 계급장을 단 대장이 도착해 모든 것을 확인했고 날카로운 어조로 "신부님 두 분만 지나가시지요."라고 명령했다.

나는 아직 감옥에 들어가 보지 못했다. 누가 나에게 감옥에 갈 수 있는 정보를 줄 것인가? 감옥의 창살 안에 갇힌 그 모든 사람들이 나를 부르고 있었다. 나는 그들에게 대답할 기회를 잃었다. 바아작이 죽은 그 날조차도.

3만 달러를 찾아서

바아작이 죽은 다음 날, 나는 무거운 마음을 안고 예수회 중학교로 갔다. "M 신부님 계신가요?" 그가 나왔다.

"어떻게 지내세요, 수녀님."

"좋지 않아요."

"왜요?"

"아시겠지만 저나 신부님, 우리 모두가 아무런 손도 쓰지 못하는 동안, 우리 젊은이들이 서로가 서로를 죽이고 있기 때문이죠."

"진정하세요 수녀님, 무슨 일이 있었나요?"

아직까지도 나는 온몸을 떨면서 그에게 그 비참한 이야기를 들려 주었다.

"그 모든 것이 결국은 우리의 잘못이에요. 신부님, 제 잘못이고 당신의 잘못이에요. 우리가 젊은이들이 저녁나절을 건강하게 보내기 위한 클럽을 하나 만들지 않는 한 모든 것이 되풀이 될 거예요. 살인자는 그들이 아니라 우리에요!"

"과장이십니다. 수녀님."

"그리 과장될 것 없어요, 신부님. 카이야트의 영화 〈우리는 모두 살인자이다〉를 보신 적 있죠. 저는 그 의견에 동의합니다. 그들에게 오락실을 하나 만들어 줍시다."

"우리는 그것에 대해 이미 이야기했습니다. 특히 땅주인이 우리에게서 축구장을 되찾아간 최근 몇 달 전부터 말입니다."

"당연하지요. 젊은이들이 더 이상 운동조차 할 수 없게 된 그 불행한 날부터 제가 당신에게 끊임없이 부지를 사자고 말했지요!"

신부님은 조금 인내심을 잃고서 다시 말했다.

"그렇습니다. 그러나 수녀님은 그와 동시에 밭 하나를 사서 거기에 두 개의 유치원과 바느질 교실 하나, 글 배우는 교실 하나, 클럽 하나를 짓고 축구장을 만들고 싶어하셨어요. 우리는 그 모든 비용으로 3만 달러가 든다고 계산했지요. 게다가 수녀님께서는 저에게 수영장 하나가 필요하다고 늘 말씀하셨어요!"

나는 감정이 격해지는 것을 느꼈다.

"수영장은 뒤로 미루지요, 신부님. 다른 무엇보다도 넝마주이들은 여름에 몸을 시원하게 식혀주는 시설이 필요합니다. 3만 달러는 제가 유럽에 가서 마련해 보겠어요. 사람들 주소 좀 찾아 봐 주시고, 저에게 신부님의 축복을 내려주세요. 지상과 천상이 우리와 함께 하기를 빌어봅시다."

이 대화의 결론으로 나는 추기경, 교황대사, 정교회의 총대주교 등 고위층의 추천서를 유럽의 각 도시에 보냈고, 3만 달러를 구하기 위한 대장정에 들어갔다.

이집트인들

나는 유럽과 소아시아와 북아프리카의 여러 나라에서 이리저리 거처를 옮기며 무척 많은 곳을 돌아다녔다. 나는 사람들의 관계가 이집트에서만큼 우정어리고 정중했던 것을 결코 어디에서고 느껴보지 못했다. 수많은 실예들 가운데 한 예를 여기 소개하겠다.

나는 3만 달러를 구하기 위한 여행을 준비하고 있었다. 그런데 할인되던 비행기표가 4월 1일부터 시효가 완료되었다는 소식을 갑자기 통보 받았다.

그리하여 결국 항공료로 100리브르를 더 지불해야만 했다. 모든 절차를 끝내기 위해 사무실에서 사무실로 뛰어다닐 시간만 남아 있었다. 사무실 문을 닫기 전에 모든 일을 끝마쳐야만 했으므로 나의 넝마주이 친구들처럼 나는 아주 급한 경우에만 택시를 탔다.

나는 택시를 기다렸다. 택시 한 대가 다가왔다. 급해 보이는 어떤 부인도 그 택시를 타고자 했다. 아! 우리가 같은 방향으로 가니 함께 탑시다.

"정확히 어디를 가십니까, 수녀님?"

"스위스 항공사요"

"스위스 항공사로 갑시다."

"아니, 부인께서는요?"

"전 상관없어요. 수녀님을 먼저 내려드리고 저는 계속 갈 거예요. 약간 우회하면 됩니다. 수녀님이 저보다 더 급해 보이세요."

그녀는 내 몫의 택시비 지불을 절대적으로 막았고, 나를 항공사 앞에 내려주었다.

친절하고 정중한 M과 B가 이미 나의 여행 행로를 준비해 놓고 있었다. 세 사람이 그의 책상 앞에 앉아 있었다. 한 레바논 사람이 말했다. "런던을 거쳐 시카고로 출발하기 전에 제 아내가 스위스에서 며칠간 보내고자 합니다. 저는 출발 전날에 그녀와 합류하러 갈 것입니다." M과 B가 이 일을 해결하기 위해 전력을 기울이고 있는 동안, 나는 기다리고 있던 두 젊은 남녀와 이야기를 했다. 그들은 이집트인들로 런던에서 그들의 휴가를 보내려고 했다. 우리는 이야기 저얘기를 하다가 아주 자연스럽게 넝마주이들에 관해 이야기를 하게 되었다. 그것은 내가 가장 잘 아는 주제였다. 레바논 사람은 만족스럽게 자리를 떴고, 두 장의 런던행 표도 덕분에 빠르게 해결할 수 있었다. 항공사 사무실을 나서는 순간, 알지도 못 하는 한 젊은 여자가 내 손에 큰 액수의 지폐를 쥐어 주었다. "당신의 넝마주이들을 위해서 쓰세요, 수녀님." 내가 고맙다는 말을 할 겨를조차 주지 않고, 그녀는 미소지으며 훌쩍 가 버렸다.

"수녀님 차례입니다. 3월 31일의 좌석을 잡아드리기가 무척 힘들었어요. 당연히 사람들은 모두 할인요금 마지막 날 떠나고 싶어 하지요. 그러나 마침 파키스탄 항공에 자리 하나가 남아 있었어요. 그래서 모든 일이 잘 풀리게 되었습니다. 자, 이것이 지불하셔야 할 요금의 총액인데, 여기에서 10리브르만 덜 주시면 됩니다. 그것은 수녀님 여행에 제가 드리는 기부분 몫입니다."

나는 여러가지로 관대하고 정중한 것에 감동된 채 그곳에서 나왔다.

내가 길로 나와 보도 위에 서 있는데, 자동차가 와서 내 앞에 멈춰 섰다.

"수녀님, 자말렉에 가시나요?"

"네, 부인."

"그럼, 타세요."

나는 사양하지 않았고 우리는 함께 차를 타고 갔다. 이 매력적인 젊은 여인은 이름이 이시스라고 했다. 꿈같은 달의 여신의 이름이었다. 빨간불의 신호등이 우리를 멈춰 서게 했다. 바이올렛을 파는 꽃장수 여자가 달려왔다. 바보같이 나는 탄성을 질렀다.

"아, 예쁘기도 해라!"

"수녀님, 바이올렛, 좋아하세요?"

내게 대꾸할 여유도 주지 않고, 그녀는 꽃 한 다발을 사서 내게 내밀었다. 나는 조금 혼란스러워 하며 고마움을 표했다. 자동차 안에 은은한 꽃향기가 퍼졌다.

"수녀님, 자말렉의 어느 쪽으로 가시나요?"

"교황대사 관저로요."

"알았습니다. 그곳에 내려드리지요."

나는 손에 바이올렛 꽃을 들고 그녀와 헤어졌다. 그녀의 이름이 이시스라는 것, 그것이 내가 그녀에 대해 아는 전부였다.…… 그러나 나는 그녀를 결코 두 번 다시 만나지 못할 것이다!

향기로운 꽃과 할인된 가격의 비행기표 한 장, 그리고 지갑 속에 10리브르를 넣고서 나는 교황대사 관저로 들어갔다. G 예하(추기경 대주교 · 주교 · 교황청 고관에 대해 쓰는 호칭―옮긴이)는 나를 천거해 주기 위해 이미 개인적으로 로마에 편지를 써 보냈다. 그의 이탈리아 사람 비서인 B 신부님은 넝마주이들과 넝마주이 여자의 절친한 친구였다. 그는 내가 도시(우리의 라틴어 교수가 존경심을 갖고 목소리 높여 우리에게 말했듯이 우르브스Urbs, 로물루스와 레무스의 도시를 생각해 보시라) 속에서 어떻게 요령있게 헤쳐나가야 할지 상세하게 설명해 주었다.

나는 열을 올리며 다시 출발했다. 그 날은 길일이어서, 고대인들이 그랬듯이 흰 조약돌로 표시하는 것이 필요했다. 물론 이집트의 모든 달이 당신에게 그처럼 행복한 전조를 허락해 주는 것은 아니었다. 그러나 당신을 도와주기 위해서 사람들이 얼마나 자신의 불편을 감수하는지를 현장에 와서 보시

라. 내가 카이로에 체류하던 초기에 엠바바 사제를 만나러 간 적이 있었는데, 나는 마타레이야로 되돌아가야만 했었다. 한 시간 반에서 두 시간쯤 걸리는 거리였다. 나는 교통수단으로 무엇을 이용해야 할지 몰랐다. 멧돼지 내장을 파는 한 영감님이 다가와 도움을 자청했다.

"수녀님을 마타레이야까지 모셔다 드리겠습니다."

"아니에요. 괜찮아요! 다만 나를 그곳으로 가는 첫 번째 버스에 태워주시고, 내가 어디에서 내려서 어디에서 바꿔 타야 하는지만 가르쳐 주세요."

믿거나 말거나 나는 그가 나와 함께 버스에 올라타는 것을 말리기 위해 그와 싸워야만 했다.

아! 여러분에게 내가 겪었던 그토록 많은 이집트인 친구들의 친절을 전부 얘기하자면 책 한 권을 가득 채우고도 남을 것이다.

바아작의 피

내 모든 서류는 규정에 따랐다. 나는 바아작을 생각했다. 그는 내 마음속에서 나와 동행했다. 그래, 우리는 우리의 젊은이들을 구원할 것이다.

로마는 첫 번째로 공략할 곳이었다. 나는 '고난의 교회'에 전화를 걸었다.

"네, 수녀님. 우리는 수녀님의 편지를 잘 받았습니다. 그러나 교회장이신 반 스트렌텐 신부님은 여행중이십니다. 수녀님께서는 아프리카에서 오셨는데, 그곳에는 우리가 구제해야 할 수없이 많은 지부가 있지만 재정이 충분치 않습니다. 우리의 어려움을 이해해 주셔야만 합니다.…… 네, 이해합니다. 만일 만의 하나라도 사람들이 제가 필요로 하는 3만 달러 이상을 준다면 저는 당신들을 도울 것입니다.…… 오, 수녀님! 안녕히 계세요. 행운을 빕니다!"

첫 번째 시도는 그리 긍정적이지 못했다. 용기를 잃지 말자.

다음으로 나는 P 추기경님에게 전화를 했다. 상냥하지만 급한 목소리였다. "아! 네, 수녀님. 교황대사를 통해 알고 있습니다. 그러나 제가 짐을 다 싸 가지고 파리로 출발하려는 참이에요. B 예하를 만나보십시오. 행운을 빕니다, 수녀님!"

그리하여 지금 나는 날카로운 눈초리로 똑 부러지게 말하는 고위성직자 앞에 서 있게 되었다. "그러니까 수녀님, 제 앞에는 넝마주이들에 관한 서류가 있고 수녀님께선 3만 달러를 구하고 계십니다. 그것은 적은 액수군요. 이미 일을 시작하셨지요?"

"그렇습니다, 예하."

나는 그에게 나의 첫 번째 전화의 용건을 간단히 말씀드렸다. 그는 "보세요, 수녀님. 만약 수녀님께서 이런 방식으로 일을 계속하실 생각이라면 내일 당장 카이로로 다시 돌아가십시오. 수녀님은 한 푼도 구하실 수가 없을 것입니다. 그러니 아프리카의 모든 곳이 아니라 당신의 넝마주이들에게만 전념하세요. 수녀님, 그리고 약속시간을 잡기 위해서만 전화를 하십시오." 몹시 당황하는 내 얼굴 앞에서 그가 덧붙여 말했다. "자, 일의 시작을 위해 제가 수녀님께 수표 한 장을 약속드리지요." 그리고는 그의 비서에게 말했다. "'빈민구호 교회'에 수녀님의 방문을 알리는 전화를 하세요. 그곳은 아주 가깝습니다.

다리를 건너 오른편으로 돌아서 가시면 첫 번째 건물입니다. 그곳에 가셨다가 수표를 받으러 다시 오세요. 안녕히 가십시오. 성공을 빕니다."

이 고위성직자를 만난 것은 진정 행운이었다. 그의 충고를 꼼꼼하게 따른 덕분에 나는 닫혀져 있던 많은 문을 열 수 있었다. 나는 우선 '고난의 교회'에서 극진한 환대를 받았다. 더할 수 없이 사람을 기분좋게 하는 앙투와네트는 마음을 열어 내 말에 귀를 기울였다. 나는 그녀에게 바아작의 이야기를 해주었다. 그러자 나는 우스꽝스럽게도 10년에 한 번 있을까 말까하게 느닷없이 눈물을 펑펑 쏟았다. 나는 바아작의 죽음에서 헤어날 수가 없었다! "걱정마세요, 수녀님. 우리가 수녀님을 돕겠어요. 다시는 이와같은 비극이 일어나지 않을 것입니다."

나는 마음이 평온해져서 자리에서 일어났다. 그런데 왜 나의 두 손에 바아작의 피가 묻은 것처럼 바아작의 죽음은 나의 뇌리에 자꾸 되살아나는 것일까? 그것은 내가 직접 묻힌 피는 아니었지만 레이디 맥베드처럼 때때로 되풀이해 말할 수밖에 없었다. "아라비아의 모든 향수를 가지고도 이 조그만 손을 깨끗이 씻어낼 수는 없을 것이다."

우리가 비탄에 빠진 우리 형제들을 도우러 떠나기 위해서 우리는 우선 희생자들과 피가 왜 필요한 것인가? 바아작의 비극적인 사건이 매번 그의 넝마주이 친구들을 위해 필요한 도움을 촉발시켜 주었다고 나는 말할 수 있다. 나는 가끔 주제넘은 이런 질문을 던지곤 했다. "선생님은 올 2월 11일 저녁 10시에 무엇을 하고 계셨습니까?" 질문을 받은 상대방은 놀라서 때로 자신의 수첩을 들쳐보고는 종종 내게 이렇게 대답했다.

"집에 있었던 것 같습니다, 수녀님."

"중앙난방이 되는 따뜻한 방에서 전깃불을 켜고, 텔레비전을 보고 계셨겠지요, 선생님?"

어떤 사람들은 다시 말하곤 했다.

"저는 텔레비전을 절대 안 봅니다, 수녀님."

"어쩌면 그럴지도 모르지요. 그러나 선생님, 어쨌든 당신은 맛있는 식사를 한 후 아주 편안하게 앉아 계셨겠지요."

"다른 모든 사람들처럼 말이죠, 수녀님."

"당신이 살고 있는 도시의 모든 사람들처럼 말이지요, 선생님. 그러나 그 시간에 스무 살의 젊은이 네 명은 저녁나절을 보내기 위해 가로 3미터에 세로 2미터 되는 좁은 공간에서 촛불 하나만을 밝히고 있었지요. 잠자리로는 짓이긴 흙바닥에, 창문도 없고 전깃불과 물과 난방도 없이…… 그들이 무엇을 하길 원하십니까? 길 한 모퉁이의 선술집에라도 가기를 원하시나요?"

그리고 나는 가장 냉정한 감수성으로 계속 말했다. 때로 나는 목이 메이고 잠겨서 입을 다물곤 했다.…… 나는 받아 든 모든 수표 위에서 몇 방울의 피의 환영(幻影)을 보았다.

༄ 파리냐, 카이로냐?

나는 파리로 왔다. 지하철에 올라탔다. 넝마주이들에 대해 이야기하러 가기 위해 나는 내 젊은 날을 보냈던 도시의 절반을 가로질러 가야 했다. 좌석에 앉아서 갈 수 있었으니 행운이었다. 나는 마음 편히 내 성무일과서를 읽을 수 있었다. 손으로 십자가를 그었다.⋯⋯ 그리고 눈을 들었다. 사람들이 놀라서 양 입술 끝에 가벼운 미소를 띠고 나를 보고 있지 않은가. 파리의 지하철 한복판에서 보란 듯이 노골적으로 기도를 하다니, 시대에 뒤떨어진 중세의 수녀로구먼! 게다가 아직까지 수녀복을 입고 있잖아! 이번에는 내가 그들에게 미소짓고 싶었다. "네, 그래요. 신사숙녀 여러분, 저는 사람들이 보란 듯이 길에서 기도를 드리며, 하루는 모르는 사람이 저에게 '고맙습니다! 수녀복을 입은 수녀님은 얼마나 아름다운지 모르겠어요. 알라신을 생각나게 하는군요' 라고 말했던 나라에서 왔다는 것을 생각해 보십시오." 라고 얘기하고 싶었다.

카이로에서는 뮈에찐(회교 사원 첨탑에서 기도시간을 알리는 승려-옮긴이)이 기도시간을 울려 퍼지게 하던가? 수박장수는 자기 마차 옆에다 작고 좁은 양탄자를 깔고 그 위에 무릎을 꿇고 앉아 이마를 땅에 대고 몸을 숙여 잠시 엎드려 있다. 그들의 신은 알라 악바르(가장 위대하신 신, 절대자)이다. 때로는 카이로 시내 보도의 반 정도가 이와 같이 몇 분 동안 기도를 드리는 회교도들로 혼잡하다. 그들은 보이지 않는 신의 세계로 향하는 자신들의 시선을 결코 멈추지 않을 것이다.

나는 카이로에서 나의 넝마주이들이 살고 있는 곳 가까이에 있는 마을로 가는 교외선 기차를 타고 가면서 기도하던 그 마음들과 얼마나 깊이 하나가 되었던가! 내 옆에 앉아 있던 한 남자가 코란을 읽는 동안 나는 성무일과서의 시편을 읽었고, 우리 두 사람의 기도는 모두 인간의 불완전한 기도였지만, 두 종교의 향로에서는 어쨌거나 향이 피어 올랐다. 그 향은 유일무이한 찬송의 나선형을 그리며 아주 고귀하신 하느님을 향해 올라갔다.

33개의 구슬로 만들어진 묵주가 손가락 사이에서 미끄러진다. 세 번의 기도로 주님께 영광을 돌리려고 하며, 하느님의 99개의 이름이 차례차례로 발음되어지니 가장 위대하신 분, 가장 선하신 분, 가장 아름다우신 분…… 회교도들의 입술이 절대적으로 자비로운 분의 말씀을 속삭이는 동안, 나 역시 내 묵주 알을 돌리고 있었다. "당신의 '이름'이 신성화 되기를……."

당신이 거리를 걷고 있을 때, 큰 글씨로 알라의 이름을 쓴 트럭 한 대가 당신 곁을 지나간다. 당신은 커다란 한 상점 안으로 들어간다. 그 상점 안 벽에 알라의 이름이 걸려 있는 것을 보게 된다. 기독교도들은 좋은 자리에 그리스도나 성모 마리아의 그림을 붙여 놓는다. 만약 당신이 어느 한 집에 들어가게 된다면 코란, 혹은 성경이 현관의 작은 탁자 위에 펼쳐져 있을 것이다. 단식의 달, 라마단에 나는 이 글을 쓰고 있다. 온도가 40도를 웃도는 숨막히게 더운 날씨다. 수백만의 남자들과 여자들, 그리고 아이들이 새벽 4시부터 저녁 7시까지 물 한 모금조차 마시지 않을 것이다. 개인적인 신념이라기보다는 전통이라고나 할까? 마음의 종교라기보다는 광신주의라고나 할까? 일보다는 게으름을 부채질하는 단식인가? 자기 형제에 대한 사랑보다는 전능자에 대한 두려움인가? 이 모든 비판은 부분적인 근거를 갖고 있다고 할 수 있다. 그리고 어쨌든 (각자 자신의 기호에 대해 자유롭다) 영혼이 없는 파리의 지하철보다는 아주 천천히, 꽉 들어찬 사람들, 인간 집단이 내뿜는 악취 한가운데 기도의 향기를 싣고서 칙칙폭폭 거리며 가는 카이로의 작은 교외선 기차를 나는 더 좋아한다.

은행강도

제네바에서 강연하는 도중 나는 "저는 3만 달러를 마련해야 합니다. 마련하지 못할 경우 저는 은행이라도 털 작정이에요."라고 말해 버렸다.

그곳에 기자 한 명이 와 있었다. 다음 날. 한 스위스 신문이 큰 글씨로 "한 수녀가 은행을 털 준비가 되어 있다."라는 제목의 기사가 실렸다. 나는 "말하기 전에 입 속에서 네 혀를 일곱 번 굴려라!"라는 오래된 민간 속담을 깜빡 잊고 있었던 것이다. 물론 나는 나를 도와 줄 준비가 되어 있는 수많은 청년들을 찾아냈다. "우리는 권총을 준비하고 있어요, 수녀님." 나는 벌써 총알이 휙휙대며 날아가는 소리를 듣는다. 끔찍스런 일이었다. 칼을 다시 칼집에 집어넣고 배짱이 없는 '선량한 수녀'로 남아 있자!

또한 나는 친구들에게 다음과 같이 말해 그들에게 큰 충격을 주었다.

"있잖아요. 사람, 개, 고양이들을 위한 식량으로 넘쳐나는 제네바의 슈퍼마켓을 보았을 때, 내가 만약 젊었다면……."

"수녀님이 만약 젊으셨더라면요?"

"그러면 나는 석유를 붓고 성냥불을 그어 댔을 거예요."

"너무 성급하시군요. 만약 선량한 수녀님들이 범죄가 되는 화재를 일으킨다면 우리는 더 이상 달로 도망가는 수밖에 도리가 없네요!"

"이해해야만 돼요! 나는 넝마주이들 집에 있다가 너무 갑작스럽게 수퍼마켓으로 떨어져 버린 느낌이에요!"

여행 막판에 내가 제네바에 다시 들렸던 날, 평화로운 도시는 웅성거리고 있었다. 캘빈에 의해 규율이 엄격한 도시에서 대체 무슨 일이 일어난 것일까? 통제된 거리들, 사방에 쫙 깔린 경찰관들, 응급차들. 내 친구 샤를로트의 훌륭한 남편 M. F. 씨는 텔레비전을 켰다. "제네바 역사상 처음으로 최대의 국제은행들 가운데 한 은행에서 은행강도 사건이 일어났습니다. 강도들이 은행 안에 있습니다, 보십시오."

그는 나를 향해 몸을 조금 돌리고 짐짓 초조한 어조로 말했다. "경찰이 우리 집에 들이닥치지나 않을까 걱정돼요. 수녀님이 처음 이곳에 왔을 때 3만 달러를 마련하지 못한다면 은행을 털겠다고 신문에 엄숙하게 선포하셨지요. 수녀님이 이곳에 오시자마자 그런 일이 터졌네요." 그리고나서 자신에겐 아무것도 감춰서는 안 된다는 친구같은 어조로 말했다. "거기에 가담하지 않으신 게 확실합니까, 수녀님?"

어린 장님 사미르

나는 어린 장님인 사미르에 대한 서류를 스위스로 가지고 갔다. 내가 어떻게 그를 알게 됐는지 이야기하겠다.

복음주의 신교회는 시청각에 관한 한 완벽한 장비를 갖추고 있었다. 그

교회에서 이따금씩 내게 영화필름과 함께 바테리 자동차를 보내 주었다. 세상에서 가장 사람 좋은 아민이 장비를 지키기 위해 차를 가져 왔다.

어느날 아침, 기차에 올라타려는데 누군가 내게 친절하게 인사를 했다.

"에찌 엑?(어떻게 지내세요?)"

"함둘릴라!(하느님 덕분에!)"

아민은 내게 기차표를 사 주었다. 아민이 기차표를 사 주었다는 것이 나를 감동시켰는데, 왜냐하면 그것은 그가 너무나 가난했기 때문이다. 나는 지금 환한 대낮에 그를 보고 있다. 밤중에는 그의 얼굴에 덮혀 있는 슬픔의 그림자를 결코 알아챈 적이 없었다.

"아민, 어디 아픈 것 아냐?"

"아니요."

"그럼 뭔가 안 좋은 일이 있는 거야?"

"제 아들, 어린 사미르는 장님이에요."

눈이 먼 아이에 관한 얘기를 듣는 것보다 더 마음을 움직이는 건 없을 것이다. 만약 우리, 어른들은 그들의 악행으로 인해 어떠한 중벌을 받는다 해도 마땅하지만 아이들, 아직 악행이 뭔지 모르는 그들은 그러한 고통을 당하는 일이 없어야 할 것 아닌가?

눈에서 흘러 내리는 눈물과 함께 가엾은 아버지는 이야기를 계속했다.

"사미르가 여섯 살 때, 어린 여동생이 죽는 것을 보았어요. 보름 후 어느날 아침 그 애가 일어나더니 두 팔을 벌리고 갈지자로 걷는 거예요."

"왜 그러니, 사미르?"

"앞이 안 보여요, 아빠."

"우리는 모든 의사를 만나보고 모든 병원에 가 보았어요. 아무런 효과가 없었어요!"

"내가 며칠 후 스위스에 가려고 하는데, 사미르에 대한 서류를 빠짐없이 준비해 주면, 내가 그것을 '떼르데좀므(인간의 대지)'에 보여 주겠네. 물론 나는 아무것도 약속할 수 없네. 그러나 할 수 있는 모든 것을 시도해봐야 할 것 아닌가."

며칠 후, 사미르는 자기 아버지 손에 이끌려 내게로 왔다. 그 애의 엄마와 어린 여동생도 함께 왔다. 아이는 움직이지 않는 투명한, 호수같이 맑고 아름다운 시선이 고정된 커다란 갈색 눈을 갖고 있었다. 그를 보고 있자니 울고 싶어졌다. 내가 서류를 집어 들고 일어나는데, 아민이 자기 아내에게 눈짓을 했다. 색이 바랜 노란 옷을 입은 아주 말끔한 그녀는 자신의 왕골바구니에서 오리 한 마리를 꺼냈다. "어제 저녁, 수녀님을 위해 잡았어요. 얼마나 맛있는지 잡숴 보세요!"

가난한 사람들, 그들은 부활절에 맛있게 먹기 위해 날짐승들을 살찌우는데, 그들이 나를 위해 그것을 잡았다니! 그러나 내가 그것을 거절한다면 그들에게 큰 상처를 줄 것이다.

나는 항상 무엇이든 도와줄 준비가 되어 있는 스위스의 샤를로트 F. 씨의 집에 도착했다. 샤를로트가 책임지고 서류를 제출해 주었다. 내가 카이로로 돌아오자 로잔느의 '인간의 대지'로부터 편지 한 통이 왔다. 큰 희망을 기대할 수는 없겠으나 안과의사의 검진을 한 번 받아보라는 내용의 편지였다. 우리는 병원으로 갔다. 의사는 세심하게 사미르의 눈을 정밀 검사했다. 검사 결과는 비관적이었다. 그는 보고서를 다음과 같이 작성했다. 눈의 신경이 더 이상 붉지 않고 겨우 분홍빛을 띠었으나 그보다는 차라리 하야스름 함, 즉 더 이상 거의 희망이 없다는 것이다.

로잔느에서는 우리에게 이런 편지를 보내왔다. "우리에게 아이를 보내봤자 소용 없음."

나는 아민에게 절망적인 소식을 전해야만 했다. 우리는 둘 다 울지 않으려고 억지로 눈물을 참았다. 그는 작은 집을 팔아 버렸고, 사미르를 이곳의 모든 의사에게 치료받게 하려고 빚투성이가 되었다. 모든 게 허사였다. 이제 그의 마지막 희망마저 땅에 떨어져 버렸다. 앞 못보는 장애인들을 위한 연구소 역시 사미르를 받아주지 않았다. 그 연구소는 75%의 지능지수를 요구했는데 그 애의 지능지수는 60%밖에 안 되었기 때문이다. 만약 재원이 마련된다면 나는 그를 가능한 한도에서 그의 지적능력을 향상시켜 줄 능력 있는 교사 한 명을 그의 집으로 보내도록 하려고 애썼다. 그러나 그것이 과연 실현될 수 있을까?

아민은 절망해서 꼼짝도 하지 않은 채 내 앞에 서 있었다. 내게 생각이 하나 떠올랐다. "토요일 저녁에 내가 시간이 나니 자네 가족 모두를 보러 가겠네." 한 줄기 빛이 갑자기 그의 두 눈에서 빛났다. 믿음으로 하느님께 자신을 바친 사람이면 누구나 자신감과 함께 바라카(주님의 축복)를 받는다. 그는 괴로움을 덜고 내 손을 잡으며 "라베나 켑트르, 라베나 마우구드(하느님은 위대하시고, 하느님은 현존하십니다)."라고 말했다.

사미르는 기도하는 것을 좋아했다. 그리고 그는 알 수 없는 기쁨으로 가득 차 있었다. 그러므로 그가 생명이 꺼진 두 눈으로 어떤 번개 같은 서광을 보았는지 누가 알겠는가? 사람들은 종종 어린이와 노인이 같은 산 정상에 살고 있다고 말한다.

그 사람은 전신이 마비되고 앞을 보지 못한 채 골목길에 앉아 있던 늙은 넝마주이였다. 당신이 그에게 "영감님, 거기서 뭘 하세요? 심심하지 않으세요?"라고 물을 때면 그는 당신을 향해 야위긴 했으나 신비로운 여명으로 빛나는 얼굴을 들어올리곤 했다.

"아니다, 내 딸아. 나는 결코 심심하지 않아. 나는 하느님께 감사드린단다."

"무엇을요, 영감님?"

"나를 어루만져 주는 햇빛과 멀리서 노래하는 소리새와, 이제 막 알을 낳은 닭의 울음소리와, 다른 사람들이 보고 있는 푸른 하늘에 대해 하느님께 감사드리지. 나는 기쁨 속에서 살고 있단다, 함둘릴라(하느님께 찬송을)! 그는 내 곁 아주 가까이에 계시지."

결국, 누가 장님들이란 말인가?

여행일기

내가 여행에서 돌아와 카이로에서 쓴, 나의 모든 친구들에게 보낸 편지가 여기 있다.

나의 친애하는 친구들,

우리의('저는 '우리' 라고 씁니다. 왜냐하면 여러분도 그들을 마음 속에 받아들이셨으니까요. 안 그렇습니까?) 소중한 넝마주이 어린이들 가까이로 돌아오자마자, 저는 우선 여러분 각자의 곁으로 다시 가고 싶습니다.…… 저는 마치 꿈속에서처럼 호의로 가득 찬 수많은 우정어린 눈길을 다시 보고 있습니다. 여러분은 저의 가슴을 이루 말할 수 없이 뜨거운 애정으로 가득 채워 주셔서 이번에는 제가 존경심과 호의의 감정에 별로 익숙지 않은, 우리의 넝마주이 형제들에게 그것이 넘쳐 흐르게 할 책임을 느낍니다.

그런데 누군가 초인종을 누르는군요! (마타리에의 아파트에서 여러분에게 편지를 쓰고 있습니다. 왜냐하면 제가 저의 빈민굴에 있게 되면 조용하게 글을 쓰는 것은 불가능하기 때문이지요.) 아! 여러분이 사진 속에서 제 가까이에 서있는 것을 보셨던 옴 함디가 왔군요. 우리는 서로 열렬하게…… 포옹했습니다. 생각해 보십시오. 우리가 못 만난 지 한 달이 되었다는 것을! 저는 그녀에게 그를 보고 좋아했던 여러분 모두에 대해서 이야기해 주었고, 그녀는 생기 넘치고 기뻐하며 다시 떠났습니다.

4월 1일

나는 로마에서 보낸 4월 초의 여러 날들을 다시 생각한다. 그곳에서의 가장 큰 기쁨은 창백하고 피로해 보였으나 선량함이 얼굴 가득 빛나는 교황님을 뵙는 것이었다! 그가 프랑스인, 벨기에인, 스위스인, 이탈리아인, 영국인, 브라질인, 스페인인, 일본인, 네덜란드인, 미국인, 덴마크인, 독일인 등의 어떤 한 그룹에게 인사를 보낼 때마다 매번 그 그룹 속에서 기쁨의 함성이 터져 나왔다. 우리는 대략 1만 명 정도였다. 어떤 젊은이들이 교황에 의해 인용된 그들의 그룹 이름을 열광적으로 외칠 때, 드넓은 실내의 지붕이 무너져 내릴 것만 같았다. 그리고 바티칸의 고위 성직자들이나 여러 다른 기관과 친애하는 산 비토에서 만났던 사람들의 상냥함과 마찬가지로 로마인들과 야니쿨 언덕의 우리 수녀님들의 상냥함에 대해서 무엇을 말할 수 있을까! 내가 그들에게 강연을 하는 동안, 로돌포 수도사의 어린 학생들은 나이에 맞지 않게 부단한 주의력과 조용함으로 경청하는 것을 보고 놀랐다.

4월 5일

지갑은 이미 두둑해졌으나 나는 스위스로 가서 다이나믹한 샤를로트의 안내로 '뻬르데좀므'를 방문, 따뜻한 영접을 받았다. 우리는 오래 전부터 서로 알아왔던 것 같이 느껴졌다. 쮜리히에서 40년 동안이나 만나지 못했던 얼굴들과 재회하는 아주 감미로운 기쁨을 맛보았다! 루체른의 '천주교 구호단체'와 전날 제네바의 '초교파회'에서와 마찬가지로 쮜리히의 '신교 상부상조회'에서 더할 수 없는 영접을 받았고, 사람들은 같은 이상향을 갖고 있는 사람들과 곧 형제처럼 느낀다.

4월 9일

런던으로 날아가야만 했다. 한 스위스 젊은이가 짐을 들어 주었고, 비행기 안에서는 내 옆에 앉았다. 그가 나에게 "우리에게는 깜짝 놀라게 하는 사제가 한 분 계세요. 그 이유는 우리는 모두 교회 주위에 모여 살고 있으므로 그분은 자동차를 포기하고 자전거로 우리를 방문하기 때문이지요. 사람들은 그를 밤낮으로 귀찮게 해요. 그는 이탈리아 이주민들을 돕기 위해 가난하게 살고 있어요. 그래서 우리 가족은 한 주에 두 번만 고기를 먹고, 고기를 먹지 못 하는 새로 이민 온 사람들에게 주기로 의견의 일치를 보았지요. 그리고 우리의 미사가 얼마나 아름다운지 수녀님은 모르실 거예요!" 그는 나에게 런던을 안내하겠다는 제안을 했으나 한 제복의 기사가 나를 기다리고 있었다.

"Are you sister Emmanuelle?"

"Yes."

그는 이제 런던에 있게 된 우리의 옛 교황대사인 H 예하가 나를 맞기 위해 보낸 사람이었다. 그의 관저에 도착하자 나는 그에게 우리의 이집트인 친구들과 그가 매우 구체적으로 관심을 갖고 있는 넝마주이들에 대해서도 당연히 이야기해 주었다. 그런 다음 그는 나를 '카포드'로 안내하게 했는데, 그 기관에서도 역시 열렬히 환대를 했고 우리에게 큰 관심을 보여주었다. 나는 옥스퍼드 행 기차를 탔고, 그 도시에 내려서는 유명한 대학의 한 학생이 '옥스팜'으로 나를 데려다 주겠다고 자청했다. 우리는 이야기를 나누었다.

"이 년 후에 학업을 마칩니다."

"그러면 어떤 일을 할 거예요. 돈을 가장 많이 버는 직업을 찾을 건가요?"

"내 평생 결코 그런 일은 없을 겁니다. 그러나 인류에게 가장 많은 봉사를 할 수 있는 일을 찾을 거예요! 저는 모든 사람들에 대한 사랑과 봉사를 이상으로 하는, 전 세계적으로 이름이 알려진 한 젊은이들의 봉사단체에 참여하고 있습니다."

나는 마음을 온통 빼앗긴 채 그의 말을 듣고 있었다. 청춘 만세! 나는 '옥스팜'에 도착했고, 그곳에서는 세상에서 가장 감미로운 한 사람—마담 드 세비녜가 그렇게 말했을 것이다—이 두 팔을 벌리고 나를 맞아주었다. 런던에 있는 우리 수녀님들 가까이서 하룻밤을 보내는 동안 나는 그들의 역동성을 보았다. 마침 한 수녀님은 한 그룹의 젊은이들과 러시아로 떠났고, 또 한 수녀님은 팔레스타인으로 떠났다. 고참 수녀님들의 거처와 인접해 있는 학생기숙사는 재기발랄한 생동감으로 넘쳤다. "초인종을 누르지 마십시오, 수녀님. 제게 열쇠가 있어요."라고 한 매력적인 소년이 내게 소리쳤다. 그리고 길 쪽으로 난 문을 열어 주었다. 브라보! 영국에서는 사람들이 현대적이었다!

4월 10일

내가 태어난 도시인 브뤼셀을 방문했다. 그곳 또한 이미 방문한 나라들과 마찬가지로 관대할 것이다. 내 가족과 내 어린 날의 옛 동무들과 감미로운 재회를 가졌다. 그런데 마타리히 거리에서 탐-탐소리와 환호성이 들려와 나는 창문으로 밖을 내다보았다. 다양한 색깔의 천으로 만든 바구니를 머리에 이고 있는 여인들이 있었다. (머리에 인 바구니에는 젊은 신부의 혼수가 들어 있었다. 인샬라! 그녀가 행복하기를 빌었다.)

내가 다녔던 학교인 '담 드 마리'에서 강연을 가졌다. 특별히 청중들은 매력적이었다. 강연 후 여러 기관을 방문했다. '카리타스-스꾸르'에서는 가장 활기찬 호의를 보이며 내 말을 들었고, 교황청 단체들과 '정의와 평화'에서도 많은 관심을 보였다. 벨기에에서는 감동적이었다.…… 최근에 서품을 받은 한 결혼한 부제(副祭)가 집전했던 잊을 수 없는 부활절 이브의 미사는 옛 예배의식과 새로운 예배의식을 혼합한 새로운 형식의 미사였습니다! 미사가 끝난 뒤, 나는 그리스도의 부활을 기념하기 위한 담화실에서 차 한 잔을 마시는 행사에 초대받았다. 그곳엔 젊은이들로 가득차 있었다. 청춘 만세!

4월 17일

투르네로 향하는 기차 안에서 세상에서 가장 박학다식한 신부님은 내게 세상에서 가장 아름다운 성당들 가운데 하나를 감탄하며 바라보게 했다. 켄터베리에서 성 토마스 베케트가 순교하기 며칠 전에 입었던 빨간색 실크 상제의(上祭衣, 사제가 미사 때 흰옷 위에 입는 소매 없는 제의-옮긴이)를 보고 감격했고, 엘리엇의 『성당 안에서의 살인』을 다시 생각했다. 나는 또한 황제들에게 마땅히 가져야 할 존경심으로 샤를르 껭의 금실로 짠 빨간색 비로드 제의와—잊어버릴 뻔했는데—성 엘뢰트르의 팔에 경의를 표했다.…… 그런 다음 나는 중학교로 바뀐…… 공작들의 옛 성에 갔다. 사람들은 건물을 새로 짓는 것보다 그것이 더 싸게 먹힌다고 말했다. 넝마주이 여자와 넝마주이들에 대한 벨기에식 온정이 있었다. 몽스 시에 전화를 걸자 당장 자동차로 우리에게 달려온 매력적인 한 여기자와의 활기찬 인터뷰에 의한 알찬 결론들이 있었다.

이곳 저곳에서 기독교의 생명력으로 가득찬 여러 젊은 가정을 방문했고, 비비안(나이가 세 살 반이었다)의 엄마는 넝마주이들을 위해 사순절(부활절 전 46일간) 내내 비비안이 초콜릿을 먹지 않았다고 내게 말했다. 비비안은 나에게 이렇게 물었다.

"넝마주이 어린이들도 초콜릿을 좋아하나요?"

"그럼, 비비안. 그러나 그 애들에게는 그것이 너무 비싸단다."

"만일 내가 그 애들에게 내 초콜릿을 준다면요?"

"걔네들은 '아! 얼마나 맛이 좋은지 모르겠네, 비비안의 초콜릿이!' 라고 말할 거야."

비비안은 보조개가 활짝 패이면서 웃었다. 세 살 반에 벌써 비비안은 초콜릿이 없어 못 먹는 아이들에게 주기 위해 맛있는 초콜릿을 자기 입에서 떼는 법을 배웠던 것이다! 비비안, 만약 네가 그와 같은 일을 계속한다면! 너는 많은 일을 할 거야.…… 어린 장애인들의 기숙사를 방문했다. 과학의 모든 재원을 사용할 줄 아는 사람들 덕택에 아이들은 밝고 유쾌한 생활을 누리고 있었다.

4월 19일

엑스-라-샤펠에 있는 대규모 독일 기관인 '미씨오'와 '미즈레오르'를 잠시 방문했는데, 그곳 사람들은 이집트와 그 나라의 사정을 잘 알고 있어서, 그들은 언제나 우리를 도울 준비가 되어 있었다. 내 짐작으로 유럽 공동시장에 관심을 가졌을 게 분명한 샤를마뉴 대제의 무덤에 참배하러 갔다.

4월 20일

뤽세르가 나를 룩셈부르크에 데리고 갔다. 거기서 나는 여섯 살에서 열흘이 모자라는 나이―그 아이가 나에게 자기 나이를 말해 주었다―의 감미롭기 그지없는 어린 엠마뉘엘을 알게 되었다. 그 아이는 나를 데리고 거리의 이곳저곳을 산책시켜 준 다음, 자신의 동물원 축소 모형 사자들과 표범들을 보여주었다. 우리는 절친한 친구가 되었고 서로 편지를 주고받자고 약속했다. 주교님은 큰 관심을 갖고 나를 맞아주었고, 역시 우리를 도와주겠다고 했다. 정말이지 룩셈부르크에 온 보람이 있었다.

4월 21일

아를롱에서 생기가 넘치고 유쾌한 기숙사를 잠시 방문했고, 내가 만났던 예수회의 가장 호의적인 사람들 가운데 한 분이신 신부님(내가 호의적인 예수회 사람들을 만났는지와 그들이 호의적인지 아닌지, 그리고 그들이 모든 면에서 나를 도와주었는지 아닌지는 하느님만 아신다!)과 진지한 토론을 가졌다.

"우리가 집을 지으려면 한 사람당 백만 리브르를 지출해야 합니다, 수녀님."

"벨기에는 물가가 너무 비싸군요, 신부님."

"우리는 넝마주이들이 아니예요, 수녀님!"

"할 수 없죠, 신부님. 만약 그리스도께서 다시 오신다면 그분은 넝마주이들 집에 거하실 것입니다."

"그건 확실치 않지요."

"적어도 그럴 가능성이 있습니다, 신부님!"

4월 23일

파리는 빛의 도시! 바빴지만 모든 점에서 풍요로운 체류였다. 방문과 강연이 연이어졌다. 젊은이들과 조금 덜 젊은 사람들, 종교인과 비종교인, 가족과 친구들이 나를 초대했고, 내 말을 듣고, 질문을 하며 많은 관심을 가져 주었다. '파리의 시온'의 젊은이들이 특히 열광했다.

"이집트는 아름다워요. 넝마주이들에게 호감이 갑니다. 우리가 그곳에 가겠습니다!"

"물론이죠. 내가 여러분을 기다리죠."

나는 스핑크스 발치에서 만나기로 약속했다.

"내게 날짜와 시간을 적어 보내 주시고 그룹으로 오세요. 나는 별로 시간이 많지 않습니다."

"알았습니다."

4월 25일

가족과 함께 자동차를 타고 디종을 향해 갔다.…… 그곳에서 내 스무 살 시절과 재회할 수 있었다. 저녁에 강연을 했는데 특별한 청중 중의 한 분, 데포르트 신부의 형수님, "당신이 제게 소세지를 보내셨죠! 깊은 감사를 드립니다!" 넝마주이 여자의 말을 듣기 위해 주교님이 몸소 그곳에 왔다. 강연 후, 질문들이 쏟아졌다. 아! 그래. 이집트, 얼마나 기막힌 나라인가. 그곳에 대해 나는 밤새도록 이야기할 것이다.

4월 26일

파리로 돌아왔다. 잊을 수 없는 아탱게 부인을 추억하며 세브르를 잠시 방문했다. 나는 땅을 일구고, 단식과 기도 속에서 열정적으로 건강에 좋은 채식 생활을 체험하며 살고 있는 젊은 부부를 알게 되었다.

4월 27일

그랑부르의 중학교에서 강연했고, 내가 말하는 것을 듣고 감동했고, 다른 곳에서나 마찬가지로 관대한 모습을 보이는 그 젊은이들에게 마지막으로 이야기하는 기쁨을 누렸다. 한 학생은 자신의 지갑을 모두 털었고, 사람들은 나에게 질문공세를 퍼부었다. 아! 젊은이들은 아름답다. 만약 우리의 옛 문명이 쇠퇴하고 있다면 그것을 구해낼 사람은 바로 그들이다!

4월 28일

파리를 떠나야 한다. 파리는 나에게 많은 것을 가르쳐 주었다. 많은 친구들과 많은 상호간의 충돌을 통해서, 이집트의 지혜와 프랑스의 새로운 바람 사이에서, 마르세이유와 니스로 가기 위해서, 그리고 많은 사랑과 성실함으로 '빛과 따듯함'을 지녔던 이스탄불, 튜니스, 알렉산드리아의 우리의 친애하는 수녀님들을 다시 만나러 가기 위해 나에겐 이틀이 남아 있을 뿐이다. 다시 떠나야만 한다. 지중해의 코트다쥐르 해안을 따라 니스의 비행장을 향해 허

둥지둥 가야만 한다. 이집트는 아름다운 해변들을 갖고 있다. 드넓게 펼쳐진 황금 모래사장을 적시는 꿈처럼 푸르른 바다……. 그러나 관광산업이 아직은 소박하고 건강하며 부와 쾌락에 썩지 않은 우리 민중을 망쳐 놓는 것은 아닌지?

4월 30일

수없이 많은 선물이 쌓여 있었던 제네바로의 마지막 여정! 마지막으로 친절하고 관대한 한 은행가를 방문했다.

5월 1일

드디어 나는 마타리에의 소중한 사람들 곁으로 가기 위해 이 친숙한 도시, 카이로에 착륙했다. 나는 가장 가난한 사람들과 함께 소박하고 아름다운 나눔의 삶을 다시 시작할 것이다. 그리하여 이제는 어떤 새로운 것과 함께 형제와 같은 관계가 맺어졌고, 이 형제애 덕분에 조만간 깨끗하고 건강에 좋은 장소에 무료진료소와 여러 개의 방이 지어질 것이다. 그곳에서 유치원의 꼬마들이 뛰어 놀고, 소녀들은 바느질과 독서를 배울 것이며, 젊은 사람들과 남자 어른들은 글을 깨우치게 될 것이다. 그리고 우리 젊은이들은 축구장에서 축구를 하게 될 것이고, 저녁에 클럽에선 연극공연이나 오락적이고 교육적인 영화상영을 할 것이며, 그곳엔 웃음과 노랫소리로 활기를 띠게 될 것이다.

케이예르 예하의 기원인 "그들이 사람이 되도록 도와 주십시오. 그러면 그들은 하느님의 아들들이 될 것입니다!"를 실현시키는 여러분 한 분 한 분에게 감사드립니다.

　여러분의 모든 관심과 우정에 감사드립니다. 넝마주이들과 넝마주이 여자는 여러분에게 "이집트에서는 태양 광선의 애무가 아침부터 저녁까지 퍽이나 부드럽다."라는 아케나톤의 상징 아래 그들의 애정을 보냅니다.

코프트 정교회 수녀님들의 공동체에서 보낸 15일

사람들이 말하는 새로운 개념의 코프트 정교회 수녀님들의 공동체가 있는 도시로 나는 버스를 타고 갔다. 그리고 남자들과 여자들이 오렌지, 바나나 그리고 알맹이들이 아직 노란 줄기에 그대로 매달려 있는 대추야자의 열매로 그들의 큰 광주리를 가득 채우고 있는 활기 넘치는 시장 앞에서 나는 내렸다. 이집트에서 여느 때와 마찬가지로 누군가 서둘러서 이 공동체의 창시자인 주교의 거처인 모트라네이야로 나를 안내했다. 마음을 사로잡는 노랫소리, 옅은 청색의 계단, 활짝 열려진 문, 수녀원은 그 맞은 편에 잘 지어져 있었다. 누군가 유창한 프랑스어로 나를 맞이했다.

　"안녕하세요? 수녀님. 만나서 얼마나 기쁜지 모르겠어요!"

　"제 카드 받으셨나요?"

　"아니요. 그러나 방 하나가 수녀님을 기다리고 있습니다."

　미소를 머금은 타쑤니 타하니(타하니 수녀)가 나를 안내했고, 작은 교회 안의 성상(聖像) 앞에 멈추어 몸을 깊게 숙여 인사한 다음, 새로 칠을 한 문을 열었다. 그곳엔 침대 하나, 장롱 하나, 그리고 활짝 열어놓은 창문 앞에 테이블 하나와 의자, 벽은 선명한 색깔의 성화(聖畵)들로 온통 뒤덮였고, 탁자 위에는 성경과 신앙서가 여러 권 놓여 있었다. "수녀님께선 잠시 이곳에서 쉬시다가 30분 후 우리와 성무일과서를 암송하시고, 그 다음 저녁식사를 하시게 됩니다."

이 밝고 유쾌한 작은 수녀원이 아직 결코 보지 못한 세계 속에서 보름 동안 내가 살게 될 곳이었다. 그곳에서는 아침부터 저녁까지 모든 일에 찬송가와 예수 하비비(나의 사랑하는 예수님)를 노래했다. 수련기에 있는 한 젊은 수녀님은 노래하면서 가지껍질을 벗기고 있었고, 세탁실의 또 다른 수녀님 한 분은 노래하면서 힘차게 빨래를 하고 있었다. 젊은 책임자인 타쑤니 타하니는 치마를 걷어 올리고 노래하면서 물 한 바가지를 퍼서 끼얹으며 계단을 문질렀다. 곧이어 심벌즈가 울렸다. 성무일과의 6시과(課, 정오)를 알리는 소리였다. 성소(聖所)를 밟게 되기 때문에 우리는 맨발로 교회 안으로 들어가 무릎을 꿇고 앉았다. 구약성서의 시편은 꿇어 엎드려 절하는 것 때문에 간간이 끊겼다가 이어지며 계속되었다. 유치원에서, 공동작업실에서, 고아원에서, 또는 환자 방문 등등……으로 시간을 보내지 않는 수녀들은 하루에 여섯 번을 이와 같이 주님을 찬송하기 위해 서로 만나고 있었다.

"내일은 일요일인데 우리와 함께 사예드나(대주교님)의 미사에 가시겠습니까?"

"제가 성체를 모실 수 있을까요?"

"당연하죠!"

정교회의 긴 미사는 신자들이 기운차게 외치는 키리 엘레이종, 라 라브 에르함 소리로 중간중간 끊기기는 했지만 찬송가가 울려 퍼졌다. 예하는 참석자들 속에서 나를 알아보았다. 나는 그가 소피 타쑤니와 이야기하는 것을 보았다. 소피 타쑤니가 다가와 내게 설명했다. "신자들이 천주교 수녀님이 성체를 모시는 것을 이해하지 못할 것이므로, 사예드나께서는 수녀님이 신자들 앞에서 성체 모시기를 원하는지 여쭈어 보라고 하십니다. 수녀님께서 성체를 모실 수 있도록 오늘 저녁 제가 직접 수녀님을 가톨릭 성당으로 모시고 가겠습니다. 내일 사예드나께서는 우리 수녀원에 미사를 올리러 오실 겁니다." 여인들은 머리에 베일을 쓰고 먼저 축성된 빵을 받은 다음 금빛 수저에 축성된 포도주를 마시기 위해 앞으로 나아갔다. 소피 타쑤니는 성체를 모시지 않았다. 그녀는 나중에 내게 "저는 수녀님의 고통을 깊이 느꼈습니다. 그래서 저는 수녀님의 고통에 성체를 모시기로 했습니다. 왜냐하면 그 또한 주님의 성체를 모시는 일이니까요."라고 말했다.

다음날, 예하께서는 수녀원의 미사에 참여하기 위해 오셨다. 미사를 마친 다음 그는 우리와 함께 아침식사를 했고 미소지으며 내게 말씀하셨다.

"만족하시나요?"

"아! 네, 그러나 완전한 만족은 아니지요."

"왜입니까?"

"왜냐하면 저는 코프트 정교회 교회 안에서 공개적으로 성체를 모실 수 있는 날을 기대하니까요."

"그렇게 될 때가 올 겁니다. 그렇게 되려면 우선 사람들의 의식을 넓혀야 하겠지요."

그는 두 번 나를 그의 식탁에 초대했다. 그의 식사는 그를 만나러 온 사람이면 누구나 초대받는 소박하고 간소한 식사였는데, 그 식단을 보면 약간의 작은 고기 살점이 들어 있는 돼지감자 스프와 쌀밥, 토마토가 든 호박요리, 대추야자의 열매와 오렌지 등이었다. 예하께서는 정겹고 솔직한 분위기 속에서 모든 사람들을 접대하셨다. 사람들은 내 아랍어 억양에 대해 농담을 하고 웃었으나, 우리는 프랑스어와 영어로도 이야기했다. 이집트의 전통적인 차를 들기 위해 입구에 있는 홀(hall)로 건너가기 전, 사람들은 함께 식탁을 치웠다. 예하께서는 기도와 포교, 이 두 가지가 동시에 봉헌된 사람들의 공동체를 세우고 싶었다고 내게 말씀하셨다. 이것은 전에 수도원에 갇혀 명상을 하는 수녀님들만으로 구성되었던 정교회의 '교회'에서는 새로운 시도인 셈이다. 따라서 사람들이 17세기 '애덕수녀회'에서 그렇게 했던 것처럼 수녀원에 갇혀 있지 않으면 누구를 막론하고 라바(수녀, religeous)라 부르지 않았다. 그런 사람들은 단지 '봉헌된 여자'라고 불렀을 뿐이다. 사실 타쑤니(수녀, sister)를 의미하는 고대 파라오시대의 용어 덕택에 해학적으로 교묘하게 난관을 피할 수 있었다. 예하께서는 나에게 우리의 규칙에 관해 물었다. 그는 유럽을 돌아보게 하기 위해 두 명의 타쑤니를 구교와 신교의 여러 다른 수녀원에 보냈고, 이집트에 있는 우리의 종교기관과 매우 긴밀한 접촉을 하고 있었다.

금요일 오후, 운집한 많은 사람들이 서로 밀쳐대고 있는 대성당 안에서 나는 여자들에게 배정된 우측 자리에 앉아 있었다. 예하께서는 마음을 사로잡는 리듬으로 먼저 자신이 기운차게 박자를 맞추며 찬송가를 부르기 시작했다. 그런 다음 고린토 전서의 한 구절을 읽었다. 그가 질문을 했다. "저에게 타칼리트(전통)의 의미를 설명해 보십시오." 사람들은 남녀노소 할 것 없이 모두 손을 들었다. 아무도 적확한 대답을 하지 못했다. 마침내 미소 띤 얼굴로 자기 아이들에게 이야기하는 아버지처럼 그는 두 부류의 전통에 대해 설명해 주었다. 먼저 '사도전승'은 그러므로 모든 '교회'에 공통된 전통과 세계의 여러 다른 '교회들'에 따른 '개별적인 전통'에 대해서도 설명했다. 그때 그는 개개의 신자들에게 좀더 가까이 가기 위해 중앙 통로를 이리저리 왔다갔다 하면서 자신이 앉았었던 주교의 강단을 가리켰다. "보십시오. 이 강단은 전통적인 것입니다. 그러나 무르 바울로스Mur Baulos(성 바울로)가 저 자리에 섰었습니까?" 모든 사람이 웃었다. "중요한 것은 성 바울로의 가르침이지, 이후 '교회들'에 따라 다르게 전개된 타칼리트가 아닙니다." 예하를 다시 만났을 때, 그가 사도전승에 만장일치하는 신앙의 기초 위에 그의 신자들을 가톨릭 '교회'와 연합하도록 준비시키는 데 대해 느끼는 나의 기쁨을 그에게 말했다. 모든 난관에도 불구하고 정통성을 통해서 건설적인 대화를 통해 가장 빠르게 전진하는 것이 코프트 '교회'였다.

저녁에 타쑤니들과 함께 치즈와 대추야자 열매를 나누어 먹고 구약성서의 시편을 노래한 후, 내 작은 방으로 돌아온 나는 마음을 활짝 열고, 양심의 거리낌이 없는 의인처럼 평안하게 잠이 들었다. 내 방 창문 아래에서 큰소리로 불러대는 찬송가 소리가 종종 나를 깨우곤 했는데, 나는 이 야밤의 서정시인에게 호기심이 발동해서 어느 날 아침 그 이유를 설명해 줄 것을 청했다. 타하니 타쑤니는 웃으면서 나에게 말했다.

"아! 우리 가수 말인가요. 그 사람은 기독교로 개종한 가수에요."

"뭐라고요? 그런 일은 그리 자주 일어나는 게 아닌데!"

"사연은 이래요. 그가 우리에게 말하기를, 하루는 그가 돌연 예수님이 메지흐(메시아) 또는 이븐 알라(신의 아들)라는 확신이 들었대요. 그래서 그 역시 메지히(기독교인)가 되고 싶었다는군요. 그는 당연히 욕설과 매질로 그를 들볶아대던 가족 모두의 뜻을 거스르며 영세를 받았어요. 어느 날 그들이 그를 어떤 죄목으로 고발하고 감옥에 집어 넣기 위해 경찰서까지 끌고 갔대요. 지독하게 발길질 당하고 얻어맞은 그는 그의 결백을 쉽사리 증명해 준 예하의 줄기찬 개입에 의해서만이 그곳으로부터 빠져나올 수 있었어요. 그는 몸이 상처투성이였으나 영혼은 희열에 들떠서 우리에게 왔지요. '내 가엾은 친구, 그대는 얼마나 많은 고통을 당했던가!' 그러자 그 소박한 사람은 온통 기뻐하며 대답했어요. '나의 사랑하는 예수님을 위해 고통받는 게 저는 행복했습니다. 그분이 저를 위해 더 고통당하지 않으셨던가요?' 라고요."

내 글을 읽는 여러분, 여러분은 신성이 박탈당한 현대 세계 속에서 조금은 방향을 잃은 것처럼 느끼지는 않는가? 그렇다면 복음의 기쁨 속에 잠기기 위해 이 작은 코프트 정교회 공동체에 한번 가 보시라!

"나를 죽인 사람들을 용서하십시오"

피와 눈물을 통해서도 한 가닥 사랑의 빛이 뚫고 들어올 수 있다. 즉 다음과 같은 얘기의 유서에서 사람들은 그 증거를 감동적으로 다시 읽을 수 있을 것이다. 스물 두 살의 가씨베 케이루트에 관한 얘기로 그는 베이루트 근처의 쟘후르의 예수회 학교에서 사제가 되기 위한 공부를 하고 있었다. 그는 1975년 12월 20일 그곳을 떠나 가족과 함께 크리스마스를 보내기 위해 마론 기독교도들과 메투알리 회교도들이 함께 살고 있는 그의 고향마을 나브하로 가기 위해 쟘후르를 떠났다. 그는 가는 도중 발벡의 유적지 근처에서 살해되었다. 쟘후르를 떠나면서 그는 자기 방에다 "가씨베로부터"라고 쓴 봉투 하나를 남겨 놓았다. 그 봉투 안에는 아랍어로 적힌 다음과 같은 글이 들어 있었다.

"'성부'와 '성자'와 '성령의 이름'으로 :
　제가 이 유서를 쓰기 시작했을 때, 마치 다른 사람이 제 대신 말하고 있는 것 같았습니다. 근래 레바논인과 레바논에 살고 있는 모든 사람들이 위험에 처해 있습니다. 제가 그들 중 한 사람이므로 제 자신이 나브하의 고향마을로 가는 길에 납치를 당하고 살해되는 것을 봅니다. 만약 이 추측이 사실로 확인된다면, 저는 제 가족과 제 고향마을 사람들과 우리나라에 한 마디를 남깁니다. 저는 어머니와 제 누이들에게 아주 안심하고 말합니다. "슬퍼하거나 적어도 울지 마시고, 과장되게 한탄하지도 마세요. 나의 부재(不在)가 아무리 길다 하여도 사실상 짧은 것입니다. 우리는 다시 만날 거예요. 그것은 확실합니다. 천상의 영원한 안식처에서 우리는 재회하게 될 겁니다. 그곳은 기쁨이지만 만약 우리가 헤어져 있다면 슬픔입니다. 그러나 두려워 마세요. 하느님의 긍휼이 우리 모두를 함께 모이게 할 것입니다.

저는 어머니와 누이들에게 단 한 가지 부탁드릴 것이 있습니다. 온 마음으로 저를 죽인 사람들을 용서해 주십시오. 저의 피가 비록 그것이 죄인의 피라 할지라도 레바논의 죄에 대해 속죄(피드야)로 사용되도록 저와 같이 요청하세요. 저의 피가 쓰러진 모든 희생자들, 모든 나라, 모든 종교 교파의 피에 섞여, 평화와 사랑 그리고 이 나라와 전 세계에서조차도 사라진 화합의 대가로 제공되기를 바랍니다. 저의 죽음이 사람들에게 자비를 가르쳐 주기를 빕니다. 하느님께서 당신들을 위로하시고, 당신들을 돌봐주시고, 삶에서 도움을 주시기를 빕니다. 두려워하지 마세요. 저는 이 세상에 대해 절대로 여한이 없습니다. 저를 슬프게 하는 것은 당신들이 슬퍼하실 거라는 겁니다. 기도하세요, 기도하세요, 기도하세요. 그리고 당신들의 적을 사랑하세요.

그리고 우리 나라에 대해 말합니다. "집을 지닌 사람들은 서로 다른 의견을 가질 수 있습니다. 그들은 서로 증오하지 않습니다. 그들은 화를 낼 수 있지만 적이 되지 않고 서로 다투기도 하지만 서로 죽이지는 않아요."

화합과 자비의 날들을 기억하십시오. 분노와 갈등의 날들은 버리십시오. 우리는 함께 먹고, 마시고, 일했습니다. 우리는 함께 유일신을 향해 우리의 기도소리를 높였습니다. 우리는 함께 죽는 게 필요합니다. 제 아버지는 제가 '후세인 아저씨'라고 불렀던 한 메투알리(회교도)의 동업자였습니다. 저는 그를 그렇게 부르길 좋아했고, 그들은 계약도 깨지 않고 회계보고도 하지 않은 채 75년이 넘도록 함께 사업을 했습니다. 기억하십시오. 자기 친형제에게서 100리브르를 빌릴 수 없는 일이 종종 일어납니다. 그럴 때 마을의 누군가에게 가기만 하면 됩니다.

그가 메투알리나, 마로니트나, 수니트나 또는 드뤼즈나 간에 그는 당신을 곤경에서 구해 줍니다. 모든 사람들이 그것을 알고 있지만 죄악이 우리를 눈 멀게 합니다. 하느님께서 분노를 없애시고 이 세상의 강한 자들의 음모를 자신의 피로 지불해야 할 의무가 없는 이 나라, 이 땅 위에서 그들의 계획이 먼지가 되게 하기 위해 각 개인은 자신의 믿음과 양심에 따라 기도를 다시 시작해야 합니다.

레바논에 이러한 상황이 지속되는 한 저는 하늘에서 편치 않을 것입니다!

제 장례식이 매장이나 슬픔의 날이 아닌 서품식의 날이 되도록 해 주십시오.

저의 유해를 위해서 공식적인 알림이나 많은 신부님들의 참석 없이, 보트로스 신부님께서 미사를 올려 주시기를 바랍니다. 그리고 만일 아부 칼릴이 몇 개의 오래된 상자로 제 관을 짜 주신다면, 저는 그것으로 아주 만족스럽게 생각할 것입니다. 조총(弔銃) 없이 활쏘기나 장례식 식사는 하지 말아주십시오. 사람들이 저를 용서해 주시기를…… 사실, 저는 먼지에 불과하며 하느님의 '힘'이 저를 신성한 삶에 참여하도록 해 주실 것입니다.

사람들은 말하겠지만 여러분에게 그것이 중요성을 갖지 말아야 합니다. 만약 그들이 약간의 동정심이나마 있다면 그들은 서로 죽이지 않을 것이고, 늑대들이 우리보다 더 나은 동물이 되도록 하지 않을 것입니다…… 그들은 얼마나 잘못 생각하고 있는 것인지!

합창대는 원하는 한 노래를 부르십시오. 저를 기쁘게 할 것이니까요……

이 글을 쓰면서 저는 어떤 것도 잊지 않고 모두를 생각합니다. 제 동료들과 친구들, 그들에 대한 저의 애정이 희망의 말을 할 수 있기를 간절히 원합니다. 저는 적절한 말을 찾아냈다고 믿습니다. "그들이 나를 위해 기도하기를, 그들이 하느님을 두려워하고 그분을 사랑하기를." 이 지상에서 우리 가운데 그리스도의 살아 있는 증인들인 신부님들과 수녀님들에 대한 생각을 당신의 기도 속에서 항상 잊지 마십시오. 특히 프란치스코회 수녀님들, 예수회 신부님들 그리고 프라도의 신부님들을 잊지 마세요. 그들이 저에게 제공해 주신 물질적인 도움에 대해서는 말할 것도 없고, 제가 하느님을 알 수 있었던 것은 그들을 통해서입니다.

제 자신으로 말하자면 무엇보다도 저는 죄인입니다!……

저는 모두에게 용서를 구합니다. 왜냐하면 저는 모든 사람들 앞에서 죄인이기 때문입니다. 용기를 내십시오!

죄인인 저는 '구원자', 예수 그리스도 안에 있습니다."

가씨베야, 그리스도 신앙으로 빛나는 너의 죽음이 죄인들인 우리 각자에게 어디까지 사랑해야 하는지를 가르쳐줄 수 있기를!

VII
헌사

내 어머니의 묵주

이 글을 끝내는 순간, 내 머릿속에 소중한 어머니의 모습이 떠올랐다. 나는 어머니에게서 가장 좋은 부분을 물려받았다. 우리 어머니는 세 아이를 낳고 과부가 되었는데, 남편의 수출 사업을 능력있게 계속해 나갔다. 어머니는 아버지의 엄격함과 어머니의 인자함을 조화시키는 데 성공하셨다.

    나는 이제 막 고등학교 과정을 끝마쳤고, 대학에 가서 계속 공부하길 바랐다. 어머니는 "너는 너무 멋내는 것을 좋아하고 가벼워. 나는 네가 진지하게 공부하는 것을 결코 보지 못했어. 너는 연애하는 데 시간을 다 보내고 말 거야."라고 하시며 반대하셨다. 나는 속으로 몹시 화가 났으나 솔직히 말하면

대학에서 나를 가장 끌어당기는 것이 책인지, 콧수염의 남학생들인지 잘 모르겠다. (내가 학사자격을 따게 된 것은 훨씬 나중에 수녀원에 들어가서였다.)

타인들과 내 자신에게 나의 지적인 능력을 증명하기 위해 나는 가장 훌륭한 도서관의 카드를 만들었고, 수없이 많은 책들로 집 안을 어지럽게 만들었다. 나는 테니스, 스케이트, 무용 등을 수강했고, 또 야간에는 정통한 철학 강의도 들었다.

평생 동안 나는 그 특별했던 저녁을 기억할 것이다. "엄마, 8시 15분 전이에요, 가야겠어요." 그날 피곤하셨던 어머니는 여느때와 달리 일찍 자리에 누워 계셨다. 어머니는 손에 묵주를 들고 계셨다.

"잘 다녀와라, 애야, 열쇠 챙겼니?"

"네."

나는 어머니에게 입맞춤을 하고 길을 나섰다.

나는 길을 걷고 있었으나 내 발길은 왜 강의가 열리고 있는 학교를 향해 가지 않았던 것일까? 일종의 악마가 내 안에 살고 있었던 것 같다. 마치 무엇에 홀린 듯 나는 어떤 모험을 향해 가고 있었던 것은 아닐까? 나는 가슴이 억눌린 채 천천히 걸었다. 그때 한 사람이 내게 다가왔다. 나는 신경 쓰지 않았다. 그러자 그가 내 팔을 잡았다. 나는 그가 하는 대로 내버려 두었다. 그가 나에게 무슨 얘기를 했는지 더 이상 기억나지 않지만, 그가 갑자기 나에게 이렇게 말한 것만은 똑똑히 기억한다. "무슨 심각한 고민이 있어 보이는군요, 아가씨. 이 저녁시간에 무엇이 당신을 그처럼 느리게 걷게 하는 겁니까?" 나는 깊은 바다 밑에 가라앉아 있는 것 같았고, 그곳에서 빠져나올 수 없을 것

같이 느껴졌으며 그리하여 갑자기 그 자리에서 말을 꾸며냈다.

"제 약혼자가 저를 버렸어요."

"약혼자가 당신을 버렸다고요? 이런 큰일이군요……. 사람들은 다투기도 하고, 화해하기도 해요. 자, 집으로 돌아가세요, 아가씨."

내가 학교에 당도했을 때는 강의가 이미 시작되어 있었다. 교수님은 조예 깊은 성찰로 칸트의 철학을 설명했지만 나는 그것을 전혀 개의치 않고서 전차에 올라타고 집으로 돌아왔다. 돌아와 보니 어머니는 손에 묵주를 쥐신 채 잠들어 계셨다.

나는 이후에도 이 혼란스러웠던 저녁을 자주 생각했다. 나는 어머니의 묵주의 구슬이 내 어머니와 나 사이로 보이지 않게 미끄러져 들어왔다고 굳게 믿고 있다. 한 사람이 다음과 같이 중얼거리고 있었다. '우리 불쌍한 죄인들을 위해 기도하세요. 지금…….' 그 남자는 자신이 그것에 응답하고 있다는 것을 알지 못한 채 나에게 말했다. "집으로 돌아가세요, 아가씨." 이렇게 말했던 그를 위해 나는 감사하는 마음으로 자주 기도했다. 그에게 감사하기 위해 나는 저 세상에 가면 그를 꼭 한 번 찾아볼 것이다.

힘센 서양삼나무를 뿌리째 뽑아 냈던 그 많은 역풍(逆風) 속에서도 내 가련한 작은 소관목이 살아남아 서 있는 것을 어떻게 설명할 것인가? 나는 그 이유를 잘 알고 있다. 그것은 뿌리를 땅 속 깊이 박고 있기 때문이다. 어머니는 할 수 있는 한 매일 성당에 가셨고, 그곳에서 당신의 아이들을 위해 성체를 모셨다. 어머니는 나에게 "네가 진정으로 수녀원에 들어가고 싶으냐? 그러면 훌륭한 수녀가 되어라."라고 말씀하셨다. 매일 아침 어머니는 나에게 그 힘을 보내 주셨는데, 어머니는 이 넝마주이들을 얼마나 사랑하셨을까, 아니 그보다는 얼마나 그들을 사랑하시던가! 나는 어머니가 여기, 나의 미소 속에 계시다는 것을 안다.

하느님. 저에게 이러한 어머니를 보내주신 것을 감사드립니다.

오라! 함께 노래하자!

나는 누군가가 나에게 질문하는 것을 듣고 있다.

"이것 보세요! 당신의 책은 아주 아름답고 사람을 무척 감화시키는 진정한 수녀의 책이에요. 그렇다고 해서 당신이 삶에서 특별히 모범적이었다고는 말하지 않겠지요."

"물론이죠. 우리는 같은 지구에 살고 있지 않나요? 저는 크고 작은 충격적인 일들을 많이 보았어요.

"왜 당신은 그것들을 이야기하지 않나요?"

아! 그것은 선택의 문제다. 내가 골목길에서 굶주린 개나 파리떼가 뒤덮인 돼지우리를 맞닥뜨리게 되면, 나는 그것들보다 더 멀리에서 서로 웃고 떠들며 뛰노는 아이들을 바라보았다. 나는 언제나 죽음보다는 삶을 선택했다.

나는 또한 그것이 모순의 문제라는 것도 고백해야만 한다. 나의 어머니는 항상 나에게 말씀하셨다. "나는 네가 결코 다른 사람들이 하는 것처럼 하길 원하지 않아." 나는 책과 영화를 비평하는 잡지 한 권을 받아 보고 있다.

(게으르기 때문에 나는 요약문만으로 충분하다.) 나는 결말이 모두 대체로 비극적이라는 것을 안다. 끝에 가서 불행한 연인들이 서로 재회하게 만드는 것은 불가능하다. 반드시 한쪽이 죽거나 다른 한쪽이 자살하거나 아니면 저자는 두 연인을 서로 각자의 길을 가는 것으로 그린다. 중간에 몇 건의 살인사건이 들어가고, 애정생활의 모든 세부 사항도 낱낱이 밝혀지고, 마약이나 취기가 반드시 들어 있다.

어제 라디오에서 일곱 사람이 목 졸려 죽은 채, 한 동굴 안에 버려졌다는 치정복수 범죄에 대한 뉴스를 들었다. 나는 내 작은 가슴을 거울에 비추고 그 가슴 속의 사악한 뿌리를 본다. 그것은 나를 고통스럽게 만들었던 어떤 사람 앞에서 하루는 내가 내 자신에게 말했었던 것이다. "내가 얼마나 기쁜 마음으로 그를 목 졸라 버렸던가!"

나는 그리스도를 바라본다. 사람들은 자신들이 못 박아서 빈사상태에 빠져버린 예수 그리스도를 보고 비웃었다. 예수님은 "아버지 그들을 용서하십시오. 그들은 무슨 짓을 하고 있는지 모릅니다."라고 기도하셨다. 나는 주님께 감사드리기 위해 성모 마리아 찬가(Magnificat)를 노래한다. 지상의 모든 사람들이여, 오라. 와서 함께 노래 부르자!

VIII
삶의 승리

1987년 카이로. 이 모험에 대한 집필 첫해인 1977년부터 지금까지 많은 사건들이 일어났다.

〰️ 나는 내 아들을 죽이지 않을 것이다!

1983년 4월

    나는 골목길에서 오무 사바와 마주쳤다. 그녀는 힘겹게 숨을 쉬면서 걷고 있었다. "피흐 에(웬일이야)? 어디 불편해? 빨리 가서 누워. 아델 의사를 데리고 올게."

우리는 발을 어디에 디뎌야 할지 모르게 좁은 오두막 안으로 들어갔다. 낡은 함석벽 밑으로 암물소의 똥물(미안합니다!)이 흘러내리고 있었다.…… 아델 의사가 다가가 환자를 진찰했는데 그녀는 임신 2개월째라고 했다. 의사는 내게로 돌아서더니 프랑스어로 말했다. "심장이 보기 드물게 약해서 그녀는 아기를 분만할 수 있는 힘이 결코 없을 거예요. 낙태를 하든가, 죽음을 무릅쓰든가, 두 가지 중 하나를 선택해야 합니다."

나는 그녀에게 부드럽게 말했다. "오무 사바, 네가 얼마나 몸이 약한지 알겠지. 넌 어쩌면 아기를 낳다가 죽을지도 몰라." 의사가 덧붙여 말했다. "내가 낙태를 시켜 주겠소. 그리고 낙태도 더 이상 미루어선 안 돼요." 그의 타는 듯한 두 눈이 나를 독촉했다. 내가 말했다. "너만이 네 생명과 아기의 생명을 결정할 수 있어." 꺼져 가는 목소리로 그러나 단호하게 그녀는 대답했다. "난 내 아기를 죽이지 않을 거예요. 제 생명을 신의 손에 맡기겠어요." 그녀는 손을 부드럽게 자기 배 위에 올려 놓았다. "아니요. 나는 아기를 죽이지 않겠어요." 나는 가슴이 조여드는 것 같아 그녀 곁을 떠났다. 이 여인은 대체 어떤 영혼의 힘을 갖고 있는 것일까!

이후 여러 달 동안 사라 수녀님과 나는 가능한 한 매일 가장 몸을 튼튼하게 하는 음식을 그녀에게 보내 주었다. 출산 예정 달에 우리는 그녀가 가장 좋은 치료를 받을 수 있도록 그녀를 병원으로 옮겼다. 어느 날 밤 그녀에게 첫 번째 진통이 왔다. 그녀를 환자 운반침대에 옮겨 엘리베이터를 타고 분만실로 데려갔다. 그녀를 알고 있던 젊은 당직의사는 주저앉고 말았다. "그녀가 내 손 안에서 죽을 것이고, 그러면 사람들이 나를 고발할 텐데 안 돼요, 안 돼. 다른 의사에게 전화를 걸어 다른 병원으로 그녀를 옮기도록 하세요!"…… 다시 환자 운반침대로 엘리베이터를 타고 공동 입원실로 옮겼다. 고통이 가중되었고 이번에는 여자들이 당황해 어쩔 줄 몰라 했다. "어서 힘내. 의사가 너를 도와 줄 거야." 그러나 젊은 의사는 점점 더 흥분했고 그녀를 완강하게 거부했다. 세 번이나 엘리베이터가 다시 올라가고 있었다.…… 마침내 세 번째 엘리베이터 안의 환자 운반침대 위에서 오무 사바는 의사가 없는 가운데 혼자 아기를 낳았다.…… 그리고 그녀의 심장은 꿋꿋하게 그것을 버텨 냈다!!!

부활절이 다가오고 있었고, 삶이 이제 막 죽음을 이겨 냈던 것이다.…… 그리고 지금 유세프는 엄마의 품에 안겨 감미로운 꿈을 꾸고 있다.……

다렐사아다-행복의 집

1983년 9월

9월이 왔고 휴가는 끝났다. 우리 넝마주이 형제들은 차례차례 순서대로 아부 솔탄에 있는 '행복의 집'에서 경이로운 시간을 보냈다. 남자들과 여자들 그리고 모카탐의 아이들과 마찬가지로 살람 센터의 아이들이—여자들과 아이들은 특별한 대우를 받고—일출부터 일몰까지 이스말레이야 호수에서 하는 일 없이 한가롭게 놀면서 지냈다. 싱싱한 피부에 웃음짓는 입술, 소금물에 젖은 그들은 배가 고프면 우리가 마련해 주는 식사를 하기 위해서만 물에서 나왔다. 기독교도들은 "아하나 엘라지 피 세무와트(오! 하늘에 계신 우리 아버지)"라고 작은 소리로 속삭였고, 회교도들은 자비로우신 '파타'라고 속삭였다. 그런 다음 돗자리 위에 무릎을 꿇고서 둘러앉아 각자 열심히 자기 빵 속에 기름지고 '훌륭한' 요리, 즉 여러 가지 매운 것을 섞은 가지로 만든 요리인 '몰케이야'를 넣어 먹었다. 후식으로는 입 안에서 시원하게 녹아 버리는 수박이나 농부들이 나무에서 이제 막 딴 아주 맛있는 망고를 먹었다.

사람들은 낮잠을 즐기기 위해 돗자리 위에 길게 누웠고, 웃으면서 젊음을 다시 되돌려 준다는 '주방스의 물'(청춘의 샘, 여기서 목욕하는 사람은 젊어진다는 신화가 있음—옮긴이)에 뛰어들기 위해 달려갔다. 하나의 예로 우리의 바느질과 문자교육 센터 부지를 그 건물을 건축한 아스매의 젊은 벨기에인에게 팔았던 친애하는 우리 이웃인 사덱 아저씨, 암 사덱은 거의 초죽음 상태였다. 나는 '축복받은 자'라는 의미의 '마부르카'라고 이름 붙인 우리 버스에 그가 올라타는 것을 보았다. 호수에 도착하자 그는 눈깜짝할 사이에 갈라베이야를 벗어던지고 물 속에 뛰어들었고, 그는 얼마나 황홀했던지 물에서 더 이상 나오지를 않았다. 그 이후로 그는 젊은이처럼 신선하고 발랄해졌다!

섭씨 40에서 45도나 되는 더위를 식히며 해가 저물기 시작할 때, 우리는 들판을 산책했다. 배고픔에서 벗어나게 해주는 누에콩의 파란 어린 새순과 향기로운 오렌지나무 꽃, 그리고 이따금 황금빛의 어린 오렌지 열매…… 그리고 특히 늘어진 가지가 우리를 유혹하는 망고나무를 처음으로 보게 되는 우리 아이들에게는 얼마나 아름다운 광경이었는지! "우리는 농부들의 것을 훔치는 도둑이 아니다."라는 출발하기 전의 긴 연설이 있었다. 우리 꼬마들은 맛있는 과일을 따먹지 않기 위해 자신들의 주먹을 꼬옥 쥐어야만 했다! 나는 아무도 과일나무를 향해 손을 길게 뻗지 않았다는 것을 맹세한다! 그것은 정말 참기 어려운 일이었다! 우리는 종려나무나 평화롭고 거대한 암물소들 뒤에 숨는 술래잡기 놀이를 하기 위해서 멈춰 서곤 했고, 피크닉을 하기 위해 저녁의 고요한 풀밭 위에 앉았다.…… 우리 아이들은 심호흡을 했다! 나는 우리 어린 넝마주이들에게 그렇게 많은 친구들을 주신 '하늘에 계신 우리 아버지'께 감사드리기 위해 말 없이 눈을 들어올렸다. 그리고 우리는 모두 함께 "아버지, 우리에게 이러한 행복을 주시는 모든 사람들을 축복해 주세요."라고 기도했다.

이윽고 나는 스폰지 매트리스 위에서 나란히 누워 쉬고 있던 이 모든 어린 아이들이 내는 규칙적인 숨소리만을 들을 수 있을 뿐이었다. 형제애가 넘치는 소박한 삶이란 얼마나 아름다운 것인지! 대단한 휴가였어, 정말 대단한 휴가였지! 엄마들은 말했다. "내 생애 가장 아름다운 날들이었어요!" 그러나 예상했던 대로 조그만 사건들이 있었다. 다섯 살짜리 아메드가 여덟 살짜리 기르기우스에게서 모욕을 당했는데, 이유는 그 애가 배로 이용하던 오래된 타이어를 기르기우스에게 양보하지 않았기 때문이었다. 그 두 애들은 몸싸움을 했고, 아메드는 놀라운 힘으로 버티다가 마침내 배가 뒤집히고 말았다. 그리하여 아메드는 미친듯이 화가 나서 기르기우스에게 던질 커다란 돌을 집어들었다. "아메드, 그 돌을 내려놔!" 나는 아메드를 진정시키려고 했다! 그 애는 증오의 표정으로 내게 적의에 찬 이글거리는 눈길을 던졌다.

저녁에 어린 기독교도들은 나에게 십자가를 달라고 했다.

"너희들이 십자가를 원하는 이유가 뭐지?"

그들은 자랑스럽게 대답했다.

"왜냐하면 우리는 기독교인이니까요!"

"그래, 그러면 십자가는 무얼 의미하지?"

그들 중 하나가 대답했다.

"예수님은 우리를 위해 그 위에서 돌아가셨어요."

또 다른 아이가 대답했다.

"왜냐하면 그분은 우리를 사랑하셨으니까요!"

"잘 알았다. 그렇다면 우리는 무엇을 해야 하지?"

곧장 대답이 나왔다.

"우리도 서로 사랑해야 해요."

"서로에게 돌을 던질 때조차도? 아메드, 이리 와봐."

나는 그 애를 부드럽게 내 무릎 위에 앉히고, 망설이며 앞으로 걸어나오는 기르기우스를 불렀다. "내가 너희들에게 예수님이 매달리신 십자가 하나를 줄 테니, 너희 둘은 사이좋은 형제처럼 서로 포옹해라." 두 아이는 서로 바라보고…… 서로에게 미소 지었고 서로를 포옹했다. "만약 너희들이 어린 아이처럼 되지 않는다면, '하느님 나라'에 들어가지 못할 것이다."라고 예수님은 말씀하셨다.

대단한 기관지 폐렴

1984년 부활절

할렐루야! 부활의 종소리가 울려 퍼졌다. 이집트는 오늘 '셈 엘 네씸(봄의 숨결)'을 축하하는 날이다. 태고적으로 거슬러 올라가는 축제다. 다행스럽게도 기독교도와 회교도들이 같은 기쁨 속에 하나가 되어 한가롭게 보냈고, 파라오시대의 오랜 전통에 따라 양파와 페지크흐(염장 생선)를 맛있게 먹으려고 사람들은 새벽부터 시골로 떠났던 것이다.

나를 병원에 30일씩이나 붙잡아 두었던 몹시 심한 기관지 폐렴을 앓고 난 후, 회복을 위해 나는 알렉산드리아의 '시온의 수녀들' 집에 머물렀다. 수녀님들의 애정에 둘러싸여 나는 오렌지 나무, 마가레트 꽃, 한련, 제라늄 그리고 장미꽃들 속에서 '봄의 숨결'을 더없이 기쁘게 들이마시고 있다! 넝마주이들과 생활해 온 지 30년, 그동안 나는 그와 같은 아름다움 가운데 있어본 적이 한 번도 없었다.

새벽 5시, 73세 나이로 겨울 삭풍 추위 속에서 세찬 바람을 헤치고 달리는 버스를 기다리고 있었다.…… 나는 아직 어둠에 잠긴 거리를 가로질러 12세 때부터 '사랑'의 일상적인 약속 장소이자 내 '기쁨의 원천'인 '성찬식(聖餐式)'에 참석하기 위해 버스를 기다렸고, 버스는 나를 시내로 데려가고 있었다! 나는 이렇게 해서 밤에는 내 넝마주이 형제들의 가족을 방문할 수 있었다. 우리는 오래된 종이상자에 불을 붙여 그 주위에 모여 앉아, 어떻게 그들의 문제를 해결해야 할 것인지를 함께 의논했다. 문제란 여러 종류의 질병들, 어려운 형편 가운데서의 임신, 학업의 미비 등등이었다. 저녁에는 형제들을 방문하고 아침에는 '성찬식'에 참석하는 등, 이 모든 것을 '사랑'하는 마음을 가지고 끝까지 가야만 하지 않을까? 친구 여러분, 여러분 또한 사랑의 봉사를 위해 여러분 가운데 어느 날엔가는 힘이 다해서 기진맥진하지 않을 분이 어디 있겠는가? 우리는 사랑을 할 때, 언제나 약간은 미쳐 있다. 그렇지 않은가?

〰️ 우리 학교가 얼마나 아름다운지!

1984년 5월

이 해의 가장 큰 기쁨은 우리들의 학교로 남아 있다. 경험 있는 노련한 사람들이 나에게 말한 적이 있다. 유치원 하나는 좋소. 그러나 특히 올해 초등부 반은 열지 마시오. 실패할 것이오. 배운 것 없이 자란 이 아이들은 쓰레기통과 돼지들만을 알고 있을 뿐이니, 그 애들이 준비 없이 아랍어의 어려운 요소들을 결코 받아들이지 못할 것이오. 어찌 해야 할까? 나는 부모들로부터 아이들의 등록 신청을 얻어내기 위해 골목길을 누비는 동안 출생증명서에서 그들의 나이를 확인할 수 있었다. 많은 아이들이 일곱 살이 넘었다. 법은 절대적이어서 여덟 살짜리를 초등학교에 등록시키는 것은 금지되어 있었다.…… 이 아이들을 쓰레기통 속에 그냥 내버려 둬야 할까? 아니야, 결코 그럴 수 없어. 위험하지만 한번 해보자.…… 그들 중 44명이 등록을 했고 수업을 시작했다.…… 학년 중간에 시험을 치르게 하자. 나는 불안했다. 그러나 놀랍게도 한 명을 제외하고 43명이 수업을 계속할 수 있었다. 대략 전체의 절반 가량의 아이들이 요구한 점수에 도달했다. 나머지 아이들을 모두 구해 내야 한다! 점수가 낮은 아이들을 향상시키기 위해 반을 둘로 나누었다. 그날 훌륭한 추천서를 가지고 교사 한 명이 나타나는 꿈같은 일이 일어났다. 즉시 취업! 오늘의 결과는 40명 가까운 아이들이 초등학교 2학년으로 진급되었다! 매년 우리는 6학년까지 반 하나를 새로 늘릴 것이다. 나는 그들을 카이로에서 아주 필요로 하는 장인들로 만들기 위해 기술학교를 여는 것이 꿈이었다!

그때까지 우리는 내년에 들어올 400명의 어린이들을 위해 학교를 3층으로 증축했다. 여러분께서 우리 학교가 얼마나 아름다운지 알 수 있다면! 유럽이나 아프리카 그리고 미국에서도 유명한 스위스 화가, 앙드레 쉬뇨는 대가 없이 '어린이에 대한 사랑으로' 우리 학교를 장식해 주겠다고 했다.…… 우리 아이들은 그들의 조상들이 창조해 낸 것의 아름다움에 눈을 떴다.

숙소, 주택 작업, 활동 전략

1984년 8월

'천 개의 숙소' 작업이 진행 중이고, 나는 1985년 8월에 그중 300개를 끝마칠 수 있기를 희망한다. 세계 곳곳에서 많은 사람들이 구체적인 관심으

로 후원해 주었는데, 그것은 넝마주이들에게 벽돌이나 시멘트, 모래 등등
…… 그리고 빈민촌에서 값이 비싼 물을 차례차례로 공급해 줄 수 있도록 해
준다. 자신이 돈을 지불하는 목수의 도움을 받아 각자가 자신의 집을 짓는다.
매달 그는 건네진 돈의 일부를 같은 목적을 위해 금고에 다시 집어넣을 것이
다. 프랑스, 벨기에, 이탈리아, 스위스, 독일, 몰타 섬 등등에서 자원봉사자들
이 그들을 도우러 왔다. 7~8월의 40도, 때로는 그 이상의 불볕 더위 속에서
그들은 쉬지 않고 낡은 함석벽을 헐고, 벽돌을 나르고, 시멘트를 바르고……
하는 것을 나는 보았다. 요전 날엔 한 그룹의 몰타 사람들이 더위를 식히고
점심식사를 하기 위해, 모카탐에서 내려오는 대신 3시 반까지 일에 열중했다.
굴뚝청소부들처럼 먼지를 뒤집어 쓴 채 새카맣고 기진맥진한 그들은 의기양
양하게 돌아왔다. "우리 집을 끝마쳤어요!"…… 넝마주이들은 진실로 그들의
형제가 되었던 것이다! 젊은 사람들은 즐기는 것만 생각한다고 누가 감히 말
하는가?

또한 그들 가운데 몇 명은 회교도 비행청소년들을 기쁘게 해주기 위해
아이들을 찾아갔다. 세계 곳곳에는 도둑질을 하기 위해 부모에 의해 조련되
고, 경찰에게 잡혀 감화원에서 열여섯 살까지 갇혀 지내는 가엾은 아이들이
얼마나 많은가! 먹을 것, 옷, 잠자리, 교육…… 그들에겐 이제 이런 것들에 부
족함이 없다. 그러나 사랑만은 부족했다. 즉 사랑받는다는 느낌 말이다! 7~8
살의 가장 어린 아이부터 15~16살의 가장 나이 많은 아이까지 그들은 사랑
의 마음으로 자신들을 지켜봐 주고 자신들의 엄마에게서처럼 애정어린 포옹
을 받는다는 것에 기쁨으로 몸을 떨었다! 그 아이들 중 한 아이가 나를 숨 막

히도록 껴안았다! 그들을 위해서도 역시 '행복의 집'의 문이 열리고, 내일 우리는 그들과 함께 바다로 춤추러 갈 것이다!

메아디의 빈민촌

1985년 8월

7월 4일, 나는 메아디의 빈민촌에 왔다.…… 충격…… 오직 오물더미로부터만 차단된 사막 한가운데, 구멍이 숭숭 뚫린 낡은 함석으로 지어진 수백 채의 오두막이 있었다. 그곳에는 물도, 전기도, 간호사도, 의사도, 학교도 아무것도 없이 수백 명의 남자와 여자 특히 아이들만이 어슬렁거리고 있을 뿐이었다!

이곳에 비하면 살람 센터와 모카탐이 나에겐 천국처럼 보였다.

"아부 미하일, 일이 끝났으니 자네가 이곳에다 자네들 집처럼 낡은 함석으로 내 오두막 하나 지어 줄 수 있겠어?"

"예, 여부가 있나요."

"얼마면 되겠나?"

"150리브르(100달러)요."

"알았네. 짓는 데 얼마 걸리겠나?"

"한 시간이요."

"좋아. 내일 아침에 돈을 갖다 주겠네. 그리고 여기 정착할 것이네."

나는 지금 내 새로운 궁전 안에 있다. 나는 다른 두 센터를 아주 잘 지은 건축 청부업자, 기르기우스(조르쥬)를 불렀다. 그는 지금 작업 중에 있다. 아이들과 어른들의 문자교육을 위한 장소이며, 저녁에는 클럽―바느질과 재단실―이 되는 커다란 교실이나 무료진료소 등을 짓고 있다.

오전에는 80명의 꼬마들이 손에 공책과 연필을 쥐고 칠판 앞에 열 명씩 그룹을 지어 땅바닥에 앉아 있다.

"알레프, 베, 테, 세…… 우아헤드, 에트네인, 탈라타." 모두에게 상으로 맛있는 우유 한 잔을 준다! 오후에는 바느질과 수예를 배운다. 한 무리의 스카우트를 만드는 중이다. 발전장치가 완성되는 즉시 우리는 남자들에게 문자교육을, 저녁에는 클럽을 시작할 것이다. 여러 반이 개설되면 나는 매일 버스로 출생신고서에 따라 학령 어린이들을 차례대로 입학시킬 것이다. 몇 년 전에 모든 빈민촌이 불태워졌기 때문에―세 번이나!―서류들은 그럭저럭 다시 만들어졌다. 일곱 살의 어린이들이 서류상으로는 세 살이었다!

가장 큰 문제는 물이 단 한 방울도 없다는 것이다! 나는 과연 깊이 50여 미터로부터 물이 솟아나오게 할 수 있을까? 나는 전문가들과 문제의 해결에 도전했다.…… 희망이 있었다!

나는 매일매일 걸어서 1시간 15분 걸리는 곳에 있는 내 자신의 샘인 '성찬식'에 참석하는 것이 문제였다. 나는 넝마주이들의 작은 마차에 훌쩍 올라탄다.…… 45분이 남아 있다.…… 지나가는 한 대의 트럭에 나는 무료편승하기 위해 손을 들었다. 그 트럭은 나를 태운다.…… 15분을 앞당겨서…… 도착했다. 인생은 아름답고 미사는 시작된다. 오! 내 영혼아, 용기를 내어라. 너의 샘을 마시고, 너의 넝마주이들을 기쁨과 '사랑'으로 가득차게 하기 위해 기쁨과 '사랑'에 넘쳐 의기양양하게 다시 출발하라!

아델 의사는 환자들을 치료하기 위해 일주일에 두 번 방문했다. 또한 각각 한 명씩의 간호사와 사회복지사도 오두막집들을 매일 방문했다. '프레르 불라' 중등학교의 열의에 가득 찬 젊은이 라피크와 우리는 직접 150가구를 방문하여 함께 질병이나 학교의 문자교육 등, 그들의 문제를 연구하기 위해 인구 조사를 했다. 넝마주이들 각자가 스스로 자신을 책임질 수 있도록 해야만 했다. 나는 그들에게 10가구당 대표 한 명을 뽑도록 했다. 첫 회합에서 나는 말했다. "나의 친구들이여, 당신들은 잠을 자고 있어요. 당신들은 정부의 도움을 활용하지 못하고 있어요. 잠에서 깨어나세요." 그것은 오래 걸리지 않았다. 그들은 이제 공식적인 청원서를 어떻게 만드는가를 알고싶어 했다. 인내하자. 우리는 할 수 있을 것이다.

지난 주에 메아디에서 다른 종류의 시끄러운 일이 터졌다. 아피크는 머플러 놀이를 하도록 했다. 3a와 3b(어린이들 각자 자기 번호를 갖고 있었다)가 놀이를 하다가 싸웠고…… 3a의 형이 도와주러 와서 3b를 때리니…… 3b의 아버지가 급히 달려와 3a를 때리자, 이번에는 3a의 아버지가 노발대발하여 달려왔다. 서로 뒤얽혀 싸움이 커졌고 여자들은 비명을 질러댔고 남자들은 큰소리로 외치며 칼을 들고 설쳐 댔다.…… 아피크는 돌이킬 수 없는 일이 벌어지는 것을 막기 위해 생명의 위험을 무릅쓰고 뛰어들었다! 여자들은 그들이 앞으로 나오는 것을 막았고…… 나는 마침내 크게 화가 나서 온통 흥분상태에 빠져 있는 3a의 아버지에게 겨우 다가갈 수 있었다.…… 나는 마법 같은 말 한 마디를 그에게 던졌다. "자넨 기독교인이지!" 그리고 그의 이마에 부드럽게 십자가를 그었다. 그리하여…… 광폭한 바다가 돌연 잠잠해지듯 그 남자는 누그러졌다.…… 나는 또한 3b의 아버지에게로 가서 같은 말을 했고, 그도 내 말을 들었고, 그 역시 기독교인이었다! 나는 이 거친 남자들이 그들의 칼을 거두고 서로에게 다가가는 것을 보고 깊은 감동을 받았다. 그들은 서로의 입술에 가볍게 키스를 했고, 모든 것이 형제애로써 마무리되었다. 선량한 사람들!

다행히 3b는 회교도가 아니었다. 그가 회교도였더라면 서로 다른 두 종교 간에 무슨 끔찍한 일이 벌어졌을지 모를 일이었다. 메아디에는 대략 인구의 반이 회교도인데, 그들은 내가 온 마음을 다해 또한 그들을 사랑하고 있다는 것을 알고 있었다. 나는 그들 상호 간에 다리를 놓을 수 있는 한 그들을 사랑하기 위해 그곳에 있었고…… 그 일은 차분하게 진행되었다!

수단

1985년 11월

나는 하르툼의 저녁, 평화로움 속에서 이 글을 쓰고 있다. 수단 사람들과 외국인 친구들이 나를 이곳에 초청했다. 그들은 몇 개월 전부터 기아와 죽음으로 길거리에 버려진 아이들을 구조하는 데 특별히 열중하고 있었다. 큰 사건들과 전쟁과 기아를 피해 수천 명씩 남부로부터 하르툼으로 밀려 들어오는 피난민들의 문제는 정부가 할 수 있는 노력의 한계를 넘어섰다. 수많은 아이들, 굶주림으로 죽기까지 기아에 허덕이는 부모들에 의해 "떠나라, 걸어라, 걸어라(수백 킬로미터를!). 어쩌면 너, 너는 죽지 않을 것이다!" 이렇게 북부로 보내진 사내 아이들이었다. 도중에 얼마나 많은 사람들이 굶주린 채 길에서, 불볕 더위 속에 물도 없이 갈증으로 죽어갔는지…… 하르툼까지 지친 몸을 이끌고 온 사람들은 질병과 허약함이 극도에 달해 있었다.

더위는 극심했고 습기 찼으며, 내 두 눈으로 본 모든 끔찍한 재난들로 내 가슴은 무겁게 짓눌려 있다.…… 그렇다. 그러나 또한 곳곳에서 아직 구조할 수 있는 것은 구해 내려고 애쓰는 믿을 수 없을 만큼의 놀라운 노력이 진행되고 있다! 수단의 '교회'는 갖고 있는 재원은 빈약했지만 그러나 역동적인 젊음을 보내왔다. 나는 교회가 곳곳에 끊임없이 세우고 있는 라구바(Racouba) 센터를 발견할 수 있었다. 즉 삶이 죽음을 이겨내기 위한 싸움이 곳곳에서 벌어지고 있었던 것이다. 아이들은 무리를 지어 한 솥단지(누에 콩과 양파를 넣은 렌즈콩을 삶은) 주위에 둘러 앉아 게걸스럽게 먹는다. 그들의 흑옥(黑玉) 같은 눈이 빛나고 있다. 어린아이들의 수업은 시작되었고, 그들은 대나무 밑에 빽빽하게 모여 앉아 열심히 아랍문자를 배워 작은 공책에 쓰고 있었다. 이곳에서는 남부의 방언은 통하지 않았다.

우리는 구루병에 걸린 아기들을 가슴에 안고 있는 타는 듯한 시선의 엄마들을 만난다.…… 그것은 차마 눈 뜨고 볼 수 없는 광경이다.…… 밤에는 많은 아기들이 바람 속에서 죽어갔다. 그렇다. 그러나 우리는 깨끗하고, 무엇보다도 어린이들을 주의 깊게 돌보는 인도인 수녀님들이 운영하는 건강센터에서 그들을 다시 만날 수 있을 것이다.

남쪽으로 600킬로미터 떨어진 다마진에서 우리는 열렬한 환영을 받았다. 180명의 기독교도와 회교도 아이들은 형제애로 한데 뒤섞여 탐-탐을 두들기면서 우리를 맞이했다. 대나무 울타리로 나뉘어진 세 클래스의 아이들은 빈곤이 어느 정도 해소되어 깨끗했고, 매일 한 잔의 우유와 기장을 공급 받고 있다. 우리는 정오에 출발했다. 나의 방문을 기념하는 미사가 있을 것이라고 신부님이 미리 광고를 했으므로 원하는 기독교인들은 미사에 참석할 수 있었다. 자유롭고 즐거운 분위기로 구멍 난 낡은 양동이를 두들겨 내는 탐-탐소리에 맞춰 한 소녀가 노래를 불렀다.

여자들이 도착해 신부님께 물었다. 힘겨운 임신을 한 사람이 있는데 어떤 말씀을 해 주시겠습니까? 신부님은 하늘을 향해 두 팔을 들어올렸다. 무슨 말을 할 것인가? "여기 저에게 수녀님들과 간호사 한 분이 필요합니다. 나는 대나무로 둘러쳐진 곳에서도 살 수 있지만, 그 속에 어떻게 여자들을 들어오게 할 수 있겠습니까? 아이들은 당신을 부르려고 끊임없이 대나무 줄기를 열어 제칠 것입니다....... 집을 지을까요? 값이 비쌉니다!" 그가 나를 바라보았다. "용기를 잃지 마세요, 신부님. 우리가 당신을 돕도록 힘을 쓰겠습니다."

나는 기아로 끔찍스럽게 수많은 목숨을 빼앗긴 서부의 부족인 카빠비시(Kabbabksh)들과 함께 아직 하르툼에 있다. 백만 명이 굶주려 죽었다. 엄마들과 아이들은 메마름과 슬픔과 절망...... 노르스름한 흰자위 한가운데 강도 높은 검정색으로 팽창된 동공들...... 야윈 뺨 위에 늘어진 검은 피부, 말라빠진 가느다란 손가락들이 그들에게 나누어 줄 식량으로 달겨든다. 한 아이가 다른 아이가 가진 것을 빼앗으려고 그 애를 때린다. 이 사람들에게 그들의 존엄성을 어떻게 되돌려 줄 수 있을까?

방금 나는 마더 테레사 수녀님이 운영하는 '양로원'이 있는 캘커타에 도착했다. 여러 들것에서 길고 마른 팔들을 내밀어 내 손을 잡는다. 바짝 마른 그들의 앙상한 손들을 부드럽게 잡아주는 감촉을 몹시 갈망하는 듯…… 십자가에 매달린 그리스도의 말씀은 "나의 하느님, 어찌하여 나를 버리시나이까?"였다. 나는 '테레사 수녀님'을 바라보았다. 한없는 사랑이 수녀님을 온통 휘감고 있었고, 수녀님은 이 살아 있는 해골들에게로 몸을 숙여 온화함과 평화로 그들을 감싸 안았다. '평화', 나는 그것이 이 얼굴들 위에 애정의 식탁보처럼 펼쳐지는 것을 보았다. 성경은 말한다. "'사랑'은 죽음보다 더 강하다"고. 나는 수녀님을 따라하려고 애썼다. 몸을 숙여 앙상한 사지들을 어루만져 주었더니…… 섬광이 번뜩였고, 몸은 소스라치며 한 가닥의 미소가 나타났다. 주님, 당신은 죽음을 물리치셨고 '부활'이 다가옵니다. 그렇다. 수녀님은 이미 이 양로원에서 사람들의 몸을 일으키고 계셨던 것이다.

11월 21일, 사원에서 성모 마리아 봉헌축일 미사를 드렸다. 그분 역시 하루는 사람들이 죽이려고 하는 한 아이를 꼭 껴안은 채 공포 속에서 피신해야만 했다. 나는 그분에게 강렬하게 기도했고, 그분은 우리를 사랑할 것이다. 거리의 아이들은 내 손을 잡고 매달렸다. "나를 데려가 주세요. 나를 구해 주세요." 아, 애원하는 아이들의 눈…… 성모님, 사람들의 가슴을 열게 해 주세요. 이 아이들을 구해야 합니다! 이 순진한 아이들을!

이번에는 나일 강 북부에 있는 '교회'의 다른 센터를 방문했는데, 그곳에도 또한 구원된 아이들이 있었고, 그곳 또한 기쁨에 찬 분위기였다. 신부님이 미소지으며 그들을 바라보았다. "보십시오, 그들의 뺨이 통통해지기 시작하고 다시 살아 있는 사람들이 되어 가고 있습니다." 그는 향수에 젖어 덧붙여 말했다. "나일 강가의 놀고 있는 땅들을 보세요. 저는 땅 없이 막막해 하는 농부들에게 이 땅을 나누어 주는 꿈을 꿉니다. 제가 땅 소유자에게 얘기해 보았는데…… 비싸더군요!"

내일 카이로로 떠난다. 그러나 내가 만났던 이 모든 얼굴들이 갑자기 나를 향해 죽음의 춤을 추며 앞으로 걸어 나오고 있는 것 같았다. "우리를 구해 주세요!" 그래, 내가 유럽으로 가서 재원을 마련하겠다. 그래, 우리는 그들의 뺨을 다시 부풀게 해주고, 그들의 눈에 다시 기쁨의 불을 켜 주며, 거대한 사랑의 사슬을 만들어 낼 것이다. '삶'이 다시 한번 죽음을 이겨낼 것이다. 그것을 잊지 말아라. 우리는 구멍이 숭숭 뚫린 낡은 양동이를 두드려 내는 탐-탐 소리도 연주할 수 있단다!

퇴비, 승리

1987년 1월

오늘은 기억할 만한 날이다.…… 1987년 은총의 해 1월 26일, 뷜레르 기계가 작동하기 시작했다. 이 기계는 가정의 오물찌꺼기들을 고운 먼지가루로 갈아 버리기 위해 먹어 치웠다. 이 먼지가루는 아스완 댐(나라에 전기를 공급하기 위해 만들었다.)으로 인해 사라진 기름졌던 나일 강 유역의 옥토를 되찾기 위해 조만간 우리 이집트의 대지 위에 뿌려질 것이다.

우리의 퇴비는 가장 양질의 비료 중 하나였는데—취리히에서 행해진 숙련된 학술적 예측에 따르면—왜냐하면 그것은 자연적인 산물이 가장 풍부하게 들어있기 때문이다. "당신들의 찌꺼기는 훌륭합니다."라고 7년 전 나의 요청으로 일부러 방문한 스위스의 국제적인 전문가 아놀드 폰 히르셰이트가 내게 말했었다. 그는 빈민촌의 내 오두막 앞에 널려 있던 쓰레기 산을 헤치는 데 몰두해 있었다. 지독한 냄새가 그곳으로부터 뿜어져 나오고 있었다. 아놀드는 "훌륭해요, 훌륭해. 굉장한 자원이에요!"라고 몹시 기뻐하며 반복해 말했다. 나는 "웬 고약한 냄새냐!"고 중얼거렸다. 주님, 결국 각자는 자신에게 맡겨진 일이 따로있는 것이로군요!

반드시 있어야만 할 돈 60만 달러를 마련하기 위해 나는 7년 간을 줄기차게 노력했다. 그중의 절반은 유럽공동체에서 모금을 했다. 그리고 나머지의 반은 라디오를 통해 계획을 알린 필립 질다와 군중들을 매혹시키는 황금의 목소리로 방송한 미셸 토르 덕분에 모금했으며, 또한 이집트 형제들을 돕기 위해 수많은 날들을 애써 왔던 '엠마우스의 친구' 들 덕분도 컸다. 우리가 60만 달러를 마련할 수 있었던 것은 또한 장 사즈와 그의 팀이 하늘과 땅을 뒤흔들어 주었기 때문이다.

지금 넝마주이들은 그들의 앞마당과 골목길에서 죽음의 근원인 세균덩어리의 쓰레기를 들어내어, 그 쓰레기를 기계로 처리하여 삶의 근원이 되는 퇴비로 만들어서 그 이윤으로 빈민촌을 변신시킬 것이다……

이것은 다시 한 번, 삶이 죽음을 물리친 획기적인 일이니 엘함두-릴라(하느님께 찬양을)!

10년이 지났다

1987년 1월

알렉산드리아의 바닷가에서 내 작은 책, 『넝마주이 수녀, 엠마뉘엘』를 쓰기 시작한지 10년이 지났다. 나는 이 책에서 내 무덤 위에 "그녀는 살아 봤다."라고 쓰게 하겠다고 마음먹었다.

10년이 지났다. "나는 살아 봤다." 결국 '사는 것'이란 사랑하고, 우리가 사랑하는 사람들과 기쁨이나 슬픔을 함께하고, 어떤 장애에도 불구하고 우리 모두 우리 스스로의 힘으로 풍요로움을 누릴 수 있도록, 열렬하고 열정적이며 일상적인 투쟁으로 하루하루를 살아가고 있는 것이 아닌가?

나는 오늘 내가 살아온 10년에 대한 일종의 결산을 시도하고자 한다.……내가 이룬 일들이지만 놀랍고 한편 경이롭다. 그 모든 것이 어떻게 이 땅에서 이루어 질 수 있었을까?

아즈베트 엘 나클(종려나무 농장!)에 있는 첫 번째 빈민촌의 3,000명의 넝마주이들을 위해 세워진 '살람-평화 센터'에서는 300명 이상의 아이들이 잘 지어진 두 개의 유치원에서 서로 장난치고 뛰놀며 생활하고 있다. 15년 전에는 낡은 함석으로 된 작은 방에 10명의 아이들을 수용하는 것을 힘겹게 허락

받았던 일이 기억난다. "읽고 쓸 줄 알아서 무엇에 쓰나요?"라고 넝마주이들은 어깨를 으쓱이며 비웃는 표정으로 차례로 소리쳤었다.

우리의 수공업 센터는 이미 많은 젊은이들에게 목공, 용접공, 기계공 등의 좋은 일자리를 찾아 줄 수 있었다.

우리 소녀들은 바느질과 재단을 배웠고, 소년과 소녀들은 읽기와 쓰기를 시작했다. 클럽에서는 열광적인 축구시합이 열렸으며…… 모든 것이 삶의 노래로 떠들썩했다! 이따금 무료 진료소와 분만실에서 산모들의 외마디 소리가 들렸고…… 그곳에서 사람들은 병을 고쳤거나 아기를 분만해서 퇴원했다!

'살람' 센터가 순조롭게 운영되었으므로 나는 5년 전에 내가 그 운영을 도왔었던 이집트 코프트 정교회의 수녀님들에게 '살람' 센터를 맡기고, 모카탐의 빈민촌(1만 명의 넝마주이들이 사는 곳)으로 떠났다. '살람'과 같은 활동들을 만들어 내기 위해 무(無)에서 다시 시작하는 것이 관건이었다. 유치원, 무료 진료소, 분만실, 바느질과 재단, 문자교육, 수공업 센터, 클럽……. 그와 함께 당연히 그래야 하듯이 성공과 실패, 행……그리고 불행, 이 모든 것이 조금씩 조금씩 실행되어 나갔다. '모든 사람을 위한 의사들'의 간호사들과 의사들이 기초교육을 위해 그들의 능력을 발휘하여 우리에게 효과적으로 협력해 주었다.

4년 전에 세워진 초등학교는 현재 700명의 학생들을 수용하고 있다. 아침에는 귀엽고 말끔하게 차려 입고 자랑스럽게 등교하는 그들을 보게 된다. 더 이상 그 애들은 누더기를 걸친 아이들이 아니다!

창문도 없이 숨조차 쉴 수 없는, 세균의 소굴인 흙바닥 빈민굴 대신에

300개의 건강한 주거지가 지어졌다. 또한 예방접종 캠페인 덕택에 우리 아기들의 40%를 죽게 했던 파상풍이 퇴치되었다!

나는 어느 날 우리의 훌륭한 전력 장관인 마헤르 아바자를 만났다. 그리하여 그는 우리에게 '빛의 요정'을 보내 주었다. 우리 넝마주이들은 밤이 돌연 낮으로 변화된 것에 기뻐서 어쩔 줄 몰랐다.

나는 1985년 7월부터 지금까지 메아디의 빈민촌에 살고 있다. 이곳도 모카탐과 같은 의료-사회복지 계획이 실현되었다. 또한 나는 한 번도 기도실을 가져보지 못했던 내 넝마주이 형제들을 위해, 하나는 기독교도들을 위해, 다른 하나는 회교도들을 위해, 두 개의 기도실을 지을 수 있었는데, 각자 그곳에서 자신의 의식에 따라 같은 하느님과 모두들의 '아버지'를 향해 기도를 드리게 할 수 있었다.

당신은 아기들의 이 종알거림이 들리는가? 이곳은 영아실이다. 끊임없이 움직여 대는…… 이 어린 몸들을 목욕시키고 돌보는 방법을 엄마들에게 가르쳐 주려고 근처의 친구들이 차례로 돌아가며 방문했다. 쌍방 모두가 기뻐했고, 이 계획은 대성공이었다. 서로간에 우정이 맺어졌고, 대립된 두 종교의 사람들은 서로 가까워졌다!

나는 수단(아프리카에 위치한 나라 이름)에 대해 이야기할 것이 남아 있다.…… 기아에 허덕이며 길거리에서 어슬렁대는 그 아이들을 생각하면 내 가슴은 찢어질 듯하다.…… 우리는 하르툼에서 그 애들을 굶주림과 절도, 마약, 매독 그리고 매춘 등으로부터 구해 내기 위해 여러 개의 기숙사를 차례차례 열었다. 그들의 뺨은 점차 살이 올랐고, 어린아이 얼굴에서 몹시 우리의 마음을 아프게 했던, 불안해 보이던 그들의 시선에서 차차 불안이 사라져 갔다! 할 일은 무한했다!

내가 10년 전부터 각고의 노력을 기울이고 있는 퇴비공장이 마침내 돌아가기 시작했다. 넝마주이들은 매일 쓰레기들을 작은 수레에 싣고 왔다. 이 죽음의 근원인 세균 덩어리들이 우리의 이집트 땅을 비옥하게 할 삶의 원천으로 변하고 있다.

그렇다. 곳곳에서 삶이 솟구치며 노래한다.…… 그러나 아직도 그늘은 남아 있다. 지금도 너무나 많은 여자들이 매를 맞고 있고, 지나치게 계속되는 임신(내가 시도한 출산통제의 자연적인 방법은 별로 성공하지 못했고, 남자들은 무슨 일이 있어도 아이들을 원했다!)으로 여자들은 기진맥진해 있다. 아직도 너무나 많은 아이들이 학교에 가지 못하고 있고, 그리하여 많은 수단의 어린이들이 울고 있다!

나는 살아 봤다. 그래, 나는 사랑해 보았다. 그래, 나는 싸워 봤다. 그러나 나는 나의 사랑의 힘을 모두 쏟아 부었던가? 나는 그렇게 생각지 않는다.…… 어떤 때는 나 역시 불가능해 보이는 무관심 앞에 패배를 인정했다.…… 용기를 내거라. "장애물? 즉 행동해야 할 동기!"라고 말했던 아우렐리우스를 잊지 말아라. 늙은 로마 황제의 다른 금언을 명상하고 그것을 기도로 변화시켜라!

"주님, 제가 변화시킬 수 없는 것을 받아들이기 위한 평온함을,
변화시킬 수 있는 것을 변화시키기 위한 '힘'을,

이것과 저것을 구별해 내기 위한 지혜를 저에게 주십시오."

다음과 같은 말을 던진 골(Gaule) 사람들의 사도인 이레네를 잊지 말아라!

　호모 비벤스, 글로리아 데이
　(살아 있는 사람, 하느님의 영광)

　앞으로 전진하라. 삶은 아름답고, 삶이 노래한다!

후기

세 번째 1,000년이 이제 막 시작되었고, 나이 93세의 늙은 엠마뉘엘은 여전히 이곳에 살아 있다!

오늘 나는 1977년에 쓰여지고 1987년에 재출판된 이 조그만 책을 한장 한장 넘기고 있다. 나는 (내게) 열정적이었던 초기의 내 모험들을 '나는 살아 봤다' 라는 제목과 함께 다시 읽는다. ……그렇다. 나는 살아 봤고, 아이들과 손에 손을 잡고 그들이 건강한 어른이 되도록 도와주기 위해서 앞으로 전진했다. 내가 성공할 수 있었던 것은 당연히 나를 도와주었던 모든 분들 덕택이다. 우선 혼신을 다해 넝마주이들을 위해 헌신했던 나의 소중한 이집트인, 사라 수녀님이 계시다. 점차적으로 한 팀이 우리 주위에서 일치단결했다. 즉 우리 모두의 가슴은 빈민촌의 곳곳에서 삶이 솟구치게 하기 위한 한결같은 숨결로 가득찼다.

곧 우리는 우리의 협회를 강력하게 부각시킴으로써 일을 계속해 나갈 수 있었다. 우리를 돕기 위해 프랑스, 벨기에, 스위스의 엠마뉘엘 수녀의 친구들

(Les Amies de Soeur Emmanuelle)이 아미 장의 오렌지 활동 (Operation Orange)과 동시에 결성되었다. 두 가지 다 확고하고 한결같은 열정으로 일해 나갔다. "나에게 지렛대 하나를 찾아 주시오, 그러면 나는 세계를 들어 올리겠소."라고 아르키메데스는 외쳤다. 그 모든 친구들이 보여 준 그들의 능력, 시간, 돈, 마음은 어떤 지렛대인가! 이루어 낸 일들은 또 얼마나 대단한 것인가!

1993년 나의 상관 수녀님들은 나를 '쉬도록 하기 위해' 프랑스로 돌아올 것을 고집했다. 그럴 때마다 나는 1988년부터 매번 다음 해로 미루어 왔다. 그러나 그것도 이번으로 마지막이 되었다. 85세에 나는 '쉬기 위해' 떠나야만 한다. 휴식하기? 주님, 무엇으로부터 휴식한다는 말입니까?

결국 나는 안심하고 이곳을 떠날 수 있었는데, 그 이유는 내 상관 수녀님들이 말했듯이 모든 일이 순조롭게 진행되고 있어서 더 이상 내가 필요치 않았기 때문이다. 지금 빈민촌의 학교들은 유럽의 많은 후원자들로부터 재정지원을 받는 수천 명의 학생들로 가득차 있다(1984년에 그들은 400명이었다!). 모두 훌륭한 교육과정을 거친 교사들—그 중 몇몇은 전에 넝마주이였다—이 많은 학생을 성공시키기 위해 엄격하게 교육을 시키고 있었다. 게다가 나는 프랑스로 돌아오자마자 소녀들을 위한 바스마(미소) 고등학교의 낙성식을 위해 이집트로 다시 불려 갔고, 그날은 내 생애 가장 아름다운 날이 되었다. 예전에는 11~12세에 결혼을 하고 열 달마다 출산을 하던 소녀들이 마침내 대학에 갈 수 있게 되었고, 그들의 배우자를 자유롭게 고를 수 있게 되었다.

초기의 첫 번째 무료진료소는 암물소(gamoussa) 한 마리가 살던 외양간이었는데, 그곳은 내가 몇 가지의 약과 흔들거리는 탁자 하나를 놓으려고 힘차게 비질을 했던 곳이었다. 이웃하고 있는 밭에서 용기 있던 아델 의사의 진료 차례를 끈기 있게 기다리고 있던 환자들 한가운데 그 선량한 짐승은 평화롭게 누워 있었다. 나는 수도사가 되려는 생각으로 무보수로 일하러 오던, 생각이 건전한 이 의사를 "환자들에게 메달이 아니라 약을 나눠 주어야만 한다"고 하면서 설득해야만 했었다. 그 시절에 우리는 약을 구하기 위해 우리의 적은 재원을 공동으로 지원했다. 건물 하나가 외양간으로 사용되었다. 아직 완전히 확정된 것은 아니나 그것은 벌써 꿈같은 일이었다! 그리고 올해 2002년에는 필요한 모든 시설을 갖춘 '그레이스 공주' 병원이 개원한다. 이 기적은 모나코의 앨버트 공과 친구들의 관대함 덕택에 이루어졌다. 모든 종류의 질병이 개별적으로 치료되고…… 완치될 것이다. 특별히 임신한 엄마들과 임신 중에 있는 여자들을 돕고, 마침내 그녀들이 꼼꼼하게 갖추어진 위생상태 속에서 분만할 수 있도록 모든 것이 갖추어지게 되었다.…… 내가 빈민촌에 왔던 초기처럼 주워온 오래된 통조림 뚜껑이나 가느다란 줄로 탯줄을 자르는 일이나 출산이 그대로 땅바닥에서 이루어지는 일은 이제 더 이상 없다. 그 당시 나는 '조산부'에게 설명하려고 헛되이 애썼다. "청결치 못한 이유로 병에 걸리고 죽기까지 하는 엄마와 아기들이 얼마나 많은지 아느냐?" 그런데 나는 다음과 같은 신랄한 대답을 듣곤 했다. "수녀님은 불경스럽게 신을 믿지 않아요. 나는 모든 사람을 같은 방식으로 분만시키는데…… 어떤 여자들은 살고, 어떤 여자들은 죽어요. 생명과 죽음을 부여하는 이가 나인가요? 아니면 알라신인가요?" 하느님께서 우리에게 생명을 보호하기 위해 모든 것을 해야 하는 책임을 지우셨다는 것을 그녀가 이해하도록 어떻게 도울 것인가? 현재 또다른 하나의 변화가 빈민촌들 가운데 한 곳인 메아디-토라에서 일어났다. 넝마주이들이 거둬들인 집안에서 나온 쓰레기는 주택지에서 멀리 떨어진 곳으로 곧장 실려간다. 그곳에 돼지들의 새로운 거처가 만들어졌고, 퇴비공장이 그곳으로 이전되었다. 쓰레기로 둘러싸였던 구멍뚫린 낡은 함석으로 지어진 오두막들은 사라졌고, 사람들은 각각 물과 전기가 들어오는 작은 벽돌집에서 살고 있다. 모든 것이 위생적이고 청결하다. 조만간 모카탐도 이와 같이 변화될 것이다.…… 인내하자! 인내하자!

사방에 작은 산업체가 생겨났다. 쓰레기 속에서 골라 모은 플라스틱 물건들이 가루가 되고, 그다음 액체가 되어 시장에서 되팔아지기 위해 틀에 부어진다.

대학에 가지 못하는 소녀들로 말하자면, 그녀들은 예쁜 천을 짜기 위한 교육을 받고, 종이를 재활용하고 그와 같이 해서 자신들의 생활비를 벌도록 권유를 받았는데…… 여자들의 노예생활이 끝난 것인가? 다 그런 것은 아니다! 불행하게도 남자들은 아직도 밤에 불순물이 섞인 알코올을 마시러 카페에 가서 술에 취하고, 그들끼리 싸우고 돌아와서는 자신들의 아내를 때린다. 일을 하는 여자들은 돈에서 해방될 수 있는 능력을 갖게 되었다.…… 그렇다. 그러나 그녀들은 가정을 깨뜨리지 않기 위해 때로 모든 것을 감내하기를 택한다. 그 이유는 희한하게도 이곳에서는 가장 난폭한 남자일수록 가장 감미로운 아빠이기 때문이다. "아이들은 자신들의 아버지를 아주 좋아하고 나는 그들이 그로부터 멀리 떨어진 곳에서 고통스러워하는 것을 원치 않아.……

고통받아야 할 사람은 나야." 나는 슬픔과 기쁨의 놀라운 뒤섞임 속에서 여자들이 이렇게 말하는 것을 들었다. 그렇다. 이곳에는 기쁨의 샘이 넘쳐 흐른다. 깊이 사랑받는 우리 아이들은 생명과 기쁨의 환희에 차 있는 것이 사실이다. 어려움이 무엇이든 간에 아이들은 빈민촌에 항상 흐르고 있는 행복의 원천 가운데 하나다. 나는 청년기의 어느 날 다음과 같은 글을 읽었고, 그후 결코 그것을 잊지 못한다. "아이가 행복할 때, 엄마는 진정으로 불행하지 않다."

그리하여 1993년부터 나는 내 넝마주이 자매와 형제들을 떠나 있다. 그러나 그들의 가장 훌륭한 면모는 내 안에 남아 있다. 그들이 내 가슴 속, 내 영혼 속에 심어 준 것은 죽지 않고 살아 있다. 그것이 대체 무엇이길래? 그것은 사람들과 사물들에 대한 어떤 이해력이다. 별로 향기롭지 못한 쓰레기의 부정적인 면보다는 수없이 많은 오물더미 위에서 장난치고 있는 작은 햇빛처럼 실제로 존재의 긍정적인 부분을 붙잡고 늘어지는 것이 관건이다! 나는 좋은 기분이 낮의 무더위를 이길 수 있는 마술적인 요정이라는 것을 이 학교에서 배웠다. 복잡함이 없는 나눔은 단조로운 일상을 가볍게 해 주고 기분좋게 해 준다. 유쾌함이 이 오두막 저 오두막에 넘쳐 흐르고, 유머는 젖은 땅 위에서 솟아 나오는 간헐온천 같고 '장미빛 인생을 보게' 해 준다.

나는 이러한 통찰력을 갖게 되었고, 그것은 다른 모든 곳에서와 마찬가지로 양로원에서 '앤티 스트레스' 요소가 되었고, 환희를 확산시킬 수 있게 해 주었다. 행동하고, 앞으로 전진하고, 이것들은 각기 좋은 점을 갖고 있으며 함께 실행하면 더욱 좋은 결과를 가져온다. 비가 오거나 바람이 불거나, 스쳐 지나가는 순간들을 음미하자. 그것이 바로 70여 년 전 수녀가 되는 수련기에 내 스승의 현명한 충고였고, 그말은 아직도 나에게 도움이 되고 있다!.

사실 나는 프랑스로 돌아와서 은둔자처럼 기도의 침묵 속에 칩거하려고 생각했다. 유럽의 생활은 각박하고 치열하여 사람들은 더 이상 기도할 시간도, 취미도 없어진 것처럼 보였고, 하느님은 존재 안에서 부재하며 일상에서는 그 의미를 잃어버렸다. 그러나 나는 날마다 기도 속에 파묻히기 위해 노력했다. 솔직히 나는 명상적 기질을 갖지 못했다. 내 형제자매들을 위하여 하루에 2~3시간씩 기도하는 것. 그렇다, 나는 우리의 행성에서 예수님과 같이 태어나고, 살고, 죽는 수억의 사람들의 고통을 하느님께 바치는 나의 보편적 수녀의 소명을 다하려고 한다. 그러나 나는 그밖의 시간에는 기도에 집중할 수 없었고, 실천이 부족했으며, 다른 한편으로 젊은이들과 장년층의 사람들이 사방에서 나를 찾고 있었다. 결국 나는 이런 저런 사람들의 부름에 응했고, 특히 내 시간의 일부를 할애하여 프레쥐스에 있는 '고정된 주거지 없이Sans Domicile Fixe(SDF)' 협회에 가입했다.

그러나 나는 카이로의 빈민촌에서 얘기한 상황과는 다른 드라마틱한 상황에 갑자기 처하게 되었다. 나는 넝마주이들의 연대와는 정반대인 사회에 의해 망가지고 거부된 사람들의 끔찍한 고독과 직면하게 되었다. 도시에서 도시로, 이 거리에서 저 거리로 끊임없이 떠돌 수밖에 없는 내 새로운 'SDF' 협회 친구들은 이 세상에서 그들의 유일한 위안거리인 알코올 속으로 빠져들었다! 내가 그토록 덜어주려고 했던 비탄 속에 잠겨 있는, 형제처럼 생각하는 사람들로부터 얼마나 많은 속내의 이야기를 들었던가! 한 사람은 어린애의 눈으로 자기 친어머니가 그녀를 매맞는 노예로 만들었던 아버지를 죽이는 것을 보았고, 또다른 한 사람은 16세 때 가진 것이라고는 오직 입고 있던 바지와 셔츠가 전부인 채, 양아버지에 의해 거리에 버려졌다. 그리고 또 한 사람은 실업자가 되어 일자리를 구하려고 몇 달 동안을 헛되이 보냄으로써 자기 아내와 아이들로부터 점점 더 무시당했고, 심한 박대를 당했다.

  사람들은 길 한 모퉁이에 추위와 굶주림, 그리고 약물 과다복용으로 죽어 있는 사람들을 종종 발견한다. 금발 머리 토니의 장례식에 갔을 때, 나는 심한 고통과 분노 속에서 스스로에게 말했다. "엠마뉘엘, 이런 일이 계속 되어서는 안 돼. 너, 이 늙은이야. 너는 태연하게 아주 따스한 네 침대 위에서 죽을 테지. 이 젊은이들은 끔찍한 죽음으로 떠나도록 내버려두고!" 지금 우리는 친구들과 함께 도시와 그곳의 알코올의 유혹으로부터 멀리 떨어진 곳에, 사람들의 온기가 있고, 여럿이 함께할 수 있는 삶의 터전을 그들에게 마련해주기 위해 애쓰고 있다. 우리는 그들에게 농사를 짓도록 해 줄 것이고, 자연 속에서 자신이 일한 결실을 맛볼 수 있게 할 것이다. 그것은 한 사람이 자립할 수 있도록 하는 가장 훌륭한 방법처럼 보인다. 각 개인은 자신 소유의 작은 정원으로 둘러싸인 잘 정돈된 자신만의 방을 갖게 될 것이다. 중요한 것은 각자 자신이 존중받고 있다는 느낌을 갖도록 하는 것이다. 즉 그 자신이기 때문에 사랑받고 있다는 느낌 말이다. 아! 토니, 내가 너를 무덤에서 나오게 할 수만 있다면!…… 그러나 나는 죽음 후까지도 영혼들의 성체모심을 믿고 있다. 토니, 우리가 고통받는 네 형제들을 구하고 그들에게 인간에 대한 믿음, 그들 자신에 대한 믿음, 삶에 대한 믿음을 갖도록 도와 줄 사랑의 숨결을 우리에게 보내다오.

나는 또한 몇 년 전부터 이곳저곳을 방황하는 장-루이를 생각한다. 너는 성모 마리아 곁에서 네 유년시절의 희망과 믿음을 되찾기 위해 루르드로 떠나고 싶어 했다. 그런데 너는 성모 마리아가 가엾은 어린 목동인 베르나데트에게 미소를 지었던 동굴에서 멀리 떨어지지 않은 곳에서 죽었다. 너는 루르드에서 너를 위해 기도드렸던 순례자들에 둘러싸인 주교님들에 의해 축복되어졌다. 네 주머니 안에서 사람들은 무엇을 찾아냈던가? 나의 모든 우정과 함께 내가 너에게 보냈던 카드 한 장 외에는 아무것도 없었다. 장-루이, 너 역시 너의 'SDF' 형제들을 구하러 오너라!

우리가 아직 살아 있는 얼마 안 되는 작은 땅에서 우리 각자가 더 많은 형제애와, 더 많은 나눔과, 더 많은 사랑이 넘치게 하기 위해 노력하기를 바란다.

프란치스코, 나는 당신을 부릅니다. 아시시의 대수롭지 않고 가난한 당신은 멸시받는 한 나병환자의 얼굴에 입맞춤을 했고, 우리 각자가 오늘 그리고 우리의 삶이 지속되는 동안 당신 마음의 지고(至高)한 열망이었던 것을 실현하도록 도와주십시오.

주님, 저로 하여금 당신의 '평화' 의 도구가 되게 하십시오!
증오가 있는 곳에 사랑을
모욕이 있는 곳에 용서를.
불화가 있는 곳에 협력을 .
오류가 있는 곳에 진실을

의혹이 있는 곳에 믿음을

절망이 있는 곳에 희망을

어둠이 있는 곳에 빛을

슬픔이 있는 곳에 기쁨을 가져오게 하시기를.

오! 스승님, 저는

위로하는 것보다는…… 위로받으려고

이해하기보다는 이해받으려고

사랑하기보다는 사랑받으려고

그렇게 애쓰지 않습니다

왜냐하면,

줌으로써 우리는 받고,

자신을 잊음으로써 우리는 발견하고,

용서함으로써 우리는 용서를 받고,

죽음으로써 우리는 영생으로 부활하기 때문입니다.

불공평 위에 세워진 세상을 변화시키기 :
공동체의 발전

15년 전부터 '엠마뉘엘 수녀의 친구들(Les Amis de Soeur Emmanuelle)' 협회는 필리핀, 인도, 부르키나 파소…… 그리고 오늘날에는 프랑스 도시 근교의 '공동체의 발전' 활동을 지원하고 있다. 협회의 무보수자들, 자원봉사자들 그리고 보수를 받는 사람들에 의해 활기를 띠고 있는 이 활동들은 카이로에서 엠마뉘엘 수녀님이 펼쳤던 활동에서 그 가치와 방법을 참조하고 있다.

우리 협회가 주창하는 가치와 실제적인 활동분야는 어떤 것들인가?

우리가 왜 이 가치와 실천에 따라야 하나?

우리의 발전이라는 말은 무엇을 뜻하나?

'공동체의' 라는 용어는 무엇을 의미하나?

'협회' 는 엠마뉘엘 수녀님이 카이로의 빈민촌에서 활동했던 경험으로부터 개입 방법을 개념화시켰다. 여러분은 개입 방법의 작동과 원칙을 이집트와 필리핀에 현재 살고 있는 두 사람의 '협회' 조정자의 증언을 통해서 이해하게 될 것이다.

엠마뉘엘 수녀님은 말씀하셨다.

"음식, 주거, 문화와 의사소통에서 가난한 사람들의 삶의 방식보다 우월했던 내가 살았던 방식에 대해 나는 언제나 마음 속에 반항심을 품고 있었다. 나는 정의에 근거해서 내 삶을 세우고자 했다. 나는 이러한 불공평과 이것을 해결하려는 아무 노력도 하고 있지 않다는 사실을 더 이상 참을 수 없었다. 우리는 사랑할 때, 상대방이 언제나 가장 좋은 상태에 있기를 바란다."

공동체의 전개. 그것은 무엇보다도 변화의 과정이다. 우리는 마치 견딜 수 없고 사방이 꽉 막힌 것처럼 느껴지는 한 상황으로부터 출발한다. 궁극적인 목적은 공동체가 해답을 가져오기 위해 자기 활동을 유기적으로 체계화할 수 있게 해 주는 계획들을 지원하는 것이다. 주된 활동은 삶의 조건들을 개선시키는 일이다.

마닐라(필리핀의 수도) 북부의 빈민촌인 말라봉의 어린이들이 처한 상황은 참을 수가 없다. 그들은 치료를 받을 수 없었는데, 그 이유는 약값이 지나치게 비싸기 때문이었다. 교육비 또한 지나치게 비싸서 그들은 학교에도 가지 못하고, 그들 자신들에게 맡겨져 있다. 그곳에서 '엠마뉘엘 수녀의 친구들'은 그 가족들이 스스로 문제를 해결할 능력을 갖출 수 있도록 도와 주고 있다. 구체적으로 이미 설치되어 있는 서비스 시설에 어떻게 접근하고, 유치원을 어떻게 개설하느냐 하는 것과, 공동체의 약국을 어떻게 세우는지를 도와 준다.

엠마뉘엘 수녀님은 말씀하셨다.

현장에 있을 때, 우리는 왕왕 여러 가지 미묘한 주제들에 당면하게 된다. 상대방을 비판하지 않고 앞으로 나아간다거나, 우리 나라가 아닌 다른 나라의 문화와 전통 그리고 관습을 이해할 시간을 갖도록 할 줄 알아야만 한다. 무엇인가 더 나은 것을 향해 갈 수 있다는 것을 이해시키는 것과 동시에 어떻게 전통에 반대 되는 방향으로 가지 않을 수 있을까 하는 것들이다.

만약에 발전이란 것이 변화를 의미하는 것이라면 우리가 무엇을 변화시키려 애써야 하는 것인가?

엠마뉘엘 수녀님이 좋아하는 기도 하나가 그것을 말해 준다. "하느님, 저에게 제가 변화시킬 수 없는 것들을 받아들이는 지혜를, 변화시키는 것이 가능한 것들을 변화시키는 용기를, 그것들을 구별할 수 있는 능력을 주세요." 이 기도는 고칠 수 있는 것들을 찾아내고, 그것들을 변화시키기 위해 행동하는 것이 발전의 차원들 가운데 하나라는 것과 완벽하게 일치한다.

전통, 관습, 지역의 세력(합법적이든 아니든)들은 종종 변화에 가장 큰 걸림돌이 되곤 한다. 정면으로 공격하는 것은 변화의 모든 기회를 막아버릴 수 있는 저항을 불러 일으킬 위험이 있다. 지역의 몇몇 기관들과 권위 있는 인물들에게 의지하면서 우회적인 수단을 빌리는 것이 더 낫다. 공동체는 이러한 변화 속에서 자신의 삶의 조건의 향상을 감지할 경우에만 자신들의 몇몇 문화적인 관습들을 변화시키는 것을 받아들일 것이다.

그렇게 해서 이집트에서 '엠마뉘엘 수녀의 친구들'은 주민들이 음핵의 절제와 같은 문제들에 적극적인 관심을 갖게 할 수 있는 지역의 NGO들과 협회 회원들과 함께 일하고 있다.

필리핀의 뷔그네이에서는 마을 촌장의 활발한 참여, 여자들과 농부들의 협회와 필리핀 발전 추진자에 대한 지원이 필수적이다. 그들만이 유일하게 어떤 계획에 대해 설득하고 동원하기 위한 합법성과 노하우를 갖고 있다.

엠마뉘엘 수녀님은 말씀하셨다.

"사람들은 아주 적은 수단을 요구하지만 우선권을 가진 활동들부터 시작을 했다."

공동체의 리듬을 존중하기 위해 발전은 한 걸음 한 걸음 점차적으로 진행된다. 그것은 엠마뉘엘 수녀님의 접근방식 중 하나이다. 다시 말해 서두르면 아무것도 되는 게 없다는 것이다. 만나서 서로를 아는 데도 일정한 시간이 할애된다. 새로운 현장에서 소폭의 활동으로 협력이 시작된다. 여러 다른 파트너들이 서로를 평가할 수 있고, 만약 그들이 그들의 첫 번째 협력에 대해 만족스러워 한다면 더 무게있는 계획들로 나아갈 수 있다.

뷔그네이에서는 쌀 수확량이 부족하기 때문에 사람들은 생산의 다양화를 추구했다. 아주 적은 수단으로 가장 큰 효과를 나타내는 사람들과 함께 시범 채소밭을 일구는 일로 출발했다. 이 계획의 성공은 그 다음 해에 많은 가정이 그들 각자 소유의 밭을 가꾸도록 고무할 수 있었다. 오늘날 마을 사람들은 그들 자신이 필요한 종자를 생산할 수 있게 하기 위해 농업 협동체제를 유기적으로 체계화하고 있다.

파트너십을 정착시키는 정책도 항상 같은 논리에서 나왔다. 우리는 공동체나 지역 단체들과 친목을 위해서 우선 일부터 시작을 했고 다음으로 더 큰 계획들을 실천해 나갔다. 그 계획들은 일반적으로 3년에서 5년씩 걸렸는데 게다가 음핵절제, 조기결혼이나 근친결혼…… 등과 같은 중대한 계획들을 위해서는 10년에 걸쳐 펼쳐 나갔다.

엠마뉘엘 수녀님은 말씀하셨다.

"빈민촌에서 당신은 아무것도 계획할 것이 없고 모든 일들은 일상의 현실, 사람들 자신들의 욕망에서 나온다. 어떤 곳이냐에 따라서 해야 할 일은 달라진다. 그 지역 주민들과 함께 그들의 생활에서 개선되어야 할 문제가 무엇인지를 찾는 일이 중요하다. 외부인인 우리들은 그 일을 하는 데 있어서 촉매역할을 하는 데 불과하다."

한 공동체 발전의 궁극적인 목적들 가운데 하나는 그 구성원들에게 그들의 삶의 주체자가 되는 능력을 키워 주는 일이다. '엠마뉘엘 수녀의 친구들'의 역할은 공동체의 구성원들이 어떤 것을 변화시킬 것인가를 결정하고, 그것들을 계획해서 실행시켜 그 결과를 감정 평가하는 것을 돕는 촉매의 역할이다. 공동체의 구성원들은 핵심적인 자원인가? 그리고 우리가 공동체라 이르는 것은 무엇을 뜻하는가?

공동체란 일상의 관심거리와 문제들로 이루어진 공동의 역사를 공유하는 사람들 전체를 말한다. 발전적인 활동은 계획들을 집단적으로 움직이고 제 자리에 놓기 위한 이러한 관심에 근거하고 있다. 공동체의 구성원들은 이러한 계획들을 통하여 자신들을 억누르고 있는 문제들을 인식하고, 그 해답을 찾아내기 위해 유기적 구조를 갖는다. 자신들의 부와 상상력, 지력(智力), 계략 그리고 노하우에 따라 그것을 극복하거나 혹은 극복하는 것을 배우고, 현실과 지역의 역량 속에 뿌리내리고 있기 때문에 지속가능한 활동들이 이루어질 수 있는 것이다. 이와같이 일하는 것은 이 주민들을 더 이상 결핍, 장애, 뒤처짐을 통해서 바라보지 말 것을 요구한다.

이집트에서 '엘 마르그(El Marg)' 계획의 틀 속에서 '엠마뉘엘 수녀의 친구들'은 지역 문제들을 의논하기 위해 지역단체들과 위원회들의 설립을 추진했다. 주민들은 몇 가지 문제를 조사했는데, 그 중 저녁에 불이 들어오지 않는 전기문제와 모든 사람들이 운하에 오물을 던져버려 생기는 위생문제가 있었다. 지역 NGO의 후원과 함께 협회들은 지역의 책임자를 방문하기 전에 우선 공동체의 재원—램프 지지대, 쓰레기 콘테이너—을 동원시키기로 결정했다. 현재 작은 가로등이 설치되었고 운하는 폐쇄되었다.

엠마뉘엘 수녀님은 말씀하셨다.

"사람들은 남쪽에 위치한 어느 한 나라에 일하러 갈 때, 학교에서 혹은 책에서 배운 기성의 사고나 기술을 갖고 갈 수 없고, 이러한 지식을 갖고 모든 것을 변화시킬 수 있을 거라고 생각할 수 없다. 제3세계의 주민들은 때때로 아직도 이러한 태도를 받아들여야만 하지만, 그러한 태도는 점점 지지를 받지 못한다. 소위 이러한 우월감은 필요한 것들이 무엇인지를 유일하게 들을 수 있게 해주는 진정한 의사소통을 막고 있다. 첫 번째의 접촉은 아주 간단하다. 평등하게 되기 위해 만남의 장을 평등하게 한다. 나의 접근방식은 언제나 내 자신을 그들과 같은 수준에 놓는 것이고, 문화 혹은 나의 행동방식이 더 우월한 것처럼 보이지 않게 하는 것이다. 사람들은 내가 그들과 동등하다고 느낀다. 빈민촌 안에서나 SDF 협회 회원과 함께함에 있어서 나는 아주 소박한 수녀에 불과하다. 나는 내가 그들과 함께 생활할 수 있는지 시험해 보는 시도를 한다. 평등이란 우리가 타인들에게 가져다 주는 것이 그들이 우리에게 가져다 주는 것만큼 가치가 있는 공간을 쌓는 것이다. 그것은 그들과의 만남에서 진정어린 세 마디 말로 소박하게 가는 것이고, 중간에 서는 것이며, 가능한 한 그들의 언어로 그들에게 말하는 것이고 그렇게 하는 것에 대해 두려워 하지 않는 것인데, 왜냐하면 두려움은 모든 관계를 가로막는 것이기 때문이다."

신뢰의 관계가 이루어지기 위해서는 시간을, 때로는 몇 년까지를 필요로 하는데, 특히 문화적인 차이가 크고, 전통이 강하고, 공동체가 외국인을 받아들이는 데 익숙치 않거나 혹은 불신을 품고 그들을 주시할 때는 더욱 그렇다. 뷔그네이에서 '엠마뉘엘 수녀의 친구들'이 공동체와 같이 일해 온 자원봉사자들을 작업장에 파견하는 것은 자신들을 받아들이게 하는 첫걸음이다. 자원봉사자들은 우선 그들 자신으로 인정되었고, 혼란이나 그 어떤 주동자처럼 여겨지지 않는다. 일단 관계가 정착되면 이미 정해진 기술적인 해결책이 문제가 아니라 주민들이나 파트너가 지역의 재원과 능력을 찾아내는 것이 문제이다. 필리핀에는 많은 기술적이고 재정적인 교육과정과 재원이 존재한다. 그러므로 우리의 역할은 종종 지역적으로 안고 있는 서비스부문을 탐색하는 쪽으로 사람들을 지도하는 것이다. 신뢰관계는 정체성의 존중 속에, 또한 타인의 풍요로움을 인정할 줄 아는 시선 속에 그 뿌리를 갖고 있다.

사람들은 가난을 공유하지 않는다. 풍요로움만이 유일하게 공유되어질 수 있다.

궁극적인 목적은 주민(청소년/어른, 남자/여자, 형식을 갖춘 그룹/그렇지 않은 그룹)의 여러 다른 그룹이 그들 간에, 그리고 활동과 관계되는 지역의 기관이나 당국의 정책들에 의해 영향을 미치는 것이다.

폭력적인 장애물과 갈등을 해소하면서 전진하며 그렇게 해서 각 개인이 스스로 인정받고 가치 있다고 느끼게 만드는 것이 관건이다. 의식화 운동에 관해 모든 숙고와 성찰을 발전시켰던 브라질의 교육자, 파울로 프레이리는 '더 훌륭한 인간성을 향해 전진하는 것에 관하여' 이야기했다. 발전은 만남의 문제이다. 이 만남은 공동체에 관여하는 사람들과 구성원들이 같은 언어를 공유할 때, 그리고 관계들이 개방적일 때 용이하다. '엠마뉘엘 수녀의 친구들'에 관여하는 사람들의 역할은 한 프로젝트의 파트너들 사이에 열렬하고 서로 존중하는 풍토를 만들어내는 데 이로운 요소들을 정착시키는 것이다.

엠마뉘엘 수녀님은 말씀하셨다.

"가난한 사람들을 돕는 것은 가혹한 불공평을 회복시키는 것이다. 임시방편으로 때우는 것이 아니라, 남/북(가난한 제3세계와 부자나라들인 선진공업국가들을 가리킴-옮긴이)의 대화를 진전시키고 세계화가 더 깊은 격차를 만들지 않도록 하는 것이 관건이다. 당신은 나눌 때, 비로소 부유해진다. 다시말하면 당신은 잃는 것이 아니라 얻는 것이다."

발전은 새로운 연대에 근거한 진전이다. '엠마뉘엘 수녀의 친구들' 협회는 이러한 연합을 만들어 낼 줄 알았다. 유복한 가정들은 기부와 그들의 무보수의 자발적 참여를 통해서 '한계상황'을 살고 있는 가정이나 공동체와 연대하고 있다. 이러한 연대를 통해 카이로의 넝마주이들 곁에서 여러 활동들이 행해질 수 있었고 전개될 수 있었으며, 엠마뉘엘 수녀님의 이러한 작업들은 세계 여러 지역의 도시나 마을들에서 계속 진행되고 있다.
'연대적인 발전'은 부분적으로 가난한 지역과, 세계와 우리 사회의 더 잘 사는 지역 간의 관계 위에 근거하고 있는 새로운 연대에 의거하므로, 그것에 대해서 말해야만 하지 않을까?
필리핀의 링갑에서 몇 년 전부터 여러 빈민촌의 젊은이들로 조직된 작업

장들이 현실적인 연대를 만들어내고 있다. 어린이들을 후원하기와 이집트에서 부딪힌 어려움에 대해 프랑스인들이 적극적인 관심을 갖도록 한 것은 그것의 한 다른 예이다.

방법은 진화했지만 가치는 똑같다.

인터뷰를 할 때 엠마뉘엘 수녀님은 지속가능한 결과와 함께 효과적인 발전을 위한 타인과의 관계 속에서 취해야 할 태도에 대해 매우 강조하셨다.

20년 만에 협회가 취하는 방식들은 개입이 증대됨에 따라서 진보했다. 협회가 오늘날 현장에서 실현시킨 일은 엠마뉘엘 수녀님이 활동하시던 연속성 속에서 이루어지고 있다. 이 길은 오늘날 협회에서 위임받은 남자들과 여자들의 지식과 직업적인 실천으로 풍부해지고 있다. 모두에게 있어서 발전은 마음과 윤리 그리고 실천적 정신의 연합이다.

옮긴이 이정순

이화여자대학교 불문과를 졸업하고, 파리 제4대학교에서 석·박사 학위를 받았다. 현재 이화여자대학교에 출강하고 있으며, 논문으로 「시몬 드 보부아르의 철학사상과 문학표현」, 「보부아르의 자서전」, 「타자로서의 여성」 등이 있고, 옮긴 책으로는 『예니 마르크스 또는 악마의 아내』, 『시몬 드 보부아르의 연애편지 1, 2』, 『사랑의 모든 아침』 등이 있다.

넝마주이 수녀, 엠마뉘엘

1판 1쇄 인쇄 2006년 4월 18일
1판 1쇄 발행 2006년 4월 27일

지은이 엠마뉘엘 수녀
옮긴이 이정순
펴낸이 조추자
펴낸곳 도서출판 두레
등록 1978년 8월 17일 제1-101호
주소 서울시 마포구 공덕1동 105-225
전화 02)702-2119(영업), 703-8781(편집)
팩스 02)715-9720
이메일 dourei@chol.com

ISBN 89-7443-076-2 03860

*가격은 뒷표지에 적혀 있습니다. 잘못 만들어진 책은 바꾸어 드립니다.